中共中央党校（国家行政学院）
马克思主义理论研究丛书

马克思利润率
趋向下降规律研究

A STUDY ON MARX'S LAW OF THE TENDENCY OF
THE RATE OF PROFIT TO FALL

周钊宇 ◎ 著

中国马克思主义研究基金会 资助

社会科学文献出版社
SOCIAL SCIENCES ACADEMIC PRESS (CHINA)

出版前言

马克思主义是我们立党立国的指导思想。马克思主义科学理论指导是我们党鲜明的政治品格和强大的政治优势。任何时候，我们都不能淡化这个政治品格，都不能丢掉这个政治优势；任何时候，我们都要彰显这个鲜明的政治品格，都要发挥这个强大的政治优势。

中共中央党校（国家行政学院）是党中央培训全国高中级领导干部和优秀中青年干部的学校，是研究宣传习近平新时代中国特色社会主义思想、推进党的思想理论建设的重要阵地，是党和国家哲学社会科学研究机构和中国特色新型高端智库，是党中央直属事业单位。在习近平总书记的亲自关怀下，全体教职工在校（院）委领导下正致力于将中共中央党校（国家行政学院）建设成为党内外公认的、具有相当国际影响力的中国共产党名副其实的最高学府，建设成为在党的思想理论建设特别是在研究宣传习近平新时代中国特色社会主义思想上不断开拓创新、走在前列的思想理论高地，建设成为人才荟萃、名师辈出、"马"字号和"党"字号学科乃至其他一些学科的学术水准在全国明显处于领先地位的社会科学学术殿堂，建设成为对党和国家重大问题研究和决策提供高质量咨询参考作用的国家知名高端智库。

中共中央党校（国家行政学院）马克思主义学院是党中央批准成立的。2015 年 12 月 11 日，习近平总书记在全国党校工作会议上强调："中央批准中央党校成立马克思主义学院，就是坚持党校姓

'马'姓'共'之举。"① 习近平总书记的重要讲话和中共中央党校（国家行政学院）"四个建成"目标的提出，为我们建设好马克思主义学院指明了方向。

为了展示中共中央党校（国家行政学院）马克思主义学院学者政治过硬、理论自觉、本领高强、作风优良、建功立业的学术风范和最新研究成果，学好用好习近平新时代中国特色社会主义思想，推动中共中央党校（国家行政学院）马克思主义学院建成一流的马克思主义教学基地、一流的马克思主义研究高地、一流的马克思主义思想阵地，努力在国内乃至国际上产生重要的政治影响力、学术影响力和社会影响力，我们编辑出版了"中共中央党校（国家行政学院）马克思主义理论研究丛书"。

第一批丛书献礼新中国成立 70 周年，共出版 11 册，包括《探求中国道路密码》《对外开放与中国经济发展》《国家治理现代化的唯物史观基础》《中国道路的哲学自觉》《历史唯物主义的"名"与"实"》《马克思主义中国化的理论逻辑》《发展：在人与自然之间》《马克思主义基本原理若干问题研究》《马克思人学的存在论阐释》《新时代中国特色新型城镇化道路》《比较视野下的中国道路》，社会科学文献出版社 2019 年出版。该丛书被中共中央宣传部推荐参加了庆祝新中国成立 70 周年大型成就展。

第二批丛书共 12 册，包括《马克思主义经典著作与当代中国》《马克思主义政治经济学与当代中国经济发展》《马克思早期思想文本分析——批判中的理论建构》《出场语境中的马克思话语》《当代资本主义新变化——金融化、积累危机与社会主义的未来》《当代马克思主义若干问题研究》《中国道路与中国话语》《历史唯物主义的返本开新》《新时代中国乡村振兴问题研究》《被遮蔽的马克思精神哲学》《论现代性与现代化》《青年马克思与施泰因：社会概念比较研究》，社会科学文献出版社 2020 年、2021 年出版。

---

① 习近平：《在全国党校工作会议上的讲话》，人民出版社，2016，第 8 页。

　　马克思主义学院决定 2022 年继续组织出版第三批丛书。此批丛书共 6 册，包括《异化劳动与劳动过程：理论、历史与现实》《政党治理的逻辑——中国共产党治党的理论与实践研究》《身份政治的历史演进研究——以社会批判理论为视角》《西方马克思主义文化批判理论研究——"去经济学化"的视角》《马克思利润率趋向下降规律研究》《马克思恩格斯对黑格尔历史观的批判与超越》。

　　第一批、第二批丛书的顺利出版，得到了时任中共中央党校（国家行政学院）分管日常工作的副校（院）长何毅亭同志、李书磊同志和时任副校（院）长甄占民同志的大力支持。现在，第三批丛书将陆续出版，中共中央党校（国家行政学院）分管日常工作的副校（院）长谢春涛同志和副校（院）长李毅同志充分肯定本丛书的学术意义和社会价值，鼓励把它打造成享誉学界的品牌丛书。社会科学文献出版社社长王利民、该社政法传媒分社总编辑曹义恒及各册书的编辑也为丛书出版作出了重要贡献。在此一并感谢。

　　由于水平有限，错误之处在所难免，请读者批评指正。

丛书编委会
2022 年 8 月 26 日

前　言

在马克思提出科学社会主义之前，空想社会主义早已存在。空想社会主义者同情资本主义社会下劳苦大众生活的悲惨，怀着悲天悯人的情感对理想社会的美好进行了设想，但由于没有揭示社会发展规律，没有找到实现理想的有效途径，因而也就难以真正对社会发展产生作用。马克思恩格斯《共产党宣言》的发表标志着科学社会主义的诞生，其在生产力与生产关系矛盾运动这个人类社会历史发展一般规律的基础上，得出资本主义必然灭亡和共产主义必然胜利的结论，自此共产主义不再被看作人们对未来的美好愿望，也不再被看作人的本质异化的复归或人道主义的实现，而是被看作资本主义生产关系下发展起来的巨大生产力的客观要求。然而《共产党宣言》并非科学社会主义在理论上的完成，资本主义必然灭亡和共产主义必然胜利这一伟大命题还需要在阐明资本主义生产方式的运行机制和内在矛盾中被进一步论证，这项工作是在《资本论》中进行的，作为危机理论基石的利润率趋向下降规律构成了其中最为重要的一环。

利润率趋向下降规律表明，随着资本主义生产的发展，作为资本主义生产刺激和动力的利润率会趋向于下降，这清楚地暴露了资本主义生产方式的局限性与自我否定性，以不容置疑的方式宣告了资本生产方式的历史暂时性和过渡性。正因为如此，自《资本论》第三卷出版以来，利润率趋向下降规律就不断遭受西方主流经济学的攻击，同时也成为左翼学者内部争论不休的重要研究主题。事实上，利润率趋向下降规律与经济危机理论、价值转化为生产价格问题并称为马克思经济理论的三大争论，在西方学界利润率趋向下降规律处于争论的中心。

迄今为止，围绕利润率趋向下降规律的研究需要在四个层面进行拓展。第一，在文本研究上，古典经济学的利润率下降理论与马克思的利润率趋向下降规律的比较研究数量较少、亟待补充。第二，在理论澄清上，需要从三个方面对围绕利润率趋向下降规律的质疑进行回应：其一，利润率趋向下降规律在理论上成立吗？其二，现实中是什么因素引起了利润率长期下降？其三，利润率趋向下降规律与马克思危机理论的关系是什么，前者是不是后者的基础？第三，在经验验证上，需要明确回答如何度量利润率及相关变量，在现实经济的运行中它们的变化趋势是否符合马克思的理论。第四，在经验运用上，需要明确回答如何以利润率趋向下降规律为基础构建马克思主义长波理论，对战后资本主义繁荣与衰退交替的经济史给出逻辑一致的解释。因此，本书研究的目的是阐明马克思利润率趋向下降规律的原创性贡献和利润率趋向下降规律在马克思经济理论体系中的重要地位，检视并澄清在理论上对利润率趋向下降规律的种种质疑与误解，并在此基础上考察利润率在战后美国经济中的表现。与此相适应，本书在结构上包括文本研究（第一章和第二章）、理论澄清（第三章至第五章）、经验验证（第六章）和经验运用（第七章）逻辑递进、环环相扣的四大板块。

本书的内容概要如下。

第一章阐明古典经济学的利润率下降理论及其存在的重大缺陷。早在马克思之前古典经济学就注意到利润率表现出长期下降的趋势，并对这种现象做出了解释，其中亚当·斯密和大卫·李嘉图的理论最具代表性和影响力。由于不理解剩余价值的生产过程，不清楚不变资本和可变资本的本质区别，混淆了剩余价值与利润、剩余价值率和利润率，亚当·斯密和大卫·李嘉图均不自觉地把剩余价值率下降的原因——工资提高——当作利润率下降的原因。两者的区别在于：斯密的劳动价值论具有二重性，他把工资提高的原因归结于劳动力的供小于求；李嘉图更好地坚持了劳动价值论，他把工资提高的原因归结于由土地肥力递减引起的生活必需品价格的上涨。古典经济学无法正确解释利润率长期下降的原因，因而也就不理解利润率下降规律在经济危机理论中的基础性作用，不懂得利润率下降规律反映出的资本主义生产方式的历史暂时性和过渡性。

第二章阐明马克思利润率趋向下降规律的内涵与意义。马克思通过区分不变资本和可变资本，考察剩余价值与利润、剩余价值率与利润率间的区别与联系，弥补了古典经济学的理论缺陷。在此基础上，他研究了资本有机构成、剩余价值率、"起反作用的各种原因"三个因素对利润率变动的影响机制和作用范围，得出了正确的结论："一般利润率日益下降的趋势，只是劳动的社会生产力的日益发展在资本主义生产方式下所特有的表现"。利润率趋向下降规律表现为利润率下降和利润量增加并存，商品价格下降和商品所包含的利润量增加并存。利润率趋向下降规律内部矛盾的展开就是资本主义生产方式总体矛盾的展开，包括三个部分：生产剩余价值的条件和实现剩余价值的条件的矛盾、生产目的与达到目的的手段之间的矛盾、人口过剩时的资本过剩。

第三章澄清对利润率趋向下降规律逻辑论证上的质疑。按照马克思的论述，利润率趋向下降规律由"规律本身"和"起反作用的各种原因"两部分组成。其中前者又有资本技术构成提高——资本有机构成提高——利润率下降三个环节。因此对利润率趋向下降规律逻辑论证的质疑有四种：第一，技术进步但资本技术构成不确定性论；第二，资本技术构成提高但资本有机构成不确定性论；第三，资本有机构成提高但利润率不确定性论；第四，"起反作用的各种原因"足以使"规律本身"无效论。研究表明，以上四种质疑是错误的，正确理解利润率趋向下降规律必须基于资本积累的视域，充分考虑资本家与雇佣工人的阶级对立；必须准确把握影响利润率的各个因素在规律中的不同作用与地位；必须准确把握马克思论证规律的前提假设和分析方法。

第四章澄清对资本有机构成提高作为现实中利润率长期下降原因的质疑。20世纪60年代末出现了利润挤压论（包括劳动力短缺论和劳工力量增强论等）、过度竞争论和需求不足论等利润率趋向下降规律的替代性理论。研究表明，利润挤压论、过度竞争论和需求不足论的错误总根源在于放弃了劳动价值论。劳动价值论的缺失，使得它们只得在分配层面寻找利润率下降的原因。利润率长期下降的实质是剩余价值生产相对于总资本的趋向减少，根源在于资本主义生产方式竭力将生产性活劳动减少到最低限度的趋势。这种趋势表现在两个方面：其一，资本有机构成提高，即生产性领域内物化劳动对活劳动的替代；其二，非生产性劳动相对扩张，即活劳动由生产性领域向非生产性领域的转移。

第五章检视并澄清了对利润率趋向下降规律作为马克思危机理论重要组成部分的质疑。在该层面的质疑中，有三种观点最为典型：迈克·海因里希所谓"恩格斯的编辑造成了危机是由利润率趋向下降规律所导致的假象"的观点；大卫·哈维所谓"利润率趋向下降规律是严格的和教条的假设下的推论，与现实中爆发的经济危机基本无关"的观点；西蒙·克拉克所谓"利润率下降趋势是在资本一般的内在关系这个最抽象的水平上提出来的，而危机趋势只能在竞争领域内所表现的个别资本家之间的具体关系中才能得以实现"的观点。研究表明，以上质疑是错误的。马克思在《资本论》中建构了一个系统的资本主义经济危机理论——周期爆发的相对生产过剩经济危机理论。从马克思论述危机理论的方法上看，利润率趋向下降规律是相对生产过剩危机的直接依据；从马克思广义的资本概念上看，利润率趋向下降规律与相对生产过剩具有直接统一性。利润率趋向下降规律作为危机理论基础的意义在于其奠定了资本主义经济危机不可避免性的基础，有力地说明了资本主义生产方式的自我否定性与历史暂时性，构成了马克思论证资本主义必然被科学社主义替代的最后和最关键的一环。

第六章开始转入对利润率趋向下降规律的经验研究。在对利润率等基本马克思主义变量经验度量之前，需要说明其中涉及的度量方法的争论。这些度量方法的争论，大体上可以分为四个层面：以价值还是价格的形式度量利润率；以当前价格还是历史价格度量资本存量；是否区分生产劳动与非生产劳动；如果区分生产劳动与非生产劳动，那么非生产性支出是属于剩余价值的范畴还是不变资本的范畴。选择使用价格利润率、按当前价格计算固定资本存量、区分生产劳动与非生产劳动以及将非生产性支出归属于剩余价值的方法，对1955～2018年美国私人经济基本马克思主义变量进行度量，结果表明，这些基本马克思主义变量的变化符合利润率趋向下降规律；资本有机构成的提高和非生产性劳动工资－生产性劳动工资比率的提高是1955～2018年美国私人经济利润率长期下降的原因。

第七章以曼德尔的长波理论为蓝本，同时吸收积累的社会结构理论的中间层次分析方法，尝试性地构建了以利润率趋向下降规律为基础的马克思主义长波理论。该理论有如下优点。首先，它本质上是一种资本积累理论，将利润率的长期波动作为核心解释变量，用利润率的高涨说明扩张性长波，用利润率的低迷说明萧条性长波。其次，它具有三个理论层次：抽象层次、中间层次和具体层次。其中，利润率趋向下降规律是马克思对资本主义经济利润率长期变动规律的科学揭示，是马克思主义长波理论抽象层次的主要内容。中间层次理论起着中介抽象层次利润率趋向下降规律与具体层次实际利润率的波动的作用，通过考察资本主义生产方式阶段性特征对基本马克思主义变量的影响，一方面使得利润率趋向下降规律和资本主义生产方式阶段性特征对实际利润率波动的影响区别开来，另一方面使得利润率趋向下降规律在实际利润率的长期波动中再现出来。这就避免了曼德尔直接将抽象层次理论与具体层次经济波动相结合的不足，以及积累的社会结构理论割裂抽象层次理论与中间层次理论关系的缺憾。基于马克思主义长波理论，本章对战后美国黄金年代的形成与终结、新自由主义的形成与 2008 年金融危机的爆发给出了逻辑一致的解释。

第八章是本书的主要研究结论。

目　录

绪　论

一　研究缘起

习近平总书记在纪念马克思诞辰 200 周年大会上的讲话中指出："学习马克思，就要学习和实践马克思主义关于人类社会发展规律的思想。马克思科学揭示了人类社会最终走向共产主义的必然趋势……马克思主义奠定了共产党人坚定理想信念的理论基础。"[1]《共产党宣言》根据唯物史观从生产力和生产关系矛盾运动的角度第一次科学地说明了社会主义必然取代资本主义的伟大命题。然而想要论证这一命题，必须首先阐明资本主义运行的内在规律。正如恩格斯所言，"不能说明这个生产方式，因而也就不能对付这个生产方式"[2]。这项工作由马克思的政治经济学研究尤其是危机理论所承担，作为危机理论基石的利润率趋向下降规律构成了其中最为重要的一环。[3]

资本主义生产的目的是获得剩余价值，利润率成为资本主义生产的原动力，部门间利润率的差别决定着经济资源的配置方向，整体经济利润率的大小反映着国民经济的健康程度。马克思在《资本

---

① 习近平：《在纪念马克思诞辰 200 周年大会上的讲话》，人民出版社，2018，第 16 页。

② 《马克思恩格斯选集》第 3 卷，人民出版社，2012，第 402 页。

③ 胡钧、施九青：《〈共产党宣言〉〈资本论〉与新时代中国特色社会主义一脉相承——纪念马克思诞辰 200 周年》，《经济纵横》2018 年第 8 期。

论》第三卷第三篇完成了对产业资本生产总过程的考察，得出了随着资本主义积累的进行，社会平均资本有机构成的提高，一般利润率趋向下降的结论。① 一般利润率趋向下降阐明了"利润率，资本主义生产的刺激，积累的条件和动力，会受到生产本身发展的威胁"的趋势。② 这一趋势加重了资本主义剩余价值生产和实现条件间的矛盾、暴露了生产目的和手段间的矛盾、相对过剩人口和相对过剩资本间的矛盾，即资本主义生产方式技术维度和社会维度间的矛盾，反映了资本主义生产方式的自我否定性、历史局限性与历史暂时性。

正因为利润率趋向下降规律表明资本主义无法以渐进的、无危机的方式向前发展，所以它一直是资本主义秩序的捍卫者和设想逐步向社会主义过渡的改良派左翼分子不断批判的目标。③ 2016 年著名左翼学者大卫·哈维在为反思 2008 年国际金融危机所撰写的一篇名为《危机理论与利润率下降》的文章中，毫不掩饰地指出利润率趋向下降规律与马克思经济危机理论无关，对现实经济危机毫无解释力。④ 作为美国发行时间最长的社会主义杂志，2013 年《每月评论》发表了迈克·海因里希教授名为《危机理论、利润率趋向下降规律和马克思在 19 世纪 70 年代的研究》的文章，该文章指出利润率趋向下降规律是非马克思的、错误的理论。⑤ 这些学者对利润率趋向下降规律的批评引起了自 2008 年国际金融危机以来围绕该规律的新一轮论战。然而正如谢恩·玛治所言，这些学者对规律的批判和

① 顾海良主编《经典与当代——马克思主义政治经济学与现时代》（下册），经济科学出版社，2019，第 659 页。

② 《资本论》第 3 卷，人民出版社，2004，第 288 页。

③ Murray E. G. Smith, Jonah Butovsky, "Profitability and the Roots of the Global Crisis: Marx's 'Law of the Tendency of the Rate of Profit to Fall' and the US Economy, 1950 – 2007," *Historical Materialism* 4 (2012): 45.

④ David Harvey, "Crisis Theory and the Falling Rate of Profit," in Turan Subasat, ed., *The Great Financial Meltdown Systemic, Conjunctural or Policy Created?* (Cheltenham: Edward Elgar Publishing Limited, 2016), pp. 37 – 54.

⑤ Michael Heinrich, "Crisis Theory, the Law of the Tendency of the Profit Rate to Fall, and Marx's Studies in the 1870s," *Monthly Review* 11 (2013): 15 – 31.

质疑只不过是庞巴维克、琼·罗宾逊等人观点的翻版。① 事实上，围绕利润率趋向下降规律展开的争论是马克思主义政治经济学涉及范围最为广泛、程度最为激烈的争论。②

理论层面的争论必然会反映到对现实经济问题的不同认识上来。2008 年美国爆发了自 20 世纪 30 年代以来最为严重的经济危机，对于经济危机爆发的原因及其应对在西方左翼学者中形成了两种鲜明的观点。认同利润率趋向下降规律的学者认为 20 世纪 70 年代和 80 年代早期严重的盈利能力危机促使资本家的投资盈利策略、国家监管实践和资本积累模式发生改变，但这些变化并没有彻底解决危机，却为金融资本作用的增强和随之而来并在 2008 年 9 月达到顶峰的金融动荡铺平了道路，因此本次危机的根源在于实体经济利润率的长期低迷，危机的彻底解决必须建立在实体经济利润率的恢复上。③ 否认利润率趋向下降规律的学者则认为在 20 世纪 80 年代末，盈利能力危机基本上被克服了，因此本次危机的爆发并非因为实体经济的利润率低迷，根源在于金融体系本身，且金融化作为新自由主义计划不可或缺的一部分，在金融驱动的资本主义新时期对盈利能力大有裨益。④

可见，无论是在理论层面上回应资本主义秩序的捍卫者和改良派左翼分子对利润率趋向下降规律的批判，还是在经验层面上探究

---

① Shane Mage, "Response to Heinrich—In Defense of Marx's Law," https://monthlyreview. org/commentary/response-heinrich-defense-marxs-law/.

② 程恩富、胡乐明主编《当代国外马克思主义经济学基本理论研究》，中国社会科学出版社，2019，第 152~174 页；高峰：《资本积累理论与现代资本主义——理论的和实证的分析》，社会科学文献出版社，2014，第 19 页。

③ Murray E. G. Smith, *Global Capitalism in Crisis: Karl Marx and the Decay of the Profit System* (Halifax Winnipeg: Fernwood Publishing, 2010); Guglielmo Carchedi, "Behind and Beyond the Crisis," *unpublished manuscript* (2011); Alan Freeman, "What Makes the US Profit Rate Fall?" *MPRA Paper* (2009); Chris Harman, *Zombie Capitalism: Global Crisis and the Relevance of Marx* (London: Bookmarks, 2009).

④ Greg Albo, Sam Gindin and Leo Panitch, *In and Out of Crisis: The Global Financial Meltdown and Left Alternatives* (Oakland: PM Press, 2010), p. 42; Joseph Choonara, "Marxist Accounts of the Current Crisis," *International Socialism Journal* 2 (2009): 1-22.

2008 年美国经济危机的成因，都要求对马克思的利润率趋向下降规律进行再研究。

二　已有研究述评

在文本研究层面，对于古典经济学的利润率下降理论和马克思的利润率趋向下降规律，已有的研究较少，亟待补充。古典经济学已经注意到从长期看利润率有下降趋势的现象，并在理论上做出了解释。一方面，这些解释是马克思加以批判的素材，通过比较古典经济学和马克思的理论，可以凸显马克思利润率趋向下降规律做出的原创性贡献。另一方面，这些解释又被激进政治经济学所继承，通过对古典经济学和马克思的相关文本研究，可以厘清古典经济学、马克思、激进政治经济学三者利润率下降理论的联系与区别。

在理论研究层面，围绕马克思利润率趋向下降规律的争论大体上可以分为三个专题：第一，利润率趋向下降规律在理论逻辑上成立吗？第二，利润率趋向下降的现实机制是什么，何种因素是其中的关键变量？第三，利润率趋向下降规律是马克思经济危机理论的基础吗？国内关于利润率趋向下降规律的研究主要集中在第一个专题，尤其是对其中置盐定理的检视，对其他专题则研究不足。[①]

在经验研究层面，已有的研究集中在对利润率趋向下降规律的经验论证上，较少涉及利润率趋向下降规律的经验运用。自资本主义经济迈入新自由主义时期以来，资本收益国际化愈加明显，国际

①　国内相关研究参见鲁保林《利润率下降趋势逆转的重新解释：分工、劳动挤压与经济失衡》，中国社会科学出版社，2019；孟捷主编《利润率的政治经济学》，社会科学文献出版社，2018；李帮喜、王生升、裴宏《置盐定理与利润率趋向下降规律：数理结构、争论与反思》，《清华大学学报》（哲学社会科学版）2016 年第 4 期；薛宇峰《利润率变化方向是"不确定"的吗？——基于经济思想史的批判与反批判》，《马克思主义研究》2015 年第 7 期；高峰《资本积累理论与现代资本主义：理论的和实证的分析》，社会科学文献出版社，2014；余斌《平均利润率趋向下降规律及其争议》，《经济纵横》2012 年第 9 期；谢富胜、李安、朱安东《马克思主义危机理论和 1975—2008 年美国经济的利润率》，《中国社会科学》2010 年第 5 期；周思成《欧美学者近期关于当前危机与利润率下降趋势规律问题的争论》，《国外理论动态》2010 年第 10 期。

剩余价值再分配和不平等交换对单个资本主义国家利润的实现发挥着越来越重要的作用。剩余价值在世界范围内进行转移时，凭借在全球生产网络中的技术垄断和国际货币体系中的美元霸权，美国吸收了大量来自南方国家的剩余价值。因此，如果利润率趋向下降规律能够在美国被测量到且被认可，那么毫无疑问它也在资本主义世界范围内发挥作用。本书试图构建以利润率趋向下降规律为基础的马克思主义长波理论，为理解美国第二次世界大战后黄金年代的形成与终结、新自由主义的开启与 2008 年国际金融危机的爆发提供一个全新的视角。①

三　研究思路

（一）研究内容

如图 0 - 1 所示，本书的行文逻辑为：第一至二章在梳理和批判古典经济学利润率下降理论的基础上，阐释马克思利润率趋向下降规律的突破性进展、原创性贡献、丰富内涵和重大意义。利润率趋向下降规律在马克思的经济理论体系中有着重要地位，正因如此，在《资本论》第三卷出版后，利润率趋向下降规律遭到多方面的诋毁和歪曲。第三至五章检视并澄清在理论上对利润率趋向下降规律的三个层面的质疑——所谓利润率趋向下降规律无法在逻辑上得到论证、资本有机构成提高不是利润率长期下降的原因、利润率趋向下降规律不是马克思危机理论基础的质疑，证明了利润率趋向下降规律在理论上的正确性，阐明了正确理解利润率趋向下降规律的方法论、利润率长期下降的实质与原因和利润率趋向下降规律在马克思危机理论中的地位及意义。理论上的正确性是进行经验研究的前提。第六章对 1955～2018 年美国私人经济中的利润率、资本有机构

---

① 在利润率趋向下降规律的中国经验应用上，部分学者用它来解释经济新常态的到来、经济脱实向虚等现实问题。参见齐昊《剩余价值率的变动与中国经济新常态：基于区分生产劳动与非生产劳动的方法》，《政治经济学报》2017 年第 10 期；卢映西、陈乐毅《经济脱实向虚倾向的根源、表现和矫正措施》，《当代经济研究》2018 年第 10 期。

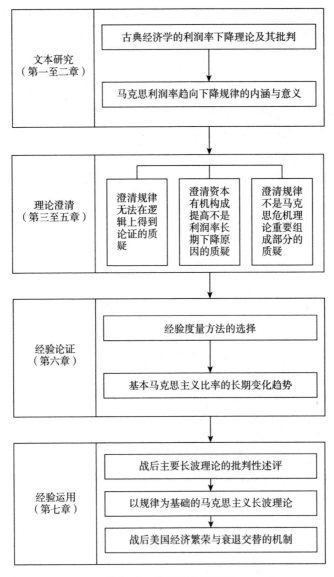

图 0-1 篇章结构示意图

成、剩余价值率、产能－资本比率和利润份额等基本马克思主义比率进行度量，证明了利润率趋向下降规律不是与资本主义具体经济表现无关的、仅以抽象形式存在的理论，而是能够在经验中得到贯彻的科学理论。以利润率趋向下降规律在理论上的正确和在经验上的贯彻为前提，第七章建构了一个马克思主义长波理论，并从马克思主义长波理论出发对美国战后经济繁荣与衰退的交替给出了逻辑一致的解释。总的来说，本书由文本研究（第一至二章）、理论澄清（第三至五章）、经验验证（第六章）和经验运用（第七章）逻辑递进、环环相扣的四大板块组成，囊括了利润率趋向下降规律的"前生"和"今世"、理论和经验、文本与运用。

利润率是资产阶级利益代表——古典经济学关注的核心经济变量，早在马克思之前古典经济学就注意到利润率表现出长期下降的趋势，并对这种现象做出了解释，其中亚当·斯密和大卫·李嘉图的理论最具代表性和影响力。相同的是，两者均将利润率下降的直接原因归结为工资提高；不同的是，斯密将工资提高的原因归结为在资本积累过程中资本间竞争引起劳动力供小于求，李嘉图将工资提高的原因归结为土地收益递减引起的生活必需品价格的上涨。第一章梳理了斯密和李嘉图的利润率下降理论，并结合马克思的论述揭示了两者错误的原因——阶级局限和理论缺失。

马克思正是在克服古典经济学的阶级局限和弥补理论缺失的基础上，区分了不变资本和可变资本、剩余价值与利润、剩余价值率与利润率，分析了资本有机构成和剩余价值率对利润率变动施加的相反作用的影响，这样就跳出了古典经济学仅从生产关系的角度分析问题的窠臼，而是从生产力和生产关系矛盾运动的视角，提出了利润率趋向下降规律。第二章阐述了利润率趋向下降规律的突破性进展和原创性贡献，阐明了利润率趋向下降规律的丰富内涵和二重性表现，阐释了利润率趋向下降规律在马克思经济理论体系中的重大意义。

鉴于利润率趋向下降规律重要的理论地位，那些试图否定马克思经济学理论的人，往往把利润率趋向下降规律作为主要的攻击目标。在理论层面对利润率趋向下降规律的质疑最先发生在逻辑论证上。按照马克思的论述安排，利润率趋向下降规律由"规律本身"和"起反作用的各种原因"两部分组成。其中前者又有资本技术构成提高—资本有机构成提高—利润率下降三个环节。因此对利润率趋向下降规律逻辑论证的质疑有四种：第一，技术进步但资本技术构成不确定性论，即技术创新可以像节约劳动力一样节约资本，资本技术构成不一定随技术进步而提高。第二，资本技术构成提高但资本有机构成不确定性论，即机器对劳动力替代使得资本技术构成提高，但资本有机构成不一定提高。第三，资本有机构成提高但一般利润率不确定性论，即剩余价值率随资本有机构成的提高而提高，在两者共同作用下，一般利润率不一定降低；同时现实中存在一般利润率随资本有机构成提高而提高的微观机制——置盐定理。第四，马克思所论述的"起反作用的各种原因"足以使"规律本身"无效。第三章依次检视了以上四种质疑，剖析其错误之处及根源，在此基础上得出正确理解利润率趋向下降规律的方法论。

20 世纪 60 年代末，西方发达资本主义国家战后经济繁荣的消失伴随着利润率的长期下降，与之相对应，围绕马克思利润率趋向下降规律的争论由资本技术构成提高—资本有机构成提高—利润率下降能否在理论上得到论证转向谁才是利润率长期下降的根源。利润率可以变换为利润份额、产能－资本比率和产能利用率的乘积，与以上变换相对应，利润挤压论把资本家与雇佣工人间纵向的阶级关系置于分析中心，强调随着工人阶级政治经济力量的增强，工资提高对利润造成了挤压，指向下降的利润份额；过度竞争论把资本间横向的竞争关系置于分析中心，聚焦于资本主义之间强化的、压低价格的竞争，指向下降的产能－资本比率；需求不足论以经济剩余的不断增长为前提，将利润率长期下降归因于资本主义垄断阶段商品生产能力超过商品需求，指向下降的产能利用率。其中利润挤压论又包括以伊藤诚为代表的劳动力短缺论和以韦斯科普夫为代表的劳工力量增强论两个主要分支。第四章基于马克思主义的视角分别对以上四种替代性观点予以检视，剖析其内在的理论缺陷，并在深入挖掘马克思利润率趋向下降规律的基础上，从劳动价值论出发，勾勒出一个解释利润率长期下降的马克思主义框架。

马克思将利润率趋向下降规律视为经济危机理论的重要组成部

分，然而许多学者却对此予以否认，其中有三种观点最为典型：迈克·海因里希所谓"恩格斯的编辑造成了危机是由利润率趋向下降规律所导致的假象"的观点；大卫·哈维所谓"利润率趋向下降规律是严格的和教条的假设下的推论，与现实中爆发的经济危机基本无关"的观点；西蒙·克拉克所谓"利润率下降趋势是在资本一般的内在关系这个最抽象的水平上提出来的，而危机趋势只能在竞争领域内所表现的个别资本家之间的具体关系中才能得以实现"的观点。第五章对以上三种错误的观点予以检视和批判，并基于《资本论》文本说明利润率趋向下降规律在马克思经济危机理论中的地位及意义。

经验度量必须以理论的正确性为前提，因此在澄清理论层面对利润率趋向下降规律的质疑后，开始转入对利润率趋向下降规律的经验研究。在对利润率趋向下降规律所涉及的基本马克思主义变量（利润率、资本有机构成、剩余价值率和非生产性劳动工资－生产性劳动工资比率等）经验度量之前，需要说明其中涉及的方法论争论。因为采用不同的度量方法，就会得出基本马克思主义变量不同的动态，进而对重大的经验问题形成截然迥异的判断。这些度量方法的争论，大体上可以分为四个层面：度量价值利润率还是价格利润率；采用当前价格还是历史价格度量资本存量；是否区分生产劳动与非生产劳动；如果区分生产劳动与非生产劳动，那么非生产性支出是属于剩余价值的范畴还是不变资本的范畴。第六章在讨论以上四个层面的争论的基础上，按照选定的度量方法，对1955～2018年美国经济利润率及相关变量进行经验分析，结果表明这些基本马克思主义变量的变化符合利润率趋向下降规律；资本有机构成提高和非生产性劳动工资－生产性劳动工资比率提高是1955～2018年美国私人经济利润率长期下降的原因。

利润率趋向下降规律长期以来被视为与资本主义具体经济表现无关的、以抽象的形式存在的趋势。然而，仅仅以理论形式存在的、无法在现实中表现的规律根本不是科学的规律，科学的规律要求在现实中得到贯彻和体现。科学的任务不仅是发现被表象掩盖了的本质，而且需要从本质出发来说明模糊了的甚至关系被颠倒了的表象。第七章是在对利润率趋向下降规律完成理论澄清和经验论证之后的经验运用。本章以曼德尔的长波理论为蓝本，同时吸收积累的社会结构学派（SSA）的中间层次分析方法，构建了以利润率趋向下降规律为基础的马克思主义长波理论，该理论避免了曼德尔直接将抽象理论与具体经济波动相结合的不足，以及积累的社会结构学派割裂抽象层次理论与中间层次理论关系的缺憾。以之为基础，本章对战后美国黄金年代的形成与终结、新自由主义的形成与 2008 年金融危机的爆发给出了逻辑一致的解释。

第八章是本书的主要研究结论。

（二）研究方法

文本研究法。本书第一、二章是比较古典经济学的利润率下降理论和马克思的利润率趋向下降规律，第三、四、五章是回应部分学者对利润率趋向下降规律的质疑。一方面，这就要求全面掌握古典经济学和质疑者的相关文献以正确理解其逻辑与观点；另一方面，还要求深入挖掘马克思著作中的相关文本。由于斯密和李嘉图的利润率下降理论与其理论体系的其他部分错综交叉，质疑者对利润率趋向下降规律的多个方面持否定态度，因此本书涉及的文本范围较广，内容较多。再者，为了准确反映斯密、李嘉图、马克思、质疑者四方的观点，本书在必要的地方采取了直接引用文本的方式。

代表性观点考察法。利润率趋向下降规律是马克思经济理论的重要组成，不论是维护还是批判，只要是对《资本论》有系统性研究的名家都对该规律有着自己的看法。比如，在对该规律逻辑论证的质疑上，除了本书考察的琼·罗宾逊、菲利普·范·帕里斯、迈克·海因里希和置盐信雄，还有卢森堡、庞巴维克等人。对利润率长期下降现实机制的替代性解释，除了本书考察的利润挤压论、过度竞争论和需求不足论，还有约瑟夫·吉尔曼的非生产费用侵蚀论等观点。再比如，古典经济学中除了斯密和李嘉图，还有许多其他的经济学家也对利润率长期下降做出了解释，形成了理论。但是限于篇幅，本书只选取了具有鲜明代表性和持久影响力的人物和观点加以考察。

经验分析法。科学的任务不仅是发现被表象掩盖了的本质，而且需要从本质出发来说明模糊了的甚至关系被颠倒了的表象。在第三、四、五章回应了质疑者对利润率趋向下降规律的否定之后，第六、七章进行经验研究。其中第六章研究了利润率、资本有机构成、剩余价值率和非生产性劳动工资－生产性劳动工资比率等变量的变动趋势，第七章通过建构以利润率趋向下降规律为基础的马克思主义长波理论对美国战后繁荣与衰退交替的经济史进行了经验分析。

比较分析法。第七章建构以利润率趋向下降规律为基础的马克思主义长波理论，是比较分析法的典型运用。该章首先对战后主流的三种长波理论进行了比较分析，发现曼德尔在对技术创新长波理论的批判中找到了技术创新在长波理论中的正确位置，曼德尔的长波理论是第一个真正意义上的马克思主义长波理论，积累的社会结构学派在曼德尔的基础上进一步发展了中间层次分析的方法。该章建构的以利润率趋向下降规律为基础的马克思主义长波理论正是在对战后主流的三种长波理论比较分析的基础上，对曼德尔的长波理论和积累的社会结构学派的批判性发展。

（三）　可能的创新点

系统梳理并基于马克思主义视角澄清了对利润率趋向下降规律理论逻辑的质疑，得出了正确理解利润率趋向下降规律的方法论。

对伊藤诚的劳动力短缺论、韦斯科普夫的劳工力量增强论、布伦纳的过度竞争论和垄断资本主义学派的需求不足论进行了针对性的批判，在此基础上对马克思利润率趋向下降规律进行再挖掘，提出了理解利润率长期下降机制的三个基本命题，明晰了利润率长期下降的实质、根源与原因。

批判了迈克·海因里希、大卫·哈维和西蒙·克拉克否定利润率趋向下降规律作为马克思经济危机理论基础的观点，明晰了利润率趋向下降规律在马克思经济危机理论中的地位及其重要意义。

系统梳理了由谢恩·玛治提出、经莫里·史密斯发展了的、将社会必要非生产性支出作为不变资本处理的利润率测度方法。

以利润率趋向下降规律为基础构建了一个马克思主义长波理论，并以此为基础对美国战后繁荣与衰退交替的经济史给出了逻辑一致的解释。

第一章

古典经济学的利润率下降理论及其批判

利润是资本积累的刺激与动力，利润率是资产阶级经济学家关注的核心经济变量。早在马克思以前，古典经济学就注意到了利润率下降的现象。由于观察的视角和所代表的立场不同，不同经济学家对利润率下降原因的解释和对利润率下降所持的态度也就不同。

在18世纪，当时的经济学家主要是从资本贷入者的角度看待这个问题，认为利润率的下降是一种健康的现象。例如，休谟就认为利润率降低使得物价更趋低廉，消费受到鼓励，有利于促进工商业的快速增长。亚当·斯密和休谟一样，对利润率的下降表示乐观。在他看来，利润率下降不仅可以通过有损靠货币利息生活的大富豪而鼓励资本从事实业，而且能够通过降低物价来提高居民的生活质量；利润率保持在较高水平是资本积累落后的标志，利润率下降不会危害资本积累。斯密所处的时期是工厂手工业阶段，资产阶级经济学家研究的重点是如何提高生产。随着产业革命推动资本主义生产由工厂手工业阶段进入机器大工业阶段，产业资本主导各个生产部门，劳动实际隶属于资本，资本主义生产方式取得完全统治地位，社会财富大量增加。这使得资本主义经济中的三个阶级（资本家、雇佣工人、地主）和相应三种收入（利润、工资、地租）的区别越加明显，大卫·李嘉图开始思考在新创造的价值分割为利润、工资和地租三种收入的条件下，资本家、雇佣工人和地主三个阶级所得份额的消长会对资本积累产生怎样的影响。作为新兴资产阶级的理论代表，李嘉图将利润——资本家阶级的收入、资本积累的源泉以及科学发明和技术进步的刺激——视为资本主义生产的关键变量。利润率的下降会窒息资本积累的动力，李嘉图对此深感忧虑。①

捕捉到这种现象，提出这个问题，是古典经济学的重要贡献。但限于阶级立场和由此决定的理论状态，古典经济学不可能对利润率下降的原因做出正确的解释。马克思对此说明："以往的一切经济学都没有能把它揭示出来。经济学看到了这种现象，并且在各种自相矛盾的尝试中绞尽脑汁地去解释它。由于这个规律对资本主义生产极其重要，因此可以说，它是一个秘密，亚当·斯密以来的全部政治经济学一直围绕着揭开这个秘密兜圈子，而且亚·斯密以来的各种学派之间的区别，也就在于为揭开这个秘密进行不同的尝试。"②

本章前两节分别考察英国古典经济学成熟阶段的代表人物亚当·斯密和英国古典经济学的完成者大卫·李嘉图的利润率下降理论，第三节是对古典经济学利润率下降理论错误根源的揭示——立场局限和理论缺失。之所以如此安排，一方面，马克思的经济学理论就是在批判古典经济学的过程中形成的，通过考察亚当·斯密和大卫·李嘉图的利润率下降理论，能够更好地理解马克思利润率趋势下降规律的形成逻辑和独特贡献；另一方面，亚当·斯密和大卫·李嘉图的利润率下降理论对马克思之后的利润率理论产生了重要的影响。比如，布伦纳的过度竞争论就是亚当·斯密利润率下降理论的翻版，伊藤诚的劳动力短缺论和韦斯科普夫的劳工力量增强论借鉴了大卫·李嘉图的利润率下降理论。通过本节的考察，也有助于更加全面和透彻地理解激进政治经济学内部利润率下降理论的各个流派。

---

① 〔英〕道布：《政治经济学与资本主义》，松园等译，生活·读书·新知三联书店，1962，第 69 ~ 70 页。

② 《资本论》第 3 卷，人民出版社，2004，第 237 ~ 238 页。

第一节　亚当·斯密的利润率下降理论
及其批判

一　亚当·斯密的利润率下降理论

亚当·斯密对利润率下降原因的分析可以归纳为五个论点。

论点一：资本间竞争引起商品价格下降，价格下降的损失会在利润和工资间分担，地租不受影响。亚当·斯密认为按商品价格出售所得的收入需要在地租、工资和利润间分配。"无论什么商品的全部价格，最后必由那三个部分或其中一个部分构成。在商品价格中，除去土地的地租以及商品生产、制造乃至搬运所需要的全部劳动的价格外，剩余的部分必然归作利润。"① 随着资本积累，资本增加进而使得商品生产的增加，交换市场上的供过于求将使得商品价格下降。"市场上这种商品的供售量超过了它的有效需求，这商品就不能全部卖给那些愿支付这商品出售前所必须支付的地租、劳动工资和利润的全部价值的人，其中一部分必须售给出价较低的人。这一部分价格的低落，必使全体价格随着低落。"② 由于农业资本家在与地主签订租地合同前已经考虑到了可能发生的情况，因此地租不受商品价格变化的影响，商品价格下降的损失会在利润和工资间分担。"商品市价偶然和一时的变动，主要对价格中工资部分和利润部分发生影响，而对其中地租部分则影响不大。用货币确定了的地租，无论就比率说或就价值说，绝不受其影响。……在议定租佃条件时，地主和农业经营者都尽他们所知，竭力使地租率适合于生产物的平均价格，而不适合于其临时价格。"③ 通过这样的论证，亚当·斯密

① 〔英〕亚当·斯密：《国民财富的性质和原因的研究》，郭大力等译，商务印书馆，1972，第 46 页。具体论证参见该书第六章"论商品价格的组成部分"。
② 〔英〕亚当·斯密：《国民财富的性质和原因的研究》，郭大力等译，商务印书馆，1972，第 51 页。
③ 〔英〕亚当·斯密：《国民财富的性质和原因的研究》，郭大力等译，商务印书馆，1972，第 53 页。

将地主阶级排除在了分析利润率下降原因的视野之外，聚焦于资本与资本间、资本与雇佣劳动间的关系上。

论点二：资本间竞争导致可雇佣劳动数量的短缺，进而使得工资提高、利润下降。① 亚当·斯密指出："劳动的货币价格，必然受两种情况的支配：其一，是对劳动的需求；其二，是生活必需品和便利品的价格。"② 亚当·斯密在后续对利润率下降原因的分析中突出强调劳动需求变化对劳动货币价格的影响。需要指出的是，与之相反，大卫·李嘉图突出强调生活必需品价格变化对劳动货币价格的影响，这一分歧点使得两人对利润率下降的原因做出截然不同的判断。亚当·斯密从资本间竞争导致可雇佣劳动力数量的短缺，进而工资的提高中寻找利润下降的原因。"许多雇主手中的资金，足够维持和雇佣比他们前一年所雇佣的多的劳动者，而这些超过通常需要的劳动者，未必都能雇到，于是，要雇佣更多劳动者的雇主，便相互竞争，这在有的时候就使劳动的货币价格及真实价格抬高起来。"③ 资本间竞争导致的利润率下降，不仅对于某个行业，而且对于全社会都具有解释力。"资本的增加，提高了工资，因而倾向于减低利润。在同一行业中，如有许多富商投下了资本，他们的相互竞争，自然倾向于减低这一行业的利润；同一社会各种行业的资本，如果全都同样增加了，那末同样的竞争必对所有行业产生同样的结果。"④ 通过这样的论证，亚当·斯密将利润率下降的深层原因归结于资本间的竞争，进而将利润率下降这种现象归结为资本积累的必然结果，在某种程度上暗示了资本家与雇佣工人的阶级对立。

---

① 需要注意的是，无论是亚当·斯密还是大卫·李嘉图都没有区分劳动与劳动力。
② 〔英〕亚当·斯密：《国民财富的性质和原因的研究》，郭大力等译，商务印书馆，1972，第79页。
③ 〔英〕亚当·斯密：《国民财富的性质和原因的研究》，郭大力等译，商务印书馆，1972，第79页。
④ 〔英〕亚当·斯密：《国民财富的性质和原因的研究》，郭大力等译，商务印书馆，1972，第80~81页。

论点三：利润率的下降伴随着利润量的增多，随着利润量的增多，资本不断积累，资本间竞争加剧，利润率下降成为一种自我强化的规律。既然资本间的竞争是利润率下降的原因，那么如何解释利润率能够持续下降呢？亚当·斯密认为利润率的降低并不意味着利润量的降低，考虑到资本规模的扩大，相对较低的利润率也能够产生相对较多的利润量。"利润尽管减低，资本却不但继续增加，而且比以前增加得更加迅速。就此点说，勤劳的国家和勤劳的个人都一样。大资本利润虽低，但比高利润的小资本，一般增加得更为迅速。"① 在利润率降低的情况下，资本家为了获得足够的利润，不得不加快资本积累，使得资本以更快的速度增加。资本的增加引起资本间的竞争加剧，进而使得利润率下降，直至"各地方的竞争就大到无可再大，而普通利润便小到无可再小"②。

论点四：利润率下降引起利息率下降，鼓励人们从事实业，因此有利于资本主义发展。亚当·斯密认为利息率是利润率的一部分，利润率下降将引起利息率下降，这不利于放高利贷者，鼓励拥有财富者直接将财富投入生产。"在财富已达到极度、而且用在各种行业上的资本都已达到最大限度的国家，普通纯利润率便很低，因而这种利润所能担负的普通市场利息率也很低；这样，除大富豪外，任何人都不能靠货币利息生活……几乎一切人都得成为实业家，都有从事某种产业的必要……一个无所事事的游惰者，厕身实业家中间，正如一个文官厕身军队中间一样，会感到很尴尬，甚至会受到轻视。"③ 马克思对此评论道："亚·斯密却欣赏利润率下降。在他看来，荷兰是一个模范的国家。亚·斯密指出，利润率下降，迫使除了最大的资本家以外的大多数资本家把他们的资本用到生产上去，

---

① 〔英〕亚当·斯密：《国民财富的性质和原因的研究》，郭大力等译，商务印书馆，1972，第85页。

② 〔英〕亚当·斯密：《国民财富的性质和原因的研究》，郭大力等译，商务印书馆，1972，第87页。

③ 〔英〕亚当·斯密：《国民财富的性质和原因的研究》，郭大力等译，商务印书馆，1972，第89页。

而不是靠利息过活，因而对生产是一种刺激。"①

论点五：资本利润率的下降引起物价的降低，因而有利于提高生活质量和产品竞争力。亚当·斯密指出，相对于高利润，高工资对物价提升的影响较小。"高利润抬高生产物价格的倾向，比高工资大得多……工资增高对商品价格抬高的作用，恰如单利对债额累积的作用。利润增高的作用，却象复利一样。"② 因此，随着利润率的长期下降，"在许多商品的价格上，以低的利润弥补高的劳动工资，这样它们的商品，就能与繁荣程度较低而劳动工资较低的邻国的商品以同样低廉的价格出售"③，这既有利于提高普通大众生活质量又有利于保持商品的竞争能力。

二　亚当·斯密利润率下降理论的批判

通过以上对亚当·斯密利润率下降理论的检视，可知我们需要回答三个问题：资本竞争加剧能够使得商品价格长久下降吗？资本竞争加剧可以持久提高工资吗？资本间竞争能够作为解释利润率长期下降的逻辑起点吗？

（一）资本竞争加剧不会使得商品价格长久下降

斯密对于利润率长期下降原因错误解释的根源可以追溯到其劳动价值论的二元论。一方面，斯密在经济学说史上第一次宣称任何一个生产部门的劳动都是商品价值的源泉，物化于商品的耗费劳动量决定商品的价值量，商品的价值量以交换价值的方式通过价格表现。另一方面，在这里斯密又认为随着资本增加和竞争加剧，商品会持续供过于求，使商品价格长久下降。按照这种说法，似乎商品

---

① 《马克思恩格斯全集》第 26 卷（第 2 册），人民出版社，1973，第 617 页。亚当·斯密的见解参见〔英〕亚当·斯密《国民财富的性质和原因的研究》，郭大力等译，商务印书馆，1972，第 89～90 页。

② 〔英〕亚当·斯密：《国民财富的性质和原因的研究》，郭大力等译，商务印书馆，1972，第 90 页。

③ 〔英〕亚当·斯密：《国民财富的性质和原因的研究》，郭大力等译，商务印书馆，1972，第 90 页。

价格的长期变动并非由凝结在商品中的劳动量决定，而是由商品的供求状况决定。

李嘉图作为劳动价值论坚定的拥护者，显然不同意斯密的后一种论点。李嘉图借助于萨伊定律，从资本积累不会导致商品普遍过剩的角度对斯密进行了驳斥："但是萨伊先生曾经非常令人满意地说明：由于需求只受生产限制，所以不论一个国家有多少资本都不会不得到使用。任何人从事生产都是为了消费或销售；销售则都是为了购买对于他直接有用或是有益于未来生产的某种其他商品。所以一个人从事生产时，他要不是成为自己商品的消费者，就必然会成为他人商品的购买者和消费者。我们不能认为他会总不了解为了达到自己所具有的目的——占有他种商品——生产什么商品对他最为有利。因此，他不可能总是生产没有需求的商品。"① 在李嘉图看来，供给会自动产生需求，需求只受生产的限制，"其所积累的资本无论多少，都不会得不到有利的运用"②，因此资本积累不会面临供过于求、需求不足的困难，以致商品价格长久下降。

事实上，萨伊定律——供给自动产生需求，需求只受生产限制，不会发生普遍供过于求的危机——只适用于直接的产品交换。随着直接的产品交换转变为商品流通以及货币的产生和发展，相对生产过剩就具备了可能性和现实性。其一，商品流通中蕴含着相对生产过剩的可能性。这是由于，一方面，在商品流通中卖和买"这二者之间的直接的同一性，分裂成卖和买这二者之间的对立"③；另一方面，随着商品流通的发展，商品的让渡与价值的实现在时间上分离成为可能。其二，资本主义生产关系奠定了相对生产过剩的基础。随着劳动力转化为商品，货币转化为资本，商品关系一般完成了向

①〔英〕李嘉图：《政治经济学及赋税原理》，郭大力等译，商务印书馆，1962，第247页。

②〔英〕李嘉图：《政治经济学及赋税原理》，郭大力等译，商务印书馆，1962，第247页。

③《资本论》第1卷，人民出版社，2004，第135页。

资本主义生产关系的转化。①首先，资本主义生产关系构成了相对生产过剩危机的根基。在资本主义社会，资本家把劳动力"当作雇佣工人来生产"，通过"不付等价物而占有的他人的已经对象化的劳动的一部分，来不断再换取更大量的他人的活劳动"；而工人则作为"有自我意识的生产工具"，不断地把客观财富当作"剥削他的权力来生产"，同时个人消费被限制在劳动力再生产的必要范围内。② 这种对抗性的生产关系以及由之决定的分配关系，随着资本积累的进行，劳动生产力的提高，使得在资本家一方是"财富的积累"，在雇佣工人一方是"贫困、劳动折磨、受奴役、无知、粗野和道德堕落的积累"③。由于社会消费力取决于"以对抗性的分配关系为基础的消费力"，而非绝对的生产力和消费力，因此在资本主义生产力的快速扩张的背景下，资本主义对抗性的生产关系以及由之决定的分配关系就构成了相对生产过剩危机的根基。④ 其次，资本主义生产力的快速扩张为相对生产过剩危机的爆发提供了条件。资本主义生产关系的确立，打破了封建社会对生产力的束缚，促进了生产力的快速发展。为了追逐更多的剩余价值，个别资本家率先改进生产方法；其他资本家争相效仿，使社会生产力得到普遍提高。具体而言，资本主义生产先后采取简单协作、工厂手工业和机器大工业三种生产形式。劳动生产力的提高本可以作为更好满足劳动者生活需要的手段，但是由于资本主义对抗性的分配关系的限制，它反而成了相对生产过剩危机的条件。"一旦与大工业相适应的一般生产条件形成起来，这种生产方式就获得一种弹性，一种突然地跳跃式地扩展的能力，只有原料和销售市场才是它的限制。"⑤

由此，对于李嘉图以萨伊定律为基础指出资本积累不会发生供

---

① 胡钧：《马克思主义政治经济学若干基本理论问题》，经济日报出版社，2018，第13页。
② 《资本论》第1卷，人民出版社，2004，第659、673、661、659页。
③ 《资本论》第1卷，人民出版社，2004，第743～744页。
④ 《资本论》第3卷，人民出版社，2004，第273页。
⑤ 《资本论》第1卷，人民出版社，2004，第519页。

过于求的观点，马克思批判道："第一，李嘉图没有看到，在现实生活中不仅资本家和工人彼此对立，而且〔产业〕资本家、工人、土地所有者、货币资本家、从国家领取固定收入的人等等，都彼此对立；在这里，商品价格的下降，使产业资本家和工人双方都受到打击，而对其他阶级却有利。第二，李嘉图没有看到，资本主义生产决不是以随便什么样的规模进行都行的，资本主义生产越是发展，它就越是不得不采取与直接的需求无关而取决于世界市场的不断扩大的那样一种规模。李嘉图求助于萨伊的荒谬的前提，似乎资本家进行生产不是为了利润，不是为了剩余价值，而是直接为了消费，为了使用价值——为了他自己的消费。李嘉图没有看到，商品必须转化为货币。工人的需求是不够的，因为利润之所以存在，正是由于工人所能提出的需求小于他们的产品的价值，而相对说来，这种需求越小，利润就越大。资本家彼此提出的需求同样是不够的。生产过剩不会引起利润的持续下降，但是它经过一定时期会不断重复。随着生产过剩，就出现生产不足等等。生产过剩的起因恰好在于：人民群众所消费的东西，永远也不可能大于必要生活资料的平均数量，因此人民群众的消费不是随着劳动生产率的提高而相应地增长。"[1]

笔者认为，斯密所谓资本竞争加剧使得商品价格长久下降的观点是不正确的，原因在于它违背了劳动价值论。李嘉图认识到了这一点，然而他驳斥斯密观点所使用的理论依据——萨伊定律却是错误的。事实上，商品相对生产过剩是资本主义生产方式的重要特征之一。马克思指出："李嘉图反驳斯密说，资本的积累不会使商品的价值规定发生变动，这一论据在理论上自然是正确的；但是，李嘉图企图用一个国家不可能发生生产过剩这一点来反驳斯密，这就大错特错了。李嘉图否认资本过多的可能性，但在他以后的时期，这种可能性在英国的政治经济学上已经成为公认的原理了。"[2]

---

① 《马克思恩格斯全集》第 26 卷（第 2 册），人民出版社，1973，第 534～535 页。

② 《马克思恩格斯全集》第 26 卷（第 2 册），人民出版社，1973，第 534 页。

（二）资本竞争加剧不可以持久提高工资

按照斯密的论证逻辑，资本的积累使得资本的增加超过人口的增长，以至于资本对劳动的需求持久地大于劳动的供给，使得工人工资不断提高。李嘉图以马尔萨斯的人口理论为基础对此提出了疑问。马尔萨斯认为存在两条不言自明的公理："第一，食物为人类生存所必需。第二，两性间的情欲是必然的，且几乎会保持现状。"[①]由于生活资料按照算术比率增加，人口按照几何比率增长，后者总是超过前者，因此过剩人口永远存在，是一切社会共有的、永恒的人口规律。根据这一理论，人口数量单纯取决于食物的数量。李嘉图在此基础上突出强调资本积累对劳动供给的影响："在我看来，马尔萨斯先生未免过分地认为人口只是由于先有了食物才增加的。……他没有考虑到使人口普遍增加的是资本的增加以及因之而来的劳动需求的增加和工资的上涨。"[②] 李嘉图没有把劳动和劳动力两个范畴区别开来，他用劳动供给的变化说明工资的波动。"劳动的市场价格不论能和其自然价格有多大的背离，它也还是和其他商品一样，具有符合自然价格的倾向。当劳动的市场价格超过其自然价格时，劳动者的景况是繁荣而幸福的，能够得到更多生活必需品和享受品……但当高额工资刺激人口增加，使劳动者的人数增加时，工资又会降到其自然价格上去，有时的确还会由于一种反作用而降到这一价格以下。"[③] 李嘉图将劳动供给等同于人口供给，认为劳动供给既受到食物供给的硬性约束，又受到资本对劳动需求的柔性调节。基于此，李嘉图反对斯密关于资本对劳动的需求能持久地大于劳动供给的观点，认为"这只是一种暂时的提高，是由于人口增加以前基金的增

---

① 〔英〕马尔萨斯：《人口原理》，朱泱等译，商务印书馆，1992，第6~7页。
② 〔英〕李嘉图：《政治经济学及赋税原理》，郭大力等译，商务印书馆，1962，第348页。
③ 〔英〕李嘉图：《政治经济学及赋税原理》，郭大力等译，商务印书馆，1962，第78页。

加所引起的"①。

对于马尔萨斯所认为的自然人口规律，马克思指出："事实上，每一种特殊的、历史的生产方式都有其特殊的、历史地发生作用的人口规律。抽象的人口规律只存在于历史上还没有受过人干涉的动植物界。"② 对于资本主义的人口规律，马克思指出，为了追逐超额剩余价值、强化对雇佣工人的规训、弱化雇佣劳动对资本积累的制约，随着资本积累的进行，资本家会提高技术水平，提高资本有机构成，随着资本有机构成提高，相对过剩人口或产业后备军形成。"产业后备军在停滞和中等繁荣时期加压力于现役劳动军，在生产过剩和亢进时期又抑制现役劳动军的要求。所以，相对过剩人口是劳动供求规律借以运动的背景。它把这个规律的作用范围限制在绝对符合资本的剥削欲和统治欲的界限之内。"③ 在马克思看来，调节劳动力供给水平的，不是马尔萨斯和李嘉图所认为的自然人口，而是相对过剩人口。相对过剩人口产生的原因不是食物供给短缺，而是由资本主义生产关系决定的、在资本积累过程中必然发生的资本有机构成提高。这样马克思的人口理论就有了具体的历史规定，揭示出相对过剩人口规律是资本主义生产方式特有的人口规律。④

笔者认为，斯密所谓资本对劳动的需求能持久地大于劳动供给的观点是不正确的。李嘉图批判斯密所依据的马尔萨斯人口理论也是错误的。资本对劳动力的需求之所以不能持久地大于劳动力供给，根源在于相对过剩人口的存在及其对劳动力供给的调节。马克思在《资本论》中精彩地描述了资本对劳动力供给调节的情形："1849 年至 1859 年间……英国农业地区出现了……工资提高……租地农场主大喊大叫起来，甚至伦敦《经济学家》在谈到这些饥饿工资时，也

① 〔英〕李嘉图：《政治经济学及赋税原理》，郭大力等译，商务印书馆，1962，第246 页。

② 《资本论》第 1 卷，人民出版社，2004，第 728 页。

③ 《资本论》第 1 卷，人民出版社，2004，第 736 页。

④ 严晓萍、杨思远：《马克思与马尔萨斯人口论之比较》，《教学与研究》1998 年第11 期。

郑重其事地胡诌什么有了'普遍的和重大的提高'。租地农场主该怎么办呢？难道他们会像教条的经济学的头脑所设想的那样，等待这种优厚的报酬促使农业工人增加，直到他们的工资不得不重新下降吗？不，租地农场主采用了更多的机器，工人转瞬间又'过剩'到连租地农场主也感到满意的程度。同以前相比，现在投入农业的'资本更多了'，并且采取了生产效率更高的形式。这样一来，对劳动的需求不仅相对地下降，而且绝对地下降了。"①

（三）资本竞争不能作为解释利润率长期下降的逻辑起点

由资本积累引起的资本间竞争加剧是斯密解释利润率长期下降原因的逻辑起点。李嘉图和马克思则认为利润率长期下降规律的形成离不开资本间竞争作用的发挥，但是不能把后者作为解释前者的原因。"亚当·斯密用资本之间的竞争来解释利润率随着资本的增长而下降。李嘉图反对他的这个论点，认为竞争虽然能够使不同行业的利润化为平均水平，能够把利润率拉平，但是不能压低这个平均率本身。资本的内在规律，资本的趋势只有在竞争中，即在资本对资本的作用中，才能得到实现，就这一点来说，亚当·斯密的论点是正确的。但是，按照他对这一论点的理解，似乎竞争把一些外部的、从外面引进的、不是资本本身的规律强加给资本。从这个意义来说，他的论点是错误的。"②

马克思认为，雇佣劳动关系和资本间的竞争是资本主义生产关系的两个基本维度，资本和雇佣劳动的关系"决定着这种生产方式的全部性质"③。以此为基础，马克思界定了资本竞争的实质，他认为资本是而且只能是作为许多资本而存在，它的内在本性以许多资本彼此间相互作用的形式表现，所以竞争"不过是资本的内在本性，是作为许多资本彼此间的相互作用而表现出来并得到实现的资本的

---

① 《资本论》第1卷，人民出版社，2004，第735页。
② 《马克思恩格斯全集》第46卷（下册），人民出版社，1980，第270~271页。
③ 《资本论》第3卷，人民出版社，2004，第996页。资本与雇佣劳动之间的阶级关系，进而阶级斗争是资本间竞争关系的前提。

本质规定，不过是作为外在必然性表现出来的内在趋势"①。基于这一判断，马克思阐明了竞争的作用。一方面，商品所有者互相对立产生的竞争与压力使得资本主义经济的内在规律作为外在的强制规律支配着每一个资本家，各种偏离在资本间的竞争中得以相互抵消，竞争成为资本主义经济内在规律贯彻自己的手段。"包含在资本本性里面的东西，只有通过竞争才作为外在的必然性现实地暴露出来，而竞争无非是许多资本把资本的内在规定互相强加给对方并强加给自己。因此，任何一个资产阶级经济范畴，即使是最初步的范畴——例如价值规定——要成为实际的东西，都不能不通过自由竞争。"② 另一方面，竞争的作用限制在资本主义经济内在规律执行者的角色上，不能用它来解释这些规律。"竞争，这个资产阶级经济的重要推动力，不能创立资产阶级经济的规律，而是这些规律的执行者。所以，无限制的竞争不是经济规律的真实性的前提，而是结果——是经济规律的必然性得到实现的表现形式……竞争不能说明这些规律，它使人们看到这些规律，但是它并不产生这些规律。"③

因此，竞争是资产阶级经济规律的执行者，而非创立者，不能用竞争来解释规律。"竞争使资本的内在规律得到贯彻，使这些规律对于个别资本成为强制规律，但是它并没有发明这些规律。竞争实现这些规律。因此，单纯用竞争来解释这些规律，那就是承认不懂得这些规律。"④

亚当·斯密不懂得这些规律，他以资本间的竞争为逻辑起点解释经济规律，就不可避免地混淆了资本主义生产的内在规律与资本的外部运动，将单个资本家意识中的动机视为经济规律本身，进而颠倒了利润率下降与竞争的关系。正如马克思所言，"因为在竞争中一切都以假象出现，也就是以颠倒的形式表现出来……庸俗经济学

---

① 《马克思恩格斯全集》第 46 卷（上册），人民出版社，1979，第 397～398 页。
② 《马克思恩格斯全集》第 46 卷（下册），人民出版社，1980，第 160 页。
③ 《马克思恩格斯全集》第 46 卷（下册），人民出版社，1980，第 47 页。
④ 《马克思恩格斯全集》第 46 卷（下册），人民出版社，1980，第 271 页。

家所做的实际上只是把那些受竞争束缚的资本家的奇特观念，翻译成表面上更理论化、更一般化的语言，并且煞费苦心地论证这些观念是正确的"①。首先，资本间的竞争无法决定一般利润率的大小。资本家间的竞争以同一个生产部门或不同的生产部门有不同的利润率为前提，竞争的结果只能使同一个生产部门内的生产者以相等的价格出售他们的商品，并使不同生产部门内的生产者按照获得一般利润率的价格出售商品。因此，一般利润率"是在互相竞争的资本家势均力敌的时候出现的。竞争可以造成这种均势，但不能造成在这种均势下出现的利润率"②。其次，一般利润率下降加剧了资本间的竞争。一般利润率的下降由资本有机构成的提高所引起，对于社会总资本和地位已经巩固的大资本家，这种下降可以"由利润量的增加得到补偿"；但是对于新的、不具备这种补偿条件的、独立执行职能的追加资本，则必须通过竞争去"争得这种条件"③。因此，"是利润率的下降引起资本之间的竞争斗争"④，而不是存在于竞争当事人的意识中，并被亚当·斯密以颠倒的形式理论化的关系——资本间竞争引起了一般利润率的下降。

笔者认为，限于竞争只能贯彻经济规律、不能创造经济规律的作用，不能用资本间的竞争来解释利润率长期下降。部门内资本间的竞争使得商品的价值量由社会必要劳动时间决定，部门间资本间的竞争使得利润率平均化，无论从哪一点看，都不能说是资本间的竞争引起了利润率下降。事实上，在资本间竞争展开之前利润率已经具备了下降的可能性，竞争的作用在于使这一可能性以强制性规律的形式得以实现。"只有在利润率普遍下降的条件下，而且只有在竞争之前，并且不管竞争如何，利润率已普遍地、不断地、以作为规律起作用的方式下降的情况下，竞争才能够不断地压低一切工业

---

① 《资本论》第 3 卷，人民出版社，2004，第 256 页。
② 《资本论》第 3 卷，人民出版社，2004，第 979 页。
③ 《资本论》第 3 卷，人民出版社，2004，第 285 页。
④ 《资本论》第 3 卷，人民出版社，2004，第 285 页。

部门的利润率，即平均利润率。"①

第二节 大卫·李嘉图的利润率下降理论
及其批判

一 大卫·李嘉图的利润率下降理论

与斯密从资本间竞争引起的工资提高中解释利润率下降不同，尽管李嘉图同样认为是工资提高直接导致了利润率下降，但其将利润率下降归因于土地收益递减。这样，李嘉图就把对资本主义社会经济现象的解释扎到了自然界中，就将资本家、地主和雇佣劳动者三个阶级的关系置于分析视野。李嘉图的论证逻辑如下。

论点一：工资水平受到劳动供求和生活必需品价格两种因素的影响。李嘉图指出，劳动"正象其他一切可以买卖并且可以在数量上增加或减少的物品一样，具有自然价格和市场价格"②。劳动的自然价格是"让劳动者大体上能够生活下去并不增不减地延续其后裔所必需的价格"，取决于"劳动者维持其自身与其家庭所需的食物、必需品和享用品的价格"，随着食物和必需品价格的涨跌而涨跌。③劳动的市场价格，即工资，是"根据供求比例的自然作用实际支付的价格"，劳动稀少时昂贵，劳动丰裕时便宜。④ 与斯密一样，李嘉图也认为工资的水平受到劳动供求和生活必需品价格两种因素的影响。"工资便似乎是由于以下两种原因而涨落：第一、劳动者的供给与需求；第二、用劳动工资购买的各种商品的价格。"⑤ 同时，作为

---

① 《马克思恩格斯全集》第46卷（下册），人民出版社，1980，第271页。

② 〔英〕李嘉图：《政治经济学及赋税原理》，郭大力等译，商务印书馆，1962，第77页。

③ 〔英〕李嘉图：《政治经济学及赋税原理》，郭大力等译，商务印书馆，1962，第77页。

④ 〔英〕李嘉图：《政治经济学及赋税原理》，郭大力等译，商务印书馆，1962，第78页。

⑤ 〔英〕李嘉图：《政治经济学及赋税原理》，郭大力等译，商务印书馆，1962，第81页。

劳动价值论的坚定捍卫者，李嘉图指出："劳动的市场价格不论能和其自然价格有多大的背离，它也还是和其他商品一样，具有符合自然价格的倾向。"①

论点二：劳动供求变化不会导致工资持久上涨。李嘉图以马尔萨斯的人口原理为理论基础，认为资本积累不会使得劳动供给长久小于劳动需求，因为一旦出现这种情况，工资的提高就会刺激人口的增长和劳动供给的增加，甚至从长期看劳动供给的增加会大于劳动需求的增长，从而使得工资有降低的趋势。"在社会的自然发展中，劳动工资就其受供求关系调节的范围而言，将有下降的倾向。因为劳动者的供给继续按照相同的比率增加，而其需求的增加率则较慢。……如果工资只受劳动者的供求情况调节，工资就会下降。"②基于此，李嘉图得出了斯密将工资持久上涨的原因归结为劳动供小于求的结论，并批判道："亚当·斯密在这里谈到工资提高，但这只是一种暂时的提高，是由于人口增加以前基金的增加所引起的。他好象并没有认识到资本增加时，运用资本实现的工作也会按相同的比例增加。"③ 李嘉图将工资持久上涨的原因指向劳动自然价格的上涨，在他看来，"劳动的自然价格总有上涨的趋势，原因是规定其自然价格的一种主要商品由于生产困难加大而有涨价的趋势"④，是为追加资本所需雇佣的更多的劳动者提供食物的日益增加的困难导致了工资的长期提高。

论点三：工资持续上涨的根源在于土地报酬递减。李嘉图认为，为追加资本所需雇佣的更多的劳动者提供食物会面临日益增加的困难，这种日益增加的困难提高了生活必需品价格，进而提高了劳动

① 〔英〕李嘉图：《政治经济学及赋税原理》，郭大力等译，商务印书馆，1962，第78页。
② 〔英〕李嘉图：《政治经济学及赋税原理》，郭大力等译，商务印书馆，1962，第84页。
③ 〔英〕李嘉图：《政治经济学及赋税原理》，郭大力等译，商务印书馆，1962，第246~247页。
④ 〔英〕李嘉图：《政治经济学及赋税原理》，郭大力等译，商务印书馆，1962，第77页。

的自然价格及其决定的工资水平。那么,为何为追加资本所需雇佣的更多的劳动者提供食物会面临日益增加的困难呢?李嘉图认为根源在于土地报酬递减规律。根据这一规律,随着资本积累,资本雇佣劳动增多,需要为雇佣劳动者提供的生活必需品数量增多。生活必需品包括工业产品和农产品(食物)两部分。前者随着社会生产力的发展越来越便宜。对于后者,随着食物需求的增加,一方面需要劣等的和更劣等的土地不断投入耕作,另一方面需要在同一地块上进行追加投资,而这种投资的报酬具有递减效应,在两个方面的共同作用下,农业生产条件越来越差,农业劳动生产力不断下降,生产同样的农产品需要耗费的劳动越来越多,农产品价格越来越高。农产品部分在生活必需品中起决定性作用,所以生活必需品价格进而工资水平会随着资本积累的进行而上涨,李嘉图指出:"必需品价格持久上涨不会不引起工资上涨,或者不会不先有工资上涨,这一点可以视为当然之理。"①

论点四:工资上涨是利润率下降的直接原因。李嘉图没有区分利润与剩余价值、利润率与剩余价值率。在他看来,工作日包括两部分:雇佣工人为补偿劳动力价值所需要劳动的时间,即必要劳动时间;雇佣工人为资本家无偿劳动创造剩余价值的时间,即剩余劳动时间。在既定工作日内,工资上涨意味着雇佣工人为补偿劳动力价值所需劳动时间的延长,为资本家创造利润的时间缩短,因此利润率下降,"由此我就已经证明……工资上涨不会提高商品的价格,但必然会降低利润"②。

论点五:利润率下降使得雇佣工人和资本家受损、地主受益。对于雇佣工人,李嘉图认为:"的确将得到更多的货币工资,但谷物工资却减少了。不仅是他能够支配的谷物减少了,而且一般生活都

---

① 〔英〕李嘉图:《政治经济学及赋税原理》,郭大力等译,商务印书馆,1962,第100页。

② 〔英〕李嘉图:《政治经济学及赋税原理》,郭大力等译,商务印书馆,1962,第107页。

将恶化；因为他将发现，这时要使市场工资率维持在自然工资率以上是更为困难的。"① 对于资本家，李嘉图认为雇佣工人货币工资的增加降低了资本家的利润率。对于地主，李嘉图认为，由于农产品具有更高的价值以及地租在产品总价值中占比大大增加，"真正得到利益的只有地主"②。

论点六：利润率下降是资本主义生产的阻碍。作为新兴资产阶级的理论代表，李嘉图及其学派将利润——资本家阶级的收入，资本积累的源泉以及技术进步和发明的刺激——视为资本主义生产的关键变量。利润率的长期下降引起李嘉图深切忧虑："没有积累的动机就没有积累……劳动者没有工资就活不下去，农场主和制造业者没有利润也是一样。他们的积累动机会随着利润的每一减少而减少；当利润率低落到不足以补偿其用于生产的资本所必然碰到的麻烦和风险时，积累的动机就会全然终止。"③ 马克思对此评论道："像李嘉图那样把资本主义生产方式看作绝对生产方式的经济学家，在这里也感觉到，这种生产方式为它自己造成了一种限制……但是在他们对利润率的下降所感到的恐惧中，重要的是这样一种感觉：资本主义生产方式在生产力的发展中遇到一种同财富生产本身无关的限制；而这种特有的限制证明了资本主义生产方式的局限性和它的仅仅历史的、过渡的性质；证明了它不是财富生产的绝对的生产方式，反而在一定阶段上同财富的进一步发展发生冲突。"④

论点七：利润率的长期下降是任何社会都存在的自然规律。李嘉图将利润率下降的直接原因归结为工资的上涨，将利润率下降的根本原因归结为作为自然性质的、不以时间和空间为转移的土地边

① 〔英〕李嘉图：《政治经济学及赋税原理》，郭大力等译，商务印书馆，1962，第85页。

② 〔英〕李嘉图：《政治经济学及赋税原理》，郭大力等译，商务印书馆，1962，第106页。

③ 〔英〕李嘉图：《政治经济学及赋税原理》，郭大力等译，商务印书馆，1962，第103页。

④ 《资本论》第3卷，人民出版社，2004，第270页。

际收益递减规律。"在任何国家和任何时期中，利润都取决于在不支付地租的土地上或用不支付地租的资本为劳动者提供各种必需品所必需的劳动量。因此，积累的效果是因国而异的，并且主要是取决于土地的肥力。"① 据此，李嘉图认为一个国家的利润率在资本积累到何种程度下降完全取决于该国土地的自然禀赋。"一国的面积无论多么辽阔，如果土地贫瘠，并且禁止食物输入，那么，并不太多的资本积累也会引起利润率的大大减低和地租的迅速增加。反之，在面积小但土地肥沃，特别是允许自由输入食物的国家中，就可以积累巨额资本而不致引起利润率的大大减低或地租的任何大量增加。"② 这样，利润率长期下降规律，在李嘉图的理论中就成了与社会制度无关的、与社会生产关系绝缘的自然规律。"利润的自然趋势是下降的；因为在社会和财富的发展中，必要的食品增加量是通过牺牲越来越多的劳动获得的。"③

二　大卫·李嘉图利润率下降理论的批判

从以上论述中，我们可以看到李嘉图对利润率长期下降原因分析的总体思路如下。首先，李嘉图没有区分利润和剩余价值、利润率和剩余价值率，将利润率和剩余价值率等同起来。这样，李嘉图对利润率长期下降原因的分析，实际上是对剩余价值率长期下降原因的分析。由于假定工作日不变，李嘉图对剩余价值率长期下降原因的分析，实际上是对相对剩余价值率长期下降原因的分析。工作日包括必要劳动时间和剩余劳动时间两部分，相对剩余价值率下降意味着工人为自己劳动的那一部分工作时长增大，工人无偿地为资本家劳动的那一部分工作时长缩短，意味着工资——工人购买的生

---

① 〔英〕李嘉图：《政治经济学及赋税原理》，郭大力等译，商务印书馆，1962，第106～107页。

② 〔英〕李嘉图：《政治经济学及赋税原理》，郭大力等译，商务印书馆，1962，第107页。

③ 〔英〕李嘉图：《政治经济学及赋税原理》，郭大力等译，商务印书馆，1962，第101页。

活必需品即生活资料的价值——增大。其次，生活必需品包括工业品和农产品两大类，由于工业品价格随着生产力的发展有降低的趋势，因此生活必需品价格提高的原因是农产品价格的提高。李嘉图是劳动价值论的坚定拥护者，他认为农产品价格提高的原因不是供求关系的变化，而是农产品自然价格的提高，这只有在农业生产条件不断恶化，农业生产率不断降低，生产等量的农产品需要耗费更多劳动时间的条件下才能发生。最后，李嘉图将农业生产条件不断恶化和农业生产率不断降低归结为自然的、与社会生产关系无关的土地边际收益递减规律，这样利润率长期下降规律就不是资本主义社会特有的经济规律，而是一切人类社会共有的自然规律。同时，土地边际收益递减规律作为李嘉图地租理论的基础，将利润率长期下降规律与地租增加规律联系了起来，宣布了资本家、雇佣劳动者和地主三个阶级的对立性质，这就给当时的工业资本家提供了有力的理论武器，以反对那些游手好闲、利用土地所有权无偿分割剩余价值的地主阶级。

　　李嘉图的论证逻辑建立在两个错误的理论前提之上。其一，混同利润率和剩余价值率，认为工资提高必定降低利润率，利润率长期下降的直接原因就是剥削率的降低和工资的提高；其二，把利润率长期下降、工资持久提高的原因归结于（农业）生产率下降，将利润率下降和地租增加结合在一起。正如马克思对李嘉图的利润率下降理论评论道："所以，李嘉图的理论是建立在两个错误前提之上的：第一个错误前提是：地租的存在和增加以农业生产率不断降低为条件；第二个错误前提是：利润率（在李嘉图那里就等于相对剩余价值率）的提高或下降只能同工资的提高或下降成反比。"[①] 正是在这两个错误的理论前提上，李嘉图得出了错误的结论——利润率的长期下降是任何社会都存在的自然规律。接下来，笔者将围绕这两个错误前提和一个错误结论进行针对性批判。

----

① 《马克思恩格斯全集》第 26 卷（第 2 册），人民出版社，1973，第 499 页。

（一）对剩余价值和利润、剩余价值率和利润率的混淆

李嘉图混淆剩余价值和利润、剩余价值率和利润率这两对重要概念的原因有两个。其一，剩余价值是一个抽象的、居于资本主义生产关系本质层面的经济概念；而利润是剩余价值"第二级的、派生的和变形的形式"，是在经济现象中可以直接得到反映和可被度量的经济概念。在经济表象上，"剩余价值起源的痕迹消失了"①，呈现的是利润、利息、地租等剩余价值的具体形式。由于李嘉图的工资理论、利润理论和地租理论只分析三者之间的数量分配，而不深究三者及其分配差别的起源，因此李嘉图并没有真正触及剩余价值理论。其二，只有在全部资本都由可变资本构成，即全部预付资本都直接用于支付工资的情况下，在数量上剩余价值和利润才是相等的。李嘉图继承了亚当·斯密的错误观点——年产品的总价值归结为收入，在扣除地租之后，收入在工人和资本家之间分配为工资和利润，全部预付资本只由可变资本构成，这样李嘉图就把剩余价值和利润混淆了。马克思对此评论道："李嘉图在'利润'名义下考察的，一般说来只是剩余价值。"②

剩余价值率是资本无偿占有的剩余劳动同必要劳动之比，即剩余价值与可变资本之比；利润率是剩余价值同在生产开始前就存在的资本的总价值之比，即剩余价值与包括可变资本和不变资本在内的预付资本之比。由于李嘉图假定预付资本都由可变资本组成，因此就在混淆剩余价值和利润的基础上进一步混淆了剩余价值率和利润率，在利润率的名义下考察剩余价值率。由此导致的结果是，从数量上看，由于预付资本总是大于用在工资上的、同活劳动相交换的可变资本，因此这里的名义上的利润率要高于真正的利润率；从性质上看，用剩余价值率下降的原因替代了利润率下降的原因，由于利润率不仅受到剩余价值率的影响，而且受到按照交换活劳动的

---

① 《马克思恩格斯全集》第46卷（下册），人民出版社，1980，第95页。
② 《马克思恩格斯全集》第26卷（第2册），人民出版社，1973，第484、529页。

那部分资本与作为材料和固定资本而存在的那部分资本的比例，即资本有机构成的影响，因此李嘉图在对利润率下降原因的分析中遗漏了后者。① 在马克思看来，资本有机构成对于分析利润率下降规律而言是"唯一重要的问题"② 和"有决定意义的东西……"③。事实上，就利润率趋向下降规律而言，资本有机构成所起的作用是第一位的，剩余价值率只能在此基础上——花费同一资本所使用的活劳动量会不断减少——通过对活劳动创造新价值分割比例的增加来对利润率发挥影响，因此剩余价值率所起的作用是第二位的。对于李嘉图抛开资本有机构成分析利润率长期下降原因的做法，马克思指出："李嘉图在任何地方都没有离开剩余价值的特殊形式——利润（利息）和地租——来单独考察剩余价值。因此，他对具有如此重要意义的资本有机构成的论述，只限于说明从亚·斯密（特别是从重农学派）那里传下来的，由流通过程产生的资本有机构成的差别（固定资本和流动资本）；而生产过程本身内部的资本有机构成的差别，李嘉图在任何地方都没有涉及，或者根本就不知道。就是由于这个缘故，他把价值和费用价格混淆起来了，提出了错误的地租理论，得出了关于利润率提高和降低原因的错误规律等等。"④

　　笔者认为，李嘉图将剩余价值和利润、剩余价值率和利润率混淆，进而忽视资本有机构成的作用是其利润率下降理论中所犯的最根本性的错误。李嘉图在这个错误前提的基础上认为工资提高导致了利润率降低，似乎利润率下降是因为资本家对雇佣工人的剥削减轻了。事实上，在考虑资本有机构成变动的基础上才能得出正确的结论："利润率下降不是因为对工人的剥削减轻了，而是因为对工人的剥削加重了，不管这是由于绝对剩余时间增加，还是——在国家对此进行阻挠时——由于资本主义生产的本质必然要使劳动的相对

---

① 《马克思恩格斯全集》第 46 卷（下册），人民出版社，1980，第 273 页。
② 《马克思恩格斯全集》第 26 卷（第 2 册），人民出版社，1973，第 506 ~ 507 页。
③ 《马克思恩格斯全集》第 26 卷（第 2 册），人民出版社，1973，第 523 ~ 524 页。
④ 《马克思恩格斯全集》第 26 卷（第 2 册），人民出版社，1973，第 423 页。

价值降低，从而使相对剩余时间增加。"①

（二）以农业生产率不断降低引起的地租增加为条件

李嘉图从劳动价值论出发阐述他的地租理论，驳斥了那种将地租视为参加农业生产的自然力产物的观点，认为地租是农业劳动者所创造的价值的一部分。② 李嘉图指出，人们总是首先耕种肥沃程度较高的土地，这种土地的劳动生产率较高；随着人口的增长和对农产品需求的增加，人们不得不开始耕种肥沃程度较低的土地，这种土地的劳动生产率较低；土地的劳动生产率较低意味着生产同样的农产品需要耗费的劳动时间增加，农产品的价值和价格提高；农产品的价值和价格由劣等地上的生产费用决定，因而比劣等地好的土地上会产生额外利润；农业资本家围绕租佃土地展开的竞争，使得额外利润以地租的形式从农业资本家转移到地主手中，"农产品的相对价值之所以会上升，只是因为所获产品的最后一部分在生产中使用了更多的劳动……谷物价格高昂不是因为支付了地租，相反地，支付地租倒是因为谷物昂贵"③。马克思对李嘉图地租理论的贡献称赞道："李嘉图把地租理论同价值规定直接地、有意识地联系起来，这是他的理论贡献。"④

同时我们从以上对李嘉图地租理论的概括中发现，李嘉图地租理论存在很多谬论。其一，李嘉图的地租理论实际上论述的是资本主义的级差地租，他否认绝对地租的存在。其二，李嘉图认为人们对土地的耕种是按照由肥沃到贫瘠的顺序进行的。其三，与土地耕种顺序相关，李嘉图认为由于土地的生产条件越来越差，农业生产率越来越低，因此农产品价格越来越高，地租越来越多。限于本书的研究目的，下面对李嘉图地租理论谬误的后两点进行分析。

---

① 《马克思恩格斯全集》第 26 卷（第 2 册），人民出版社，1973，第 498 页。
② 陈岱孙：《从古典经济学派到马克思——若干主要学说发展论略》，商务印书馆，2014，第 133～134 页。
③ 〔英〕李嘉图：《政治经济学及赋税原理》，郭大力等译，商务印书馆，1962，第 61 页。
④ 《马克思恩格斯全集》第 26 卷（第 2 册），人民出版社，1973，第 272 页。

在李嘉图所处的机器大工业阶段，英国已经完成了原始资本的积累，资本主义工业和农业生产快速发展，劳动力由农村向城市加速流动，农产品价格日益上涨。英国领土狭小，为了满足日益增长的农产品需要，不断扩大劣等地的耕种。① 在目睹了这种情况后，李嘉图接受了安特生的级差地租理论，提出了土地的耕种顺序是从比较肥沃地区向比较不肥沃地区按下降序列推移的假定。李嘉图的错误在于他只看到了英国农业一时的历史事实，而且把这种历史现象理论化和绝对化了。马克思对此评论道："李嘉图的从比较肥沃地区向比较不肥沃地区这个按下降序列推移的假定，完全是偷运进来的。""在李嘉图自己对产生级差地租的必要条件作了正确的和一般的表述（'所有土地都具有同一特性……数量无限、质量相同'）的地方，不包括从比较肥沃的土地推移到比较不肥沃的土地这种情况。"② 马克思认为相比于土地肥沃程度，土地位置是一个更为关键的考虑因素，他以殖民者为例说明："对他们来说，首先具有决定意义的是位置，是位于沿海、靠近大河等等。美洲西部等地区的土地可以说要多么肥沃就有多么肥沃，但是移民自然地定居在新英格兰、宾夕法尼亚、北卡罗来纳、弗吉尼亚等地，总之，是在东临大西洋的地区……他们找的不是最肥沃的地区，倒是位置最好的地区，而在这个地区内，在其他位置条件相同的情况下，自然是找最肥沃的土地。"③ 因此，所谓最先耕种的最肥沃的土地，只是所选择地区内的最肥沃的土地。位置随着人口增加、资本形成、交通工具发达和城市兴建而变化，达到一定时间人们就开始耕种较远地区的肥沃的土地，此时，"如果现在是推移到比第一个地区更肥沃的第二个地区，那么，依照假定，这第二个地区的位置是比较不利的……第二个地区生产出来的产品，将逐渐按照一个必然使第一个地区的（同

① 胡莹：《马克思和李嘉图的地租理论的比较研究——基于〈剩余价值理论〉第二卷的视角》，《经济思想史研究》2021 年第 3 辑。
② 《马克思恩格斯全集》第 26 卷（第 2 册），人民出版社，1973，第 352 页。
③ 《马克思恩格斯全集》第 26 卷（第 2 册），人民出版社，1973，第 351 页。

一产品的）地租下降的价格投入市场，而第二个地区，随着它的位置的不利条件的消失，将逐渐作为比较肥沃的土地出现"①。

基于耕种土地由肥沃到贫瘠的顺序，李嘉图得出土地生产条件恶化、生产率下降的结论，把农业生产率的绝对降低视为农业发展的自然规律，并以此来说明级差地租的增加和利润率的下降。马克思认为资本主义土地经营权的垄断是级差地租产生的原因，农产品的个别生产价格与社会生产价格间差额的存在是级差地租产生的条件。农产品的社会生产价格决定于劣等地的生产条件。在优质土地上劳动生产率高，生产同样的农产品耗费的个别劳动时间较少，因此优等土地的个别生产价格和社会生产价格存在差额，这个差额本质上是一种超额利润，土地经营权垄断使得这种超额利润无法在农业资本家间平均化，而是以级差地租的形式转移到地主手中。可见，级差地租存在的条件是投资于不同土地上的资本有不同的生产率，与土地耕种的优劣顺序无关，与土地劳动生产率的递减无关。或者说，只要土地肥沃程度有差别，只要土地的劳动生产率有差别，那么耕种新的土地就一定会形成级差地租。如果后面耕种的土地更为肥沃，劳动生产率更高，那么前面耕种的土地就成为劣等土地，该土地生产农产品所耗费的时间就成为社会必要劳动时间，该土地所生产农产品的价格就是社会生产价格。马克思指出："李嘉图用农业生产率的绝对降低来说明级差地租，而这种降低完全不是级差地租的前提，安德森也没有把它当作前提……因此他犯了双重历史错误：一方面，把农业和工业中的劳动生产率看成绝对相等，因而否定它们在一定发展阶段上的仅仅是历史性的差别，另一方面，认为农业生产率绝对降低，并把这种降低说成是农业的发展规律。"②

笔者认为，投入耕种土地的顺序并不是由肥沃到贫瘠，且位置也是选择耕种土地的重要考虑因素；级差地租的存在与土地耕种顺序无关，不以农业劳动生产率的降低为条件。李嘉图把利润率下降

① 《马克思恩格斯全集》第34卷，人民出版社，2008，第347～348页。
② 《马克思恩格斯全集》第26卷（第2册），人民出版社，1973，第271页。

归于农业劳动生产率降低，把生产条件的改良——劳动生产率提高——视为抵抗利润率下降的反作用因素。事实上，利润率下降不是因为劳动生产率降低了，而是因为劳动生产率提高了，"一般利润率日益下降的趋势，只是劳动的社会生产力的日益发展在资本主义生产方式下所特有的表现"①。

（三）将利润率下降规律视为自然规律

李嘉图在混淆利润率和剩余价值率的基础上，把相对剩余价值率下降的原因作为利润率下降的原因来分析，而相对剩余价值率的下降"只有在劳动生产力降低时才可能发生"②，这样李嘉图就将土地肥力下降作为利润率下降的原因，进而将利润率下降规律视为像重力一样的自然规律，如此，李嘉图对利润率下降原因的经济学分析就陷入了作为自然科学的土壤肥力的化学分析。马克思对此评论道："由于李嘉图这样简单地把剩余价值和利润混淆起来，并且由于只有在剩余劳动同必要劳动，即同再生产劳动能力所必需的劳动之比下降（这只有在劳动生产力降低时才可能发生）的情况下，剩余价值才可能不断减少，才可能作为趋势减少，所以，李嘉图认为，劳动生产力在工业中随资本积累而增长，在农业中则下降。他从经济学逃到有机化学中去了。"③

李嘉图将利润率下降规律视为自然规律的根源在于他将资本主义生产方式视为自然的生产方式，将资本主义制度视为永恒的制度。李嘉图从这种认识出发来阐释利润率长期下降规律。李嘉图指出，在社会发展的早期阶段，雇佣劳动较少、所需农产品较少、所耕种的土地肥力较好、农产品价格较低、工资和地租较低、利润率较高。随着社会的进步和财富的增长，所需农产品增加，为了生产必需的追加食物量，所耕种土地的肥力越来越低，必须花费越来越多的劳动，劳动者所得价值增加、实际份额减少，地主所得份额价值提高、

---

① 《资本论》第3卷，人民出版社，2004，第237页。
② 《马克思恩格斯全集》第46卷（下册），人民出版社，1980，第273页。
③ 《马克思恩格斯全集》第46卷（下册），人民出版社，1980，第273页。

实际份额增加，资本家所得利润率下降。这种下降可以说是像重力作用一样具有自然趋势。①

所有的资产阶级经济学家都有一种荒谬的观点，认为资产阶级的生产关系是永恒的，而这种生产关系的分配形式则是历史的，李嘉图也不例外。② 马克思指出，李嘉图所谓社会发展的早期阶段只是资产阶级的奇特幻想，实际上"在这种早期阶段，劳动者或者是奴隶，或者是靠自己劳动生活的农民等等。在第一种场合，他和土地一起属于土地所有者；在第二种场合，他就是他自己的土地所有者。在这两种场合，都没有介入土地所有者和农业工人之间的资本家"，因此李嘉图在社会发展的早期阶段所描绘的"农业从属于资本主义生产，从而奴隶或农民变为雇佣工人，以及在土地所有者和工人之间介入了资本家"只不过是资本主义生产的最后结果，而不是人类历史发展进程中所固有的现象。③ 同样，利润率下降规律不是任何社会都存在的普遍规律，而是资本主义社会、资本主义生产方式才具有且必然发挥作用的规律。

从理论准备上看，李嘉图之所以把利润率下降规律视为自然规律，根源在于他把资本主义生产方式看作像自然一样的永恒生产方式。从经济理论的阶级性上看，李嘉图代表的是产业资本的阶级利益与意识形态。利润率是资本积累的动力和刺激，对于这一点，李嘉图十分清楚，因此利润率长期下降暗示了资本主义生产方式的历史暂时性，李嘉图对此深感忧虑。"像李嘉图那样把资本主义生产方式看作绝对生产方式的经济学家，在这里也感觉到，这种生产方式为它自己造成了一种限制，因此，他们不是把这种限制归咎于生产，而是把它归咎于自然（在地租学说中就是这样）。"④ 但是为了维护资产阶级的经济利益和意识形态，他并不承认这种限制来自资本主

---

① 〔英〕李嘉图《政治经济学及赋税原理》，郭大力等译，商务印书馆，1962，第94页；《马克思恩格斯全集》第26卷（第2册），人民出版社，1973，第528页。
② 《马克思恩格斯全集》第46卷（下册），人民出版社，1980，第279页。
③ 《马克思恩格斯全集》第26卷（第2册），人民出版社，1973，第528页。
④ 《资本论》第3卷，人民出版社，2004，第270页。

义生产方式本身，而是将利润率长期下降原因归结为资本主义生产方式之外的、作为自然属性的土地肥力递减，把利润率长期下降规律视为自然规律，以维护资本主义生产方式是永恒生产方式的执念。

利润率下降规律在李嘉图的整个经济理论中处于十分关键的地位。李嘉图将经济学研究的重点从生产领域转向分配领域，分析社会财富在资本家、雇佣工人和地主三个阶级间分配形成的利润、工资和地租三种收入如何影响资本积累。[①] 利润率下降规律表明，随着社会发展，劣等土地投入耕种，生产条件恶化和劳动生产率下降，农产品价格上涨，与之相适应，雇佣工人的名义工资增加、实际工资有所下降，地主的名义地租和实际地租均增加，资本家的利润率下降。这样，利润率下降规律就以利润、工资和地租三种收入矛盾的形式反映了资本家、雇佣工人和地主三个阶级间的矛盾对立，不过李嘉图认为资本家和雇佣工人间的矛盾是次要的、从属于资本家和地主间的矛盾，因此这一规律被当作工业资产阶级联合工人阶级反对地主阶级的锐利理论武器。

第三节　古典经济学利润率下降理论错误的根源

无论是斯密还是李嘉图都把工资提高视为利润率下降的直接原因。他们的分歧点在于是何种因素导致了工资的提高。斯密把工资提高的原因归结为由资本竞争引起的劳动力供小于求。李嘉图则认为市场上劳动力的供求关系不能持久地影响工资水平，把工资提高的原因归结为土地肥力递减引起的生活必需品价格的上涨。古典经济学家之所以把工资提高视为利润率下降的直接原因，正如前文所说，原因在于古典经济学家没能区分利润与剩余价值，进而没能区分利润率与剩余价值率。

---

① 陈岱孙：《从古典经济学派到马克思——若干主要学说发展论略》，商务印书馆，2014，第 24～28 页。

追根问底，为何古典经济学家混淆了利润与剩余价值呢？从理论根源上看，限于资产阶级立场，古典经济学家不会区分利润与剩余价值。从理论条件上看，由于没有提出可变资本与不变资本的概念，古典经济学家不能区分利润与剩余价值。

在斯密以前的经济学体系，并不承认资本家是一个独立的社会阶级、利润是一个独立的收入范畴。① 例如，在重农学派体系中，利润只是农场主或企业主的工资；在配第的体系中，利润只是地租的派生收入。斯密首次确认资本家是一个社会基本阶级，利润是一个独立的经济范畴。自此，揭示利润的起源与实质就成为古典经济学亟待回答的问题。然而无论是斯密还是李嘉图，都没有从利润的具体形式中抽象出作为一般范畴的剩余价值。"李嘉图在任何地方都没有离开剩余价值的特殊形式——利润（利息）和地租——来单独考察剩余价值。"② 无论是斯密还是李嘉图，都不通过任何中介直接将作为特殊表现形式的利润和作为抽象一般范畴的剩余价值混同起来。这就导致了理论上的众多矛盾，由于斯密的劳动价值理论具有二元性，这些矛盾或多或少地被隐藏了；由于李嘉图在其理论体系中更坚定地贯彻了劳动价值论，这些矛盾表现得更加明显了，并最终导致了李嘉图学派的解体。探寻利润源泉的关键在于理解资本对于雇佣劳动的强迫性。剩余价值是剩余劳动的表现，剩余价值的存在"必须事先强迫工人进行超过上述限度的劳动，而强迫工人这样做的就是资本"③。李嘉图限于资产阶级立场，"不理解资本的生产性，不理解资本强迫进行剩余劳动"④，因而不会探寻到利润真正的源泉。直到马克思创立剩余价值理论，这个问题才得到彻底解决。

重农学派把投资于农业的资本分为"年预付"和"原预付"。

---

① 陈岱孙：《从古典经济学派到马克思——若干主要学说发展论略》，商务印书馆，2014，第22、28~29页。
② 《马克思恩格斯全集》第26卷（第2册），人民出版社，1973，第423页。
③ 《马克思恩格斯全集》第26卷（第2册），人民出版社，1973，第462页。
④ 《马克思恩格斯全集》第26卷（第2册），人民出版社，1973，第461页。

斯密将其引申，把资本分为流动资本和固定资本。① 虽然斯密发现资本是影响劳动产物分配的一个重要变量，并认为资本是能为资本家带来收入的储存品，但是这一分类视角无法为其探究利润的来源与实质提供有用的帮助。斯密隐约认识到作为资本总额的"报酬"的全部企业利润仅是由"工人加到材料上的新劳动"（可变资本）产生的；新创造的剩余价值本身和花费在材料和工具上的那一部分资本（不变资本）是毫不相干的。李嘉图在论述利润和工资的关系时，把花费在工资以外的资本（不变资本）撇开，使全部资本等于工资支出（可变资本），似乎意味着他也隐约认识到剩余价值只由可变资本创造。但无论是斯密还是李嘉图，都没有将资本划分为不变资本与可变资本。② 由于弄不清楚不变资本和可变资本的本质区别，以及它们在价值增殖过程中的不同作用，斯密和李嘉图自然无法区分剩余价值和利润。此外，由于没有区分不变资本和可变资本，古典经济学家自然也无法提出科学的资本有机构成概念。

古典经济学家在混淆剩余价值和利润的基础上，混淆了剩余价值率和利润率，这样就忽略了资本有机构成提高对利润率下降的影响，用解释剩余价值率下降的原因来解释利润率下降。在假定工作日不变的前提下，剩余价值率下降的原因只能是工作日中雇佣工人为自己劳动的那一部分时间（必要劳动时间）增加，为资本家无偿劳动的那一部分时间（剩余劳动时间）缩小，即工资提高。因此，无论是斯密还是李嘉图都把工资提高视为利润率下降的直接原因。

可以说，古典经济学的利润率下降理论是有重大缺陷的。它没有说明剩余价值是利润的实质，没有正确解释利润率长期下降的原因，不理解利润率长期下降在经济危机理论中的基础性作用，不懂得利润率长期下降反映出的资本主义生产方式的历史性与暂时性。在马克思的利润率趋向下降规律中，这些问题才得到了彻底解决。

---

① 斯密在有的地方把固定资本称为不变资本。
② 陈岱孙：《从古典经济学派到马克思——若干主要学说发展论略》，商务印书馆，2014，第 146～147 页。

第二章

马克思利润率趋向下降规律的内涵与意义

受制于立场局限和理论缺失，古典经济学家无法正确揭示利润率长期下降的原因。"如果我们考虑到：以往的一切政治经济学虽然摸索过不变资本和可变资本的区别，但从来没有能够把它明确地表述出来；它们从来没有把剩余价值和利润区别开来，没有在纯粹的形式上说明过利润本身，把它和它的彼此独立的各个组成部分——产业利润、商业利润、利息、地租——区别开来；它们从来没有彻底分析过资本有机构成的差别，因而从来没有彻底分析过一般利润率的形成，——那么，它们从来不能解开这个谜，这已不再是什么谜了。"① 马克思正是立足无产阶级的立场，在理论上取得突破性进展、做出原创性贡献，弥补了古典经济学的理论缺失，在此基础上提出了科学的利润率趋向下降规律。本章第一节阐明马克思提出利润率趋向下降规律前所做的理论前提准备工作，这些理论前提准备工作既是古典经济学理论所缺失的，也是马克思经济理论所特有的。第二节和第三节分别阐明利润率趋向下降规律的内涵与表现、规律的内部矛盾的展开。

---

① 《资本论》第 3 卷，人民出版社，2004，第 238 页。

第一节　利润率趋向下降规律的理论前提

马克思弥补古典经济学理论缺失的准备工作主要包括三个方面：把资本区分为不变资本和可变资本，研究剩余价值向利润的转化，研究剩余价值率向利润率的转化。

一　把资本区分为不变资本和可变资本

马克思把资本区分为不变资本和可变资本，对于揭示剩余价值的来源和本质，揭露资本家对工人的剥削程度，建立资本有机构成学说并以此为基础阐明社会资本再生产、价值向生产价格的转化、利润率趋向下降规律和地租理论等在内的政治经济学原理具有十分重要的意义，是政治经济学史上一件十分重要的大事。①

古典经济学虽然对不变资本和可变资本的区别进行过探索，但从来没有把这一区别正确地、明确地表述出来，而是把不变资本和可变资本的范畴与固定资本和流动资本的范畴混淆起来。马克思指出："可变资本和不变资本这两个范畴是我最先使用的。亚·斯密以来的政治经济学都把这两个范畴中包含的规定，同那种由流通过程产生的形式区别，即固定资本和流动资本的区别混淆起来了。"②

古典经济学之所以不能把资本区分为不变资本和可变资本，原因在于他们没有建立科学的劳动价值理论，尤其是不懂得劳动力商品学说和劳动二重性理论。以李嘉图为例，其一，他不懂得劳动力商品学说，混同劳动概念和劳动力概念，认为工人向资本家出卖的是劳动，资本家向工人支付的工资是工人劳动的全部报酬。按照这一观点，根据价值规律要求商品间等价交换的原则，如果工资是劳动的价格，那么利润就不存在；如果利润存在，那么价值规律就遭

---

① 杨国昌：《马克思对区分不变资本和可变资本的贡献及其现实意义》，《北京师范大学学报》1987 年第 3 期。

② 《资本论》第 1 卷，人民出版社，2004，第 706 页，脚注。

到了破坏。因此，李嘉图无法在劳动价值论的基础上阐明剩余价值的来源。其二，李嘉图不懂得劳动二重性理论。他不知道生产商品的同一劳动，一方面是生产使用价值的具体劳动，另一方面是形成价值的抽象劳动；不理解生产商品的同一劳动过程，一方面是新价值的创造，另一方面是生产资料原有价值的转移；不理解同一生产资料，一方面作为劳动过程的要素是全部加入生产过程中，另一方面作为价值形成的要素只是部分地进行价值转移。因此，李嘉图无法科学地阐明剩余价值的生产过程。既然不理解剩余价值的来源及其生成过程，自然不懂得资本的不同部分在价值增殖中的作用，因此，古典经济学无法把资本区分为不变资本和可变资本也就不足为奇。

马克思在《资本论》第一卷第六章集中论述了不变资本和可变资本的区别。马克思首先从劳动二重性出发说明劳动过程的不同因素在产品价值形成上起的不同作用。在劳动过程中，工人的劳动具有二重性，一方面是抽象劳动，抽象的人类劳动的耗费凝结为新价值，把新价值加到产品中；另一方面是具体劳动，把生产资料的使用价值变成产品的使用价值，把包含在生产资料中的价值转移到产品中。"新价值的加进，是由于劳动的单纯的量的追加；生产资料的旧价值在产品中的保存，是由于所追加的劳动的质。同一劳动由于它的二重性造成的这种二重作用，清楚地表现在不同的现象上。"①

具体而言，作为劳动过程中的客观要素，生产资料是怎么转移到新产品中呢？使用价值是价值的物质承担者，生产资料旧使用价值丧失，变成新的使用价值，因此它的价值转移到新的使用价值形态上，采取了另外的形态。生产资料丧失使用价值的形式不同，转移价值的过程也不同。像机器这样的生产资料是全部进入劳动过程，而只是部分进入价值增殖过程；像发生浪费了的原料等生产资料是全部进入价值增殖过程，而只是部分进入劳动过程。生产资料的价

---

① 《资本论》第1卷，人民出版社，2004，第234页。

值只是转移，它的价值并没有被消费，也不是被再生产出来。生产资料借以存在的旧使用价值变成另一种新使用价值，它的价值承担者发生了变化，但价值被保存下来，且保存下来的价值量以原价值量为限。

作为劳动过程中的主观要素，劳动力在"通过它的有目的的形式把生产资料的价值转移到产品上并保存下来的时候，它的运动的每时每刻都形成追加的价值，形成新价值"①。马克思基于劳动力商品学说，指出"劳动过程在只是再生产出劳动力价值的等价物并把它加到劳动对象上以后，还越过这一点继续下去……劳动力发挥作用的结果，不仅再生产出劳动力自身的价值，而且生产出一个超额价值"②，即剩余价值。

劳动过程的不同因素在产品价值的形成中所起的不同作用，说明了资本的不同组成部分在资本增殖过程中执行的不同职能。马克思把变为生产资料的那部分资本，称为不变资本，它们在生产过程中不改变自己的价值量；把变为劳动力的那部分资本，称为可变资本，它在生产过程中再生产自身的等价物和剩余价值，改变了自己的价值。

二 研究剩余价值向利润的转化

斯密在经济学说史上首次将利润作为独立的收入范畴提出，但是对于利润的起源和实质，无论是斯密还是李嘉图都未能给出正确的回答，更不用说回答剩余价值是如何转化为利润了。可以说，在以斯密、李嘉图等为代表的古典经济学家的著作中，剩余价值和利润的关系是纠缠不清。马克思提出了科学的劳动价值论，把资本区分为不变资本和可变资本，说明了作为利润实质的剩余价值的来源。接下来需要解决的是，剩余价值是如何转化为利润的。马克思通过对三个转化环节的分析回答了这一问题。

---

① 《资本论》第 1 卷，人民出版社，2004，第 242 页。
② 《资本论》第 1 卷，人民出版社，2004，第 242 页。

剩余价值转化为利润的第一个环节：把剩余价值和可变资本相比，把剩余价值看作由可变资本带来的。雇佣工人的必要劳动创造了相当于可变资本的那部分价值，雇佣工人的剩余劳动创造了剩余价值。在这一环节中，剩余价值是由可变资本带来的假象掩盖了剩余价值的来源，这种掩盖是初步的，只要对可变资本进一步分析就能吹散遮蔽的烟雾。

剩余价值转化为利润的第二个环节：把剩余价值和成本价格相比，把剩余价值看作成本价格的增加额。资本主义生产方式下商品的价值由三部分构成：不变资本价值、可变资本价值和剩余价值，可用公式表示为 $w = c + v + m$。其中 c 是补偿生产中耗费的生产资料的价值部分，v 是补偿生产中所使用的劳动力价格的价值部分，m 是由工人的无酬劳动创造的价值部分。在资本家看来，m 不需花费分文，$c + v$ 则是进行生产实际所耗费的资本价值，这部分资本价值就是商品的成本价格。成本价格概念进一步模糊了剩余价值的实质与来源。其一，成本价格掩盖了实际生产的成本价格。商品生产过程中对物化劳动的消耗 c，以及对活劳动的消耗 $v + m$ 构成商品实际生产的成本价格。但剩余价值 m 是雇佣工人的劳动耗费，资本家不必付出多余的成本就能获得，因此在资本家看来不属于成本价格的范畴。因此，"商品使资本家耗费的东西和商品的生产本身所耗费的东西，无疑是两个完全不同的量"[①]，成本价格作为资本主义生产关系的反映，掩盖了实际生产的成本价格。其二，成本价格掩盖了不变资本和可变资本的区别。不变资本和可变资本在价值增殖过程中的职能是不同的。不变资本只是剥削剩余价值的条件，在生产过程中不改变自己的价值量；可变资本才是剥削剩余价值的关键，在生产过程中再生产自身的等价物和剩余价值。成本价格，作为所费不变资本和可变资本总和的转化形式，掩盖了不变资本和可变资本在价值增殖过程中的不同地位和作用。在成本价格中，可

---

① 《资本论》第 3 卷，人民出版社，2004，第 30 页。

变资本以支付雇佣工人工资的形式支出，不变资本以购买生产资料的形式支出，撇开购买对象的差别，两者都是资本家的所费资本，不变资本和可变资本的区别被掩盖了。其三，成本价格掩盖了剩余价值的来源。不变资本和可变资本的区别被掩盖，导致了旧价值转移和新价值创造的区别被掩盖。此时商品价格表现为成本价格加剩余价值，剩余价值表现为成本价格的超过额，"首先就生产中所耗费的资本来说，好像剩余价值同样都来自所耗费的资本的不同价值要素，即由生产资料构成的价值要素和由劳动构成的价值要素，因为这些要素同样都加入成本价格的形成"①，剩余价值的来源被掩盖了。

剩余价值转化为利润的第三个环节：把剩余价值和全部预付资本相比，把剩余价值看作全部预付资本的增加额。机器、厂房等生产资料，在生产中以整体的形式发挥作用，其价值转移和折旧则逐步进行。在资本家看来，"就它形成剩余价值来说，它不是靠它作为所耗费的资本的特有属性，而是靠它作为预付资本，从而作为所使用的资本的特有属性，来形成剩余价值的。因此，剩余价值既由预付资本中那个加入商品成本价格的部分产生，也由预付资本中那个不加入商品成本价格的部分产生；总之，同样由所使用的资本的固定组成部分和流动组成部分产生"②。这样，剩余价值被看作全部预付资本的增加额和产物，剩余价值取得了利润这个转化形式。剩余价值被看作全部预付资本的产物，与之相对应，工资被看作雇佣工人全部劳动的报酬，剩余劳动的占有被看作资本的自行增殖，资本的剥削关系被掩盖了，剩余价值完成了向利润的转化。

三　研究剩余价值率向利润率的转化

斯密和李嘉图均认为资本家的全部预付资本都用于支付工资，这样就在混同剩余价值和利润的基础上，进一步混同了剩余价值

---

① 《资本论》第3卷，人民出版社，2004，第42页。
② 《资本论》第3卷，人民出版社，2004，第43页。

率和利润率。"我们在李嘉图学派那里可以看到，把利润率的规律直接表现为剩余价值率的规律，或者相反，完全是一种荒谬的尝试。在资本家的头脑中，这两个规律当然是没有区别的。"① 因此，无论是斯密还是李嘉图，均在用剩余价值率下降的原因解释利润率下降，提出了错误的利润率下降规律。马克思则对剩余价值率和利润率进行了区分，而且通过对剩余价值率转化为利润率的论述，清晰地呈现了两者的异同，为提出正确的利润率趋向下降规律打下了基础。

剩余价值转化为利润是由资本主义生产方式决定的客观过程。② 只要劳动力成为商品，劳动力以商品形式进入资本主义生产过程，那么劳动的生产力就表现为资本的生产力，剩余劳动的产物就表现为资本的产物。劳动的花费就和生产资料的花费一样，表现为资本的花费，产生了成本价格这一范畴。成本价格磨灭了不变资本和可变资本在价值增殖中的不同职责，割裂了剩余劳动与剩余价值的关系，剩余价值就必然表现为成本价格，进而全部预付资本的产物，转化为利润。

剩余价值转化为利润的现实进程是通过资本家的意识表现出来的。剩余价值转化为利润的客观过程离不开资本家的主观追求。资本家预付总资本时并不考虑它的各个组成部分在剩余价值的生产上所起的不同作用。"资本家究竟是为了从可变资本取得利润才预付不变资本，还是为了使不变资本增殖才预付可变资本；他究竟是为了使机器和原料有更大的价值才把货币用在工资上，还是为了对劳动进行剥削才把货币预付在机器和原料上；这件事不管怎样看，对资本家来说，都是无关紧要的。虽然只有可变资本部分才能创造剩余价值，但它只有在另一些部分，即劳动的生产条件也被预付的情况下，才会创造出剩余价值。因为资本家只有预付不变资本才能对劳

---

① 《资本论》第3卷，人民出版社，2004，第54页。
② 胡钧、陶玉：《资本主义生产的总过程：剩余价值转化为利润和剩余价值率转化为利润率》，《改革与战略》2013年第4期。

动进行剥削，因为他只有预付可变资本才能使不变资本增殖，所以在他的心目中，这两种资本就完全混同在一起了。"① 此外，在资本家看来，预付多少资本，就能获得多少利润，利润的大小不是与可变资本成比例，而是与预付总资本成比例。因此，资本家唯一关心的就是剩余价值即他出售自己的商品时所得到的价值余额和生产商品时所预付的总资本的比率，即利润率。

马克思指出："用可变资本来计算的剩余价值的比率，叫作剩余价值率；用总资本来计算的剩余价值的比率，叫作利润率。"② 剩余价值率与利润率在质上和量上均有不同。从质上看，两者是对立统一的。一方面，在剩余价值率中，剩余价值表现为可变资本的产物，因此剩余价值率体现了资本家对工人的剥削程度；在利润率中，剩余价值表现为全部预付资本的产物，因此利润率体现了全部预付资本的增殖程度，掩盖了资本对雇佣工人的剥削关系。另一方面，利润率是剩余价值率在资本主义经济表象层面的存在形式，剩余价值率只能通过利润率的形式得到表现；利润率是剩余价值率的转化形式，剩余价值率是利润率的实质。从量上看，影响两者的因素有所不同。利润率 P' 与剩余价值量 m 成正比，与总预付资本 C 成反比，可用公式表示为：$P' = m/C$。影响剩余价值量 m 的因素有四个：劳动日的长度，劳动强度，劳动生产率和工资的数额。影响总预付资本 C 的因素有三个：经济部门的生产条件与生产性质，生产力的发展水平和资本的周转速度。由于剩余价值等于剩余价值率与可变资本之积，可用公式表示为 $m = m'v$，将该公式代入利润率公式，可将利润率表示为 $P' = m'v/C$。因此，利润率的大小不仅受到剩余价值率的影响，而且与资本有机构成紧密相关。古典经济学在对利润率下降原因的讨论中，显然聚焦于剩余价值率一侧，而完全忽视了资本有机构成的影响。

---

① 《资本论》第 3 卷，人民出版社，2004，第 50 页。
② 《资本论》第 3 卷，人民出版社，2004，第 51 页。

第二节　利润率趋向下降规律的内涵与表现

马克思认为无论是对资本主义生产实践还是经济理论本身，利润率趋向下降规律都极为重要。他在《1857—1858 年经济学手稿》中写道："这从每一方面来说都是现代政治经济学的最重要的规律，是理解最困难的关系的最本质的规律。从历史的观点来看，这是最重要的规律。这一规律虽然十分简单，可是直到现在还没有人能理解，更没有被自觉地表述出来。"① 1895 年恩格斯在给维克多·阿德勒的信中就如何钻研《资本论》第二卷和第三卷提示："第三篇。第十三至十五章全都非常重要。"② 对于如此重要的规律，它的正确提出，对马克思而言，并无任何困难。这是因为利润率趋向下降规律是以前整个研究的直接结果，是以前研究的一些理论和规律的进一步运用。

一　利润率趋向下降规律的内涵

马克思在区分不变资本和可变资本的基础上，区分了利润率与剩余价值率，发现利润率的大小不仅受到剩余价值率变化的影响，而且受到资本有机构成变化的影响。这样，马克思就走出了不同于古典经济学家，侧重于从资本有机构成变化的视角剖析利润率长期下降原因的路径，提出了利润率趋向下降规律。总的来说，利润率趋向下降规律包括三个环节：其一，资本有机构成提高使得利润率持续下降；其二，剩余价值率的变化对利润率的影响，相比于资本有机构成提高，处于次要地位；其三，起反作用的各种原因对利润率的影响，使得利润率从长期看呈现出下降的趋势。

（一）资本有机构成提高使得利润率持续下降

科学的资本有机构成概念，是由马克思首次提出的。资产阶级

---

① 《马克思恩格斯全集》第 46 卷（下册），人民出版社，1980，第 267 页。
② 《马克思恩格斯全集》第 39 卷，人民出版社，1974，第 414 页。

经济学家曾经研究过资本的构成问题，但他们限于资产阶级的立场，只是从影响资本周转的角度区分了固定资本和流动资本，始终未能发现资本的不同部分在价值增殖中所发挥的不同作用，始终未能提出科学的不变资本和可变资本概念及资本有机构成理论。马克思在19世纪40年代末产生了资本有机构成理论的萌芽，在《资本论》中对不变资本、可变资本、资本有机构成等概念进行了科学界定和系统说明。在马克思的政治经济学体系中，资本主义生产关系随着生产力发展而变化，马克思通过研究这种变化及其对生产力进一步发展的影响，揭示了资本主义生产方式的内部结构和前途命运。其中，资本有机构成是体现资本主义生产方式中生产力发展状况的经济范畴，资本主义生产力的发展表现为资本有机构成的提高；资本主义生产关系的变化通过新创造的价值在各个阶级间分配的变化表现出来。因此，一方面，马克思的资本有机构成理论是和他的剩余价值理论紧密联系的。马克思正是基于资本有机构成理论，通过说明资本有机构成提高在劳动力供求两个方面所起的相反作用，提出了资本积累的一般规律；通过说明不同产业部门的不同资本有机构成对社会再生产物质补偿和价值补偿的影响，提出了社会资本再生产的两大部类原理；通过资本有机构成中介解决了价值规律与平均利润率之间的矛盾，提出了生产价格理论；通过说明资本有机构成在影响利润率下降诸多因素中的地位，提出了利润率趋向下降规律；通过分析农业资本有机构成和工业资本有机构成的差异，提出了绝对地租理论。在这里，我们就不难理解马克思对古典经济学成熟阶段的代表人物亚当·斯密的评价："不理解不变资本和可变资本的基本关系，所以也不理解剩余价值的性质，从而不理解资本主义生产方式的整个基础。"① 另一方面，马克思的资本有机构成理论对马克思的整个理论体系都有重要的作用。其一，马克思通过分析与资本有机构成提高相伴随的剩余价值的生产及其在各个社会阶层间分配

---

① 《资本论》第3卷，人民出版社，2004，第955页。

的变化，使得他创立的唯物主义历史观——从生产力与生产关系互动的视角解释社会形态变迁——能够运用到政治经济学的分析当中。其二，资本有机构成理论在政治经济学领域的应用解决了困扰古典经济学的难题，开拓了马克思政治经济学理论的新境界，马克思指出："这里你可以看到对李嘉图的理论的批判（粗略的，因为这个问题相当复杂）。无论如何你会承认，由于考虑到了资本的有机构成，许多一向似乎存在的矛盾和问题都消失了。"①　恩格斯在《资本论》第二卷的序言中对马克思资本有机构成理论的意义评价道："他（马克思——引者注）确定了资本分为不变资本和可变资本，就第一个详尽地阐述了剩余价值形成的实际过程，从而说明了这一过程，而这是他的任何一个前人都没有做到的；因而，他确定了资本自身内部的区别，这个区别是洛贝尔图斯和资产阶级经济学家都完全不可能作出的，但是这个区别提供了一把解决经济学上最复杂的问题的钥匙，关于这一点，这第二册又是一个最令人信服的证明，以后我们会知道，第三册更是这样。"②　其三，马克思通过分析资本有机构成提高对劳动力供求相反的影响，揭示了资本主义制度下无产阶级随着社会财富的增长而日益贫困和日益过剩，论证了作为资本主义制度的掘墓人和更高的社会制度——共产主义——的创建者的无产阶级的历史使命。马克思通过分析资本有机构成提高对利润率变化的影响，揭示了利润率，作为资本积累动机和刺激，长期趋于下降的机理和必然性，彰显了资本主义生产方式技术维度和社会维度间的矛盾，论证了资本主义生产方式的历史暂时性。因此，马克思指出，在无产阶级的社会地位和阶级命运的研究上，"最重要的因素是资本的构成和它在积累过程进行中所起的变化"③。列宁在回顾马克思的经济学说时强调："在资本主义发展及其转变为社会主义的过程中，不变资本部分（在全部资本中）比可变资本增殖得更快的事实，

---

① 《马克思恩格斯全集》第 30 卷，人民出版社，1975，第 269 页。
② 《资本论》第 2 卷，人民出版社，2004，第 22 页。
③ 《资本论》第 1 卷，人民出版社，2004，第 707 页。

有极其重要的意义。"①

资本有机构成能够反映资本主义生产力水平。由于劳动具有具体劳动和抽象劳动的二重性,因此资本主义生产过程具有劳动过程和价值增殖的二重性,即资本具有二重性。一方面,从劳动过程的视角看,或者说从生产过程中发生的物质方面的视角看,资本表现为一定数量的生产资料和一定数量的活的劳动力。所使用的生产资料量和为使用这些生产资料而必需的劳动量之间的比例取决于社会生产技术水平,反映着社会生产力的高低,马克思把这一比例关系称为资本的技术构成。另一方面,从价值增殖的视角看,根据生产资料和劳动力在价值增殖中的不同作用,可以把资本分为不变资本和可变资本,不变资本与可变资本之间的比例,马克思称之为资本的价值构成。很显然,资本的技术构成是价值构成的物质基础;资本的价值构成是技术构成在价值上的表现形式,资本技术构成随着生产力发展的提高能够在价值构成的增加中体现出来。但是,资本价值构成的提高也可能仅仅由生产资料价值的提高而引起,为了规避这种情况,马克思提出了资本有机构成的概念:"我把由资本技术构成决定并且反映技术构成变化的资本价值构成,叫作资本的有机构成。"② 从这里,可以看到马克思是把资本有机构成作为反映资本主义生产力水平发展状况的经济概念提出的。

资本积累过程中资本有机构成提高的必然性。马克思指出:"一旦资本主义制度的一般基础奠定下来,在积累过程中就一定会出现一个时刻,那时社会劳动生产率的发展成为积累的最强有力的杠杆。"③ 资本主义生产的目的是获得剩余价值。单个企业为了追逐更多的剩余价值采用先进的技术设备和组织管理,提高劳动生产率,减少生产商品的个别劳动时间,获得了超额剩余价值。其他企业竞

① 苏共中央马克思列宁主义研究院:《回忆马克思恩格斯》,人民出版社,1957,第31页。
② 《资本论》第1卷,人民出版社,2004,第707页。
③ 《资本论》第1卷,人民出版社,2004,第717页。

相模仿，使新的技术设备和组织管理得到广泛应用，整个社会生产力水平提高。可见，劳动生产率的提高是通过竞争作为一个自发的强制力量在资本主义生产方式中的展开而不以人的意志为转移来实现的。劳动生产率用一个工人在一定时间内，以同样的劳动力强度所能将之转化为产品的生产资料量来表示，因此，劳动生产率的增长表现为"生产资料的量比并入生产资料的劳动力相对增长……劳动的量比它所推动的生产资料的量相对减少，或者说，表现为劳动过程的主观因素的量比它的客观因素的量相对减少"①。劳动生产率的提高表现为劳动的量比它所推动的生产资料的量相对减少，这就意味着资本技术构成的提高，进而资本有机构成的提高。可见，资本积累的过程，不仅是资本量增大的过程，也是资本质变化的过程，资本质的变化就是资本有机构成的提高。

资本有机构成提高导致利润率下降。从影响利润率大小的因素上看，利润率与资本有机构成成反比。那么，资本积累过程中资本有机构成的提高就会引起利润率的下降。尽管影响利润率大小的还有其他因素，但是马克思强调了资本有机构成提高对利润率下降作用的主导性。一方面，马克思强调，随着资本积累的进行，资本有机构成提高是资本主义生产方式的规律，这一规律"在劳动剥削程度不变甚至提高的情况下，剩余价值率会表现为一个不断下降的一般利润率"②。另一方面，马克思指出"一般利润率日益下降的趋势，只是劳动的社会生产力日益发展在资本主义生产方式下所特有的表现"③，即利润率的长期下降实质上反映了在资本主义生产关系下生产力的提高，在资本主义这种特殊生产方式中生产力的提高必然表现为利润率的下降。因此，在资本主义社会中一般利润率的长期下降，其原因不是其他偶然因素，而是社会生产力的发展和资本积累的必然结果，是资本主义生产方式的本质表现。

---

① 《资本论》第1卷，人民出版社，2004，第718页。
② 《资本论》第3卷，人民出版社，2004，第237页。
③ 《资本论》第3卷，人民出版社，2004，第237页。

（二）剩余价值率的变化对利润率的影响

根据利润率的公式可知，利润率的大小与资本有机构成成反比，与剩余价值率成正比。因此，利润率的长期变动不仅取决于资本有机构成的变化，还取决于剩余价值率的变化。根据以上的论述可知，劳动生产率的提高意味着资本有机构成的提高，进而对利润率施加了一个下降的压力。然而，劳动生产率的提高也意味着剩余价值率的提高。假定工作日不变，劳动生产率提高使得工人能够在单位时间生产更多的商品，那么补偿劳动力价值所需的商品数量就能够在较短的时间内生产完成，因此必要劳动时间缩短，剩余劳动时间增加，剩余价值率提高。也就是说，随着资本积累的进行，劳动生产率的提高通过提高资本有机构成和剩余价值率对利润率大小的变动施加了相反方向的影响。这两种影响谁大谁小呢？马克思认为相对于资本有机构成提高，剩余价值率的提高对利润率的影响处于次要地位。原因在于，根据劳动价值论，活劳动是新价值的唯一创造源泉，资本有机构成提高意味着在预付总资本中活劳动占比的减少，意味着创造出的新价值的减少。剩余价值率提高意味着新价值中分配给资本家作为利润的部分占比增加，分配给雇佣工人作为工资的部分占比减少。也就是说，剩余价值率的提高对利润率的正向影响只能在资本有机构成提高引起的新价值减少趋势的背景下发生作用，即"并不是说利润率不能由于别的原因而暂时下降，而是根据资本主义生产方式的本质证明了一种不言而喻的必然性：在资本主义生产方式的发展中，一般的平均的剩余价值率必然表现为不断下降的一般利润率。因为所使用的活劳动的量，同它所推动的对象化劳动的量相比，同生产中消费掉的生产资料的量相比，不断减少，所以，这种活劳动中对象化为剩余价值的无酬部分同所使用的总资本的价值量相比，也必然不断减少。而剩余价值量和所使用的总资本价值的比率就是利润率，因而利润率必然不断下降"[1]。古典经济学家把

---

[1] 《资本论》第3卷，人民出版社，2004，第237页。

影响利润率次要的变量——剩余价值率——视为唯一变量，把引起剩余价值率下降的因素作为解释利润率下降的原因，这样就不可避免地使自己的理论陷入了困境。

（三）起反作用的各种原因对利润率的影响

此外，还有一些起反作用的原因能够阻碍利润率的下降。这些原因或能阻碍资本有机构成的提高，或能提高剩余价值率。马克思在《资本论》中讨论了其中最普遍的六种原因：劳动剥削程度的提高，工资被压低到劳动力的价值以下，不变资本各要素变得便宜，相对过剩人口，对外贸易，以及股份资本的增加。但是不论如何，这些原因既无法取消资本有机构成随着资本积累而提高的必然性，也无法突破剩余价值率的提高对利润率大小的影响处于次要地位的限制，因此这些起反作用的原因只能滞缓利润率的下降，不能取消利润率的下降，因而使得利润率下降在现实中表现为一种长期趋势，而不是连续不断的过程。

二　利润率趋向下降规律的表现

利润率趋向下降规律在现实中不仅表现为利润率在长时间段内的下降趋势，而且表现为利润率的下降和利润量的增加并存。利润率下降和利润量增加并存看似"矛盾"，实则具有必然性。利润率趋向下降规律的这一"矛盾"表现，体现了资本主义生产方式的矛盾性。

马克思指出，利润率趋向下降规律表现为利润率的下降和利润量的增加，"利润率不断下降的规律，或者说，所占有的剩余劳动同活劳动所推动的对象化劳动的量相比相对减少的规律，决不排斥这样的情况：社会资本所推动和所剥削的劳动的绝对量在增大，因而社会资本所占有的剩余劳动的绝对量也在增大；同样也决不排斥这样的情况：单个资本家所支配的资本支配着日益增加的劳动量，从而支配着日益增加的剩余劳动量，甚至在这些资本所支配的工人人数并不增加的时候，也支配着日益增加的剩余劳动量"[1]。

---

[1]　《资本论》第 3 卷，人民出版社，2004，第 241 页。

（一）利润率下降和利润量增加并存的可能性

资本有机构成提高是利润率下降的直接原因，也就是说，利润率下降是由于可变资本相对于不变资本的减少，而非可变资本的绝对减少。马克思指出："利润率的下降，不是由于总资本的可变组成部分的绝对减少，而只是由于它的相对减少，由于它同不变组成部分相比的减少。"① 在剩余价值率不变的条件下，假定可变资本不变，不变资本增加，此时，利润量不变，利润率下降。可见，只增加不变资本就能引起利润率的下降，可变资本不变，利润量也不变。利润率的下降并不意味着利润量的绝对减少，只是由于剩余价值量或利润量对增大了的不变资本量的比例减少。这说明在利润率下降的同时，利润的绝对量可以增长。事实上，在资本积累过程中，剩余价值向资本转化，为了在一定技术水平下充分利用生产资料和劳动力，为了保持两大生产部类间的通畅运转，剩余价值既要转化为不变资本也要转化为可变资本，此时，不变资本和可变资本均增加。只要不变资本增加的速度快于可变资本，那么资本有机构成提高，利润率下降，同时可变资本增大，利润量增加。正如马克思所言，"尽管利润率不断下降，资本所使用的工人人数，即它所推动的劳动的绝对量，从而它所吸收的剩余劳动的绝对量，从而它所生产的剩余价值量，从而它所生产的利润的绝对量，仍然能够增加，并且不断增加"②。

（二）利润率下降和利润量增加并存的必然性

利润率下降和利润量绝对增加的并存，不仅具有可能性，而且具有必然性。两者是由同一个原因产生的，是同一过程相互联系的两个方面。这里的同一个原因和同一过程是指资本积累规律和资本积累过程，利润率下降和利润量绝对增加是资本积累规律作用的必然的、二重性结果。资本积累，一方面是资本量的积累，用作资本

---

① 《资本论》第 3 卷，人民出版社，2004，第 241 页。
② 《资本论》第 3 卷，人民出版社，2004，第 242 页。

的物质数量的增加，就要求雇佣追加劳动力，用作资本的活劳动数量的增加，就要求投入更多的生产资料，资本量的积累表现为不变资本和可变资本的增加，可变资本增加使利润量得以增加。资本积累，另一方面是资本质的改变，这种质的改变表现为劳动生产率的提高和资本有机构成的提高。劳动生产率的提高引起剩余价值率的提高，使利润量再次得以增加。资本有机构成的提高则使得利润率下降。正如马克思所言，"在生产过程和积累过程的发展中，可以被占有和已经被占有的剩余劳动的量，从而社会资本所占有的利润的绝对量，都必然会增加。但是，同一些生产规律和积累规律，会随着不变资本的量增加，使不变资本的价值同转化为活劳动的可变资本部分的价值相比，越来越快地增加。因此，同一些规律，使社会资本的绝对利润量日益增加，使它的利润率日益下降"①。

（三）利润率下降和利润量增加并存的条件

从定性上看，利润率下降和利润量增加是资本积累规律作用的必然的、二重性结果，是劳动的社会生产力的同一发展在资本主义生产方式中的二重表现。从定量上看，在利润率下降的同时，利润量绝对增加需要满足一定的条件。这个条件就是：总资本增加的比例大于可变资本所占百分比下降的比例，或者说，总资本增加的比例大于利润率下降的比例。也就是说，"这种双重的作用，只是在总资本的增加比利润率的下降更快的时候才能表现出来。要在构成更高或不变资本以更大程度相对增加的情况下使用一个绝对增加了的可变资本，总资本不仅要和更高的构成成比例地增加，而且要增加得更快"②。这一条件揭示了资本主义生产方式中相对过剩人口产生的根源，揭露了资本主义生产方式的内在矛盾，马克思对此评价道："由此可见，资本主义生产方式越是发展，要使用同量劳动力，就需要越来越大的资本量；如果要使用更多的劳动力，那就更是如此。

---

① 《资本论》第 3 卷，人民出版社，2004，第 243～244 页。
② 《资本论》第 3 卷，人民出版社，2004，第 248 页。

因此，在资本主义的基础上，劳动生产力的提高必然会产生永久性的表面上的工人人口过剩。"①

（四）利润率下降和利润量增加并存的意义

利润率下降和利润量增加并存——利润率趋向下降规律的这一"矛盾"表现——体现了资本主义生产方式的矛盾性。一方面，利润量增加意味着，随着资本积累的进行，雇佣工人人数绝对增加，越来越多的劳动从属于资本，活劳动的绝对量增加；且劳动对资本的从属由形式到实际、由微弱到强劲，剥削率提高，剩余价值的绝对量增加。另一方面，利润率降低意味着，资本有机构成提高，活劳动被物化劳动所替代和排挤，无论是活劳动的有偿部分还是无偿部分（剩余价值）相对于物化劳动都减少了。物化劳动的占比体现着生产力的发展水平，而活劳动却是价值和剩余价值的唯一创造源泉，利润率趋向下降规律将两者蕴含着的资本主义生产方式内在矛盾直接暴露了出来。

（五）利润率下降和利润量增加并存在商品生产上的体现

利润率下降和利润量增加并存在商品生产上体现为，"资本所生产的商品的价格下降，同时商品所包含的并通过商品出售所实现的利润量却会相对增加"②。随着资本积累的进行，纳入资本监管下的活劳动越来越多，资本对劳动的剥削越来越大，因此利润量增加。与此同时，劳动生产率的提高使得一定时间内生产出的商品数量增多，就单个商品而言，包含在其中的劳动量减少，单位商品价值量减少，价格下降。也就是说，"在劳动生产率提高时，单个商品或一定量商品的价格下降，商品数量增加，单个商品的利润量和商品总额的利润率下降，而商品总额的利润量却增加，这是从资本主义生产方式的性质产生的现象，这种现象在表面上只表现为：单个商品的利润量下降，它的价格也下降，社会总资本或单个资本家所生产

---

① 《资本论》第 3 卷，人民出版社，2004，第 248 页。
② 《资本论》第 3 卷，人民出版社，2004，第 251 页。

的已经增加了的商品总量的利润量则增加"①。单个商品利润量的下降和商品总额中利润量的增加,是资本积累规律发生作用的必然结果,是利润率下降和利润量增加并存在商品生产上的体现。

第三节　规律的内部矛盾的展开

从《资本论》第三卷的结构安排上看,利润率趋向下降规律是马克思对利润理论的基本总结。第一篇阐明了剩余价值转化为利润和剩余价值率转化为利润率,第二篇阐明了平均利润率(一般利润率)的形成和利润转化为平均利润,第三篇阐明了一般利润率的运动趋势、内在动因和这一趋势中蕴含的资本主义生产方式的内在矛盾。

从《资本论》三卷总的结构安排上看,利润率趋向下降规律是马克思对整个资本主义生产方式分析的总的结论。《资本论》第一卷考察资本的直接生产过程,论述剩余价值的生产;《资本论》第二卷考察资本的流通过程,论述剩余价值的实现;《资本论》第三卷考察作为直接生产过程和流通过程相统一的资本主义生产的总过程,论述剩余价值转化为利润以及其在各个有产阶级间分配所采取的独立形式。在第三卷第三篇"利润率趋向下降规律"之前,马克思考察的对象是产业资本,研究了剩余价值的生产和实现;在此之后,马克思考察的对象转变为商业资本、生息资本和土地资本,研究了剩余价值分割为产业利润、商业利润、利息和地租。因此,第三卷第三篇"利润率趋向下降规律"是马克思对产业资本分析所作的结论,是马克思对剩余价值的生产和实现所作的总的结论。考虑到商业资本、生息资本和土地资本在资本主义生产结构中受制于产业资本,考虑到剩余价值的分配受制于剩余价值的生产,马克思有意在考察其他资本形式和剩余价值的分割前论述这一产生于对产业资本的分

---

① 《资本论》第3卷,人民出版社,2004,第255~256页。

析但适用于整个资本主义生产方式的规律，"在说明利润分割为互相独立的不同范畴以前，我们有意识地先说明这个规律。这个说明同利润分割为归各类人所有的各个部分这一点无关，这一事实一开始就证明，这个规律，就其一般性来说，同这种分割无关，同这种分割所产生的各种利润范畴的相互关系无关。我们这里所说的利润，只是剩余价值本身的另一个名称；不过在这里，剩余价值只是与总资本发生关系，而不是与产生它的可变资本发生关系。所以，利润率的下降表示剩余价值本身和全部预付资本的比率的下降，因而同这个剩余价值在各个范畴之间的任何一种分配无关"①。所以，利润率趋向下降规律绝不是单纯描述利润率这个经济变量变动趋势的规律，而是反映资本主义生产方式总体性的、最本质的规律。

从理论逻辑发展的角度看，利润率趋向下降规律揭示的是资本主义生产方式的总体矛盾。马克思在《资本论》第一卷第七篇第二十三章对资本的直接生产过程进行总结，提出了资本主义积累的一般规律。资本主义积累的一般规律，一方面，限于资本的直接生产过程，仅仅呈现了生产过程中资本家与雇佣工人的阶级对立；另一方面，限于抽象层面对剩余价值生产的分析，还没有显示资本主义生产方式内部矛盾的总体形式和具体表现。接着，马克思在《资本论》第二卷考察了资本的流通过程和与之相对应的剩余价值实现过程，在《资本论》第三卷前两篇考察了剩余价值转化为利润和一般利润率形成的过程，这样马克思对资本及其产物剩余价值的考察就由直接生产过程扩展到了生产总过程，就由逻辑抽象层面上升到了经济表象层面。在此基础上，马克思在《资本论》第三卷第三篇提出了利润率趋向下降规律，它是资本主义积累的一般规律发展了的形式，是资本积累规律在生产总过程中的具体表现。在利润率趋向下降规律中，资本主义生产力水平的发展和资本有机构成的提高，不限于体现为相对过剩人口的生产和贫富的两极分化，还进一步表

---

① 《资本论》第3卷，人民出版社，2004，第238页。

现为利润率下降和利润量增加的并存。利润是资本主义生产总过程中呈现出来的现象，因此，利润率趋向下降规律揭示的矛盾，就不是仅限于直接生产过程中的矛盾，而是包含着生产过程和流通过程的总体的矛盾，是资本主义生产方式的总体矛盾。①

从马克思危机理论的谱系中看，利润率趋向下降规律奠定了危机理论的基础。资本主义积累的一般规律说明了资本主义生产方式如何在直接生产过程中产生了相对过剩人口以及由此导致的无产阶级贫困化。利润率趋向下降规律在此基础上，进一步说明了资本主义生产方式如何在生产总过程中产生了相对过剩资本以及与之相连的利润率长期下降趋势。这样，利润率趋向下降规律在两个层面奠定了危机理论的基础。在第一个层面上，由于过剩资本不可能在现行条件下在现有的生产部门获得正常的利润，因此一部分资本被迫闲置或外流，一部分资本不顾需求地扩大生产，进而导致全面生产过剩危机，利润率趋向下降表现为对资本主义生产的一种威胁。在第二个层面上，利润率——作为资本主义生产的目的和促进资本主义生产发展的根本因素——在资本主义生产方式内部再生产出了否定自己的因素，表明了资本主义生产的暂时性和历史制约性。日益增加的过剩人口和过剩资本，是资本主义生产力和生产关系之间矛盾日益尖锐化的最明显表现，是资本主义历史制约性的最明显的体现。② 庸俗经济学家，甚至他们之中最客观的人，也只看到了前者，而没有看到后者。马克思正是通过利润率趋向下降规律揭示了资本主义生产方式的客观界限，论证了资本主义生产方式的过渡性。

由此可知，利润率趋向下降规律作为资本主义生产总过程的总结论，其内部矛盾的展开就是资本主义生产方式总体矛盾的展开，就是资本主义经济危机理论的展开。利润率趋向下降规律的内部矛

---

① 胡钧、沈尤佳：《资本生产的总过程：利润率趋向下降的规律》，《改革与战略》2013 年第 8 期。

② 胡钧、沈尤佳：《资本生产的总过程：利润率趋向下降的规律》，《改革与战略》2013 年第 8 期。

盾的展开，包括三个部分：生产剩余价值的条件和实现剩余价值的条件的矛盾、生产目的与达到目的的手段之间的矛盾、人口过剩时的资本过剩。

一　生产剩余价值的条件和实现剩余价值的条件的矛盾

马克思在《资本论》第一卷中通过对资本的直接生产过程的分析揭示了资本主义生产方式的核心秘密——剩余价值的生产。资本主义生产的目的和动机就是获得剩余价值，改进生产技术、改善组织管理是为了获得超额剩余价值。生产出来的剩余价值要能够实现必须使承载剩余价值的商品在流通中被购买。马克思在《资本论》第二卷中通过对资本的流通过程的分析揭示了剩余价值实现在生产部类部门层面需要满足的条件。然而，剩余价值的生产条件和实现条件是不同的，甚至是矛盾的。在利润率趋向下降规律的作用下，剩余价值生产条件和实现条件间的矛盾会日益尖锐化，并以激烈的冲突形式表现出来。

剩余价值的生产条件受到三个方面的限制：资本积累规模、可雇佣工人人数和劳动剥削程度，实质上就是受社会生产力发展水平的限制，"这个剩余价值的取得，形成直接的生产过程，而这个生产过程，正如我们已经指出的，除了上面所说的那些限制，再没有别的限制"①。随着生产力的发展，资本更快地吮吸着雇佣工人的剩余劳动，资本积累过程表现为利润率的下降和剩余价值量的膨胀。此时开始了发生在流通过程中的剩余价值实现过程。剩余价值的生产条件和实现条件"不是一回事。二者不仅在时间和地点上是分开的，而且在概念上也是分开的"②。榨取的剩余价值是否实现或者实现的程度如何取决于承载着剩余价值的商品能否被卖掉，如果卖不掉，那么"工人固然被剥削了，但是对资本家来说，这种剥削没有原样

---

① 《资本论》第 3 卷，人民出版社，2004，第 272 页。
② 《资本论》第 3 卷，人民出版社，2004，第 272 页。

实现，这时，榨取的剩余价值就完全不能实现，或者只是部分地实现"①。剩余价值的实现条件受到两个方面的限制：不同生产部门的比例和社会消费力。资本主义社会再生产的顺利进行需要各个生产部类间保持恰当的比例，这是建立在生产资料私有制基础上社会化大生产的必然要求，也是由于资本主义生产盲目性而必然不能满足的要求。此外，在资本主义生产与再生产过程中，生产资料的消费以人民群众对生活资料的消费为基础，因此，剩余价值的实现归根结底是受到社会消费力的限制。

社会消费力，不是社会全体成员对消费品的客观需要，而是有购买能力的消费力，受到资本主义社会阶级结构的制约。资本主义社会阶级结构的对立性，决定了分配关系的对抗性和由此产生的社会消费力的狭隘性。首先，占社会绝大多数的雇佣工人的消费力取决于可变资本。随着资本积累的进行，一方面，资本有机构成提高，意味着可变资本占总资本的比例减少；另一方面，剩余价值率提高，意味着必要劳动（可变资本）相对于无酬劳动（剩余价值）比例减少。这使得雇佣工人的消费"缩小到只能在相当狭小的界限以内变动的最低限度"②。其次，资本家虽然获得了大量的剩余价值、积累了巨额的财富，但是为了进一步追逐剩余价值和避免在与其他资本家的竞争中败下阵来，不得不扩大资本和扩大剩余价值生产的规模，其消费力也受到限制。

因此，剩余价值的生产条件和实现条件是不同的，剩余价值的生产实质上取决于社会生产力水平，剩余价值的实现归根结底取决于社会消费力。剩余价值生产是资本主义生产的根本动机和目的。为了获得剩余价值，资本家改进技术、优化组织和改善管理，扩大生产和增加积累，这样做的结果却是社会消费力越来越小，剩余价值的实现越来越困难。如此，决定于资本主义生产性质的市场会作为不以资本主义生产性质为转移和高高在它之上的力量出现。生产

---

① 《资本论》第 3 卷，人民出版社，2004，第 272 页。
② 《资本论》第 3 卷，人民出版社，2004，第 273 页。

较流通占首要地位，会以流通较生产占首要地位的转化形态而出现。① 资本家试图通过扩大生产的外部范围，扩大市场，来解决这一矛盾。然而，这种矛盾的解决只是暂时的，而且会使矛盾本身在更大的范围以更强的程度发展起来。

二　生产目的与达到目的的手段之间的矛盾

资本主义生产的目的是获得剩余价值，使价值增殖；达到这一目的的手段是发展生产力，生产扩大。因此，资本主义生产目的与达到目的的手段之间的矛盾就表现为价值增殖与生产扩大之间的矛盾。

在资本主义生产方式中，生产力的发展表现在两个方面。从资本方面来说，表现为资本总量的增大和可变资本相对于资本总量的减少上。从劳动力方面来说，表现为推动一定量资本所需要的活劳动的相对减少和必要劳动时间的缩短上。也就是说，在资本主义社会，生产力的发展表现为资本有机构成提高和剩余价值率增加两个方面，这两个方面相互依赖、互为条件。利润率的大小取决于资本有机构成和剩余价值率的变化，进一步说，资本有机构成和剩余价值率的变化对利润率的增减施加着相反的影响，资本有机构成提高减少了唯一能够创造价值的活劳动的量，剩余价值率提高增加了资本对活劳动的剥削率和对新价值的占有率。然而，正如前文所述，资本有机构成是影响利润率大小的首要因素，剩余价值率对利润率的影响只能在此基础上发挥作用，因此，总的结果就是利润率下降。与此同时，资本家在推动生产力发展过程中，探索、发现和利用自然规律，促进科技水平提高，大大提高了劳动生产率。然而新技术的应用和新设备的采用会以市场竞争压力的方式淘汰未达到折旧年限、运行良好的旧技术和旧设备，使得现有资本发生贬值。

这样，生产力发展引起的利润率下降和资本贬值就与资本主义

---

① 〔苏〕卢森贝：《〈资本论〉注释》第 3 卷，李延栋等译，生活·读书·新知三联书店，1975，第 143 页。

生产的目的——价值增殖——发生矛盾。首先，价值增殖取决于两个条件：现有的资本量和利润率。当现有的资本量一定的时候，价值增殖就要求通过利润率的提高使年产品中转化为资本的剩余价值部分增加。利润率下降显然会对价值增殖起到负面影响。其次，生产力发展引起的现有资本的贬值直接意味着新资本的生产要以现有资本的贬值为代价，资本价值增量的形成要以资本价值存量的损耗为代价。

　　因此，总的来看，利润率趋向下降规律的二重性表现——利润率下降和利润量增加——就直接反映出了价值增殖与生产扩大之间的矛盾，进而资本主义生产目的与达到目的的手段之间的矛盾。具体而言，这种矛盾突出表现在资本积累过程中起着相反作用的各种因素彼此相互依存和相互对抗。其一，与总资本的迅速增加、雇佣工人人数增加并存的是相对过剩人口的形成和扩大。其二，与利润率下降并存的是剩余价值率提高、资本贬值等阻碍利润率下降和刺激资本积累等因素。其三，与生产力发展和资本有机构成提高并存的是可变资本相对于预付总资本的减少。①

　　资本主义生产目的与达到目的的手段之间的矛盾表明"资本主义生产的真正限制是资本自身"②。资本的局限性在于自己本身，可以从三个层面来理解。第一个层面，资本增殖是资本主义生产的目的和动机，表现为生产的起点和终点，当资本增殖与人民群众的生活需要相一致时，人民群众的需要能够在资本增殖的同时得到满足，当两者不一致时，资本会牺牲人民群众的需要来进行增殖。第二个层面，事实上，资本增殖以广大人民群众的被剥夺和贫穷化为基础，且后者反过来构成了对资本增殖的限制，"这些限制不断与资本为它自身的目的而必须使用的并旨在无限制地增加生产，为生产而生产，

---

① 胡钧、沈尤佳：《资本生产的总过程：利润率趋向下降的规律》，《改革与战略》2013 年第 8 期。

② 《资本论》第 3 卷，人民出版社，2004，第 278 页。

无条件地发展劳动社会生产力的生产方法相矛盾"①。第三个层面，资本主义生产关系曾经有力地促进了生产力的发展，但是现在，资本主义生产关系所决定的资本主义生产目的的局限性已经阻碍了生产力的进一步发展。

经济危机是资本主义生产方式内在矛盾的外在表现，是对抗性矛盾的强制性的、暂时的解决，解决经济危机的方式又为下一次更大规模的经济危机埋下了伏笔，"资本主义生产总是竭力克服它所固有的这些限制，但是它用来克服这些限制的手段，只是使这些限制以更大的规模重新出现在它面前"②。

三　人口过剩时的资本过剩

资本积累的一般规律，基于直接的生产过程，揭示了相对过剩人口的形成。利润率趋向下降规律，则在此基础上，基于资本生产的总过程，揭示了人口过剩时的资本过剩。

随着资本主义生产的发展，资本家为生产所需的资本最低限额提高了。原因在于，一方面，随着资本主义的发展，资本有机构成提高，雇佣同等数量的工人需要购买更多的不变资本；另一方面，为了能够在竞争中生存，对新增资本而言，其生产商品的个别劳动时间必须不高于社会必要劳动时间，这意味着新增资本要在固定资本的投入上更多。

利润率趋向下降规律表现为利润率下降和利润量增加。利润量增加要求资本量的增长要比利润率下降的速度更快。具体到个别资本层面，当较小的资本在利润率下降的同时无法获得足够的利润量，无法积累足够的资本量，那么较小的资本就达不到扩大再生产所需的资本最低限额，从而不能继续发挥资本的作用，表现为多余的、过剩的资本。正如马克思所说，"所谓的资本过剩，实质上总是指利润率的下降不能由利润量的增加来抵消的那种资本——新形成的资

---

① 《资本论》第3卷，人民出版社，2004，第278～279页。
② 《资本论》第3卷，人民出版社，2004，第278页。

本嫩芽总是这样——的过剩，或者是指那种自己不能独立行动而以信用形式交给大经营部门的指挥者去支配的资本的过剩"①。

资本过剩是资本相对过剩和商品生产过剩。资本过剩是资本相对于获得剩余价值这个生产目的的相对过剩，不是相对于社会需要满足的绝对过剩。资本过剩只是说明继续追加资本或投入资本对资本家而言不划算、不经济。然而，对雇佣工人来说，在生活方面，还有很多的生活必需品和公共服务供给不足，他们的生活水平还有待提高；在就业方面，还有很多人无法充分就业，工作时长还应该继续缩短、繁重危险重复的劳动还应该被继续替代。正如马克思所说，"不是财富生产得太多了。而是资本主义的、对立的形式上的财富，周期地生产得太多了"②。资本过剩包含着商品生产过剩。一些资产阶级经济学家认为资本的生产可以过剩，商品的生产不会发生过剩。这种观点显然不理解资本的实质，同时也混淆了资本主义生产和商品生产一般。实际上，一方面，商品生产过剩正是资本过剩的一种表现形式。资本主义生产资料私人占有和生产社会化间的矛盾、生产剩余价值的条件和实现剩余价值的条件间的矛盾，决定了商品生产过剩的必然性。另一方面，商品生产过剩是资本过剩的前提。因为如果不存在商品生产过剩，那么资本就能获得利润，资本增殖就能继续进行，资本就不会发生过剩。

资本过剩会引起经济危机。资本过剩意味着需要一部分资本闲置或以较低的利润率进行增殖。哪一部分资本承担这种损失取决于资本间的竞争结果。如果说资本在部门间竞争以产生平均利润率的过程，资本间还表现为"兄弟情谊"，那么在资本过剩需要分配损失的情境下，资本间的竞争就变成"敌对的兄弟之间的斗争"③。资本间竞争的最尖锐的表现形式就是爆发全面生产过剩危机。股票、证券贬值，商品价格下降，商品实现受阻，支付链条中断，信用关系

①　《资本论》第 3 卷，人民出版社，2004，第 279 页。
②　《资本论》第 3 卷，人民出版社，2004，第 287 页。
③　《资本论》第 3 卷，人民出版社，2004，第 282 页。

破坏，资本贬值，生产萎缩。经济危机作为资本主义生产方式内在矛盾的集中爆发，同时也是矛盾的修补，创造了资本再生产所需要的条件。

资本过剩和人口过剩并存。首先，资本过剩和人口过剩同时并存，且由同一原因产生，两者都是源于资本主义生产力和生产关系间的矛盾，都是资本主义生产力发展的必然结果，都是利润率趋向下降规律的现实表现。其次，资本过剩和人口过剩并存反映了资本主义生产目的的狭隘性。无论是资本过剩还是人口过剩，都是相对于资本增殖而言的过剩，资本主义追逐剩余价值的生产目的将资本主义生产、将科学技术的应用和劳动社会化的组织，限定在了狭小的范围内。

总的来说，利润率趋向下降规律从三个方面体现了资本主义生产方式的历史性和暂时性。其一，资本主义生产力发展表现为资本过剩和商品过剩，且需要不断通过爆发生产过剩危机的方式来暂时解决。也就是说，资本主义生产力的发展与生产条件相冲突，只能在周期性爆发的经济危机的破坏中进行。其二，资本主义生产力发展表现为"利润率，资本主义生产的刺激，积累的条件和动力，会受到生产本身发展的威胁"①。也就是说，资本主义发展的趋势是刺激的脱敏、条件的缺场、动力的消失，"在这里，资本主义生产的限制，它的相对性，以纯粹经济学的方式，就是说，从资产阶级立场出发，在资本主义理解力的界限以内，从资本主义生产本身的立场出发而表现出来，也就是说这里表明，资本主义生产不是绝对的生产方式，而只是一种历史的、和物质生产条件的某个有限的发展时期相适应的生产方式"。② 其三，资本主义生产目的的狭隘性。也就是说，资本主义生产的规模、结构和方向，不是取决于社会需要，而是取决于利润率；资本主义生产在"利润的生产和实现要求停顿

---

① 《资本论》第3卷，人民出版社，2004，第288页。
② 《资本论》第3卷，人民出版社，2004，第288～289页。

时停顿"①，远在社会需要的满足要求停顿之前停顿，资本主义生产的限制因资本主义生产关系的对立性而得以凸显。资本的历史任务和存在理由是发展社会劳动的生产力，以上三个方面有力地说明了资本主义生产关系已经无力推动生产力向前发展，且已成为生产力发展的障碍。资本主义生产方式和前资本主义生产方式一样，都具有历史性和暂时性，必将由崭新的生产方式所取代，来继续推动生产力的发展。

---

① 《资本论》第 3 卷，人民出版社，2004，第 288 页。

第三章

利润率趋向下降规律逻辑论证的质疑与澄清

鉴于利润率趋向下降规律重要的理论地位，那些试图否定马克思经济学理论的人，往往把利润率趋向下降规律作为主要的攻击目标。正因为如此，在《资本论》第三卷出版后，利润率趋向下降规律遭到多方面的诋毁和歪曲。

在理论层面对利润率趋向下降规律的质疑最先发生在逻辑论证上。按照马克思的论述，利润率趋向下降规律由"规律本身"和"起反作用的各种原因"组成。其中前者又有资本技术构成提高—资本有机构成提高—利润率下降三个环节。因此，在逻辑论证层面对马克思利润率趋向下降规律的质疑有四种：第一，技术进步但资本技术构成不确定性论，即技术创新可以像节约劳动力一样节约资本，资本技术构成不一定随技术进步而提高。第二，资本技术构成提高但资本有机构成不确定性论，即资本技术构成提高伴随着生产率的提高和单位商品价值的降低，资本有机构成不一定提高。第三，资本有机构成提高但一般利润率不确定性论，即资本有机构成的提高伴随着剩余价值率的提高，一般利润率同时受两者的影响，因此不一定降低；此外还存在资本有机构成提高引起一般利润率提高的微观现实机制——置盐定理。第四，"起反作用的各种原因"使"规律本身"失效论。本章将依次检视以上四种质疑，剖析其错误之处及根源，在此基础上得出正确理解利润率趋向下降规律的方法论。

第一节　技术进步但资本技术构成
不确定性论及其批判

马克思是经济思想史上最早系统研究技术进步及其影响的经济学家之一。[①] 他在《资本论》中对机器本身，资本主义条件下技术进步的动机与周期，技术进步对剩余价值生产、资本流通过程和一般利润率的影响等问题进行了深刻剖析。他指出，采用新技术和提高劳动生产率是资本主义企业在市场竞争中攫取更多利润的主要手段，而社会劳动生产率的水平"表现为一个工人在一定时间内，以同样的劳动力强度使之转化为产品的生产资料的相对量"，因此随着资本的积累和劳动生产率的提高，平均强度的单位劳动量推动的生产资料更多。[②] 也就是说，技术进步具有节约劳动和耗费生产资料的内在倾向，资本技术构成提高。

琼·罗宾逊则认为技术进步并没有固定单一的模式，根据技术进步种类的不同，相对于生产资料而言，既可能耗费劳动，也可能节约劳动，这样来看资本技术构成不一定随着技术进步而提高。"情况并不是所有的技术进步都增加单位劳动的资本。从历史上看，经济发展的关键是运输与省时间、节约资本的发明……哪一种类型的发明在将来占优势，也是难说的。"[③] 琼·罗宾逊以资本技术构成的不确定性为支撑点，将整个利润率趋向下降规律全盘否定。"至少可以这样设想，即是今后节约资本的发明将同耗费资本的发明相抵，于是有机构成停止上涨，（每单位雇佣劳动的资本趋于不变），而技术进步同过去一样迅速地继续提高生产率。一个有机构成不变（或有机构成下降）的世界是完全想象得到的。对于这样一个世界，马克思的分析将没有用武之

---

① 高峰：《资本积累理论与现代资本主义——理论的和实证的分析》，社会科学文献出版社，2014，第54页。

② 《资本论》第1卷，人民出版社，2004，第718页。

③ 〔英〕琼·罗宾逊：《马克思、马歇尔和凯恩斯》，北京大学经济系资料室译，商务印书馆，1964，第12页。

地，他那部分依存于利润率下降趋势的危机理论全部都要破产。"①

总的来说，这种技术进步不一定引起资本技术构成提高观点的理论依据可以分为三种：第一，资源禀赋决定论，即在生产资料富余但劳动力匮乏的国家，根据比较优势会选择资本密集型产业，反之亦然；第二，资本成本节约论，即资本家在减少生产成本层面节约资本和劳动的偏好和能力是一样的，选择哪种技术进步路径完全取决于资本家的个人选择；第三，市场机制调节论，即资本家选择节约资本还是节约劳动的技术进步取决于两者在市场上的价格，随着两者相对价格的变动而改变。由以上检视可知，非马克思主义者在微观层面是纯粹从物质生产角度来思考技术进步的，在他们看来生产资料和劳动力这两种生产要素在劳动过程中完全可以相互替代，忽略了雇佣工人与资本家的阶级对立。且非马克思主义者在宏观层面将技术进步作为给定的变量，排除在分析框架之外，忽视了技术进步发生的内在机制。

事实上，资本主义条件下技术进步的节约劳动倾向根植于资本主义生产关系，在资本积累中实现。因此，对技术进步的节约劳动倾向分析，在微观上要充分考虑资本家与雇佣工人的阶级对立，在宏观上必须基于资本积累的视域。

从微观上看，雇佣工人与资本家间对立的阶级关系决定了技术进步的节约劳动倾向。第一，这种阶级对立要求通过节约劳动的技术创新提高资本对劳动过程的管控力。节约劳动的技术创新能够将烦琐的劳动过程简化，降低资本对技术工人的依赖；同时节约劳动的技术创新能够将劳动过程标准化，降低资本对所有工人的依赖。第二，这种阶级对立要求通过节约劳动的技术创新提高资本对雇佣工人的规训力。资本家的剩余价值源于工人付出的超过补偿其劳动力价值的劳动，工人为减轻被剥削的程度而进行的包括罢工等在内的反抗活动会严重危及资本主义生产过程的连续性和利润的最大化，通过节约劳动的技术进步，工人对资本家依赖性增加，工人阶级的

---

① 〔英〕琼·罗宾逊：《马克思、马歇尔和凯恩斯》，北京大学经济系资料室译，商务印书馆，1964，第12页。

反抗精神受到了压制，只能顺从资本家的意志，"机器成了镇压工人反抗资本专制的周期性暴动和罢工等等的最强有力的武器……许多发明，都只是作为资本对付工人暴动的武器而出现的"①。

从宏观上看，资本积累的内在要求决定了技术进步的节约劳动倾向。资本积累的内在要求有两个方面。第一，尽可能减少对劳动力的需求以摆脱雇佣工人的制约。第二，尽可能降低工人工资以提高利润率。若国家处于工业化初期，节约劳动的技术进步可以在提高劳动生产率的同时，扩大产业后备军的数量，便于加重对在职工人的剥削，提高利润率。若国家处于工业化后期，节约劳动的技术进步可以使资本积累摆脱有限劳动人口的障碍，夯实资本积累的基础。

从经验研究的角度看，资本技术构成随着技术进步而提高的结论得到了验证。资本技术构成是平均强度的劳动量与其使用的生产资料量之比，可以用每位工人每小时的劳动所推动的以不变价格计算的资本存量来衡量。② 1955～2013 年，美国资本技术构成及其变化趋势如图 3-1 所示，长期来看技术进步表现出明显的节约劳动倾向，资本技术构成显著提高。

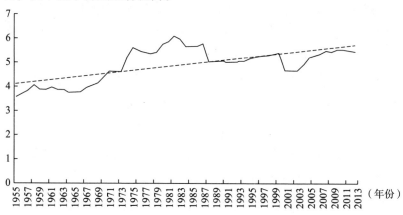

图 3-1 美国资本技术构成及其变化趋势（1955～2013）

资料来源：根据美国经济分析局（https://www.bea.gov/）提供的相关数据整理计算而得。

---

① 《资本论》第 1 卷，人民出版社，2004，第 501 页。
② 《资本论》第 1 卷，人民出版社，2004，第 707 页。

第二节　资本技术构成提高但资本有机构成
不确定论及其批判

马克思认为随着资本主义生产方式的发展，资本有机构成提高是"资本主义生产方式的规律"①。马克思的论证逻辑如下：在资本积累过程中资本技术构成提高，这种实物比例上的变化必然会在价值形式上得到体现，即"资本价值的不变组成部分靠减少它的可变组成部分而增加"，资本有机构成提高。② 由于劳动生产率与资本技术构成呈正相关，而价值量与劳动生产率呈负相关，因此与劳动生产率提高伴随的是劳动推动的生产资料实物量和价值量的增多，且后者与前者相比增长缓慢，即资本有机构成随着技术构成的增长而提高，但是程度相对较小。③

马克思所处的年代大致为第一次工业革命与第二次工业革命的交接期。第二次工业革命的特征，在劳动过程中表现为机器对劳动力的替代，在产业主导部门的变化上表现为重工业的兴起。马克思在《剩余价值理论》中通过从经验上证明"不变资本的量的增长比它的价值的减少快"完成了资本有机构成提高的论证。④ 他将不变资本区分为原料和机器。对原料部分的分析表明：第一，"原料量必须同劳动量成比例"；第二，尽管原料价值会随着生产力的提高而下降，但由于有一部分原料是"通过动物性有机过程生产出来的"，有一部分原料是通过"植物性有机过程生产出来的"，而"资本主义生产至今不能，并且永远不能象掌握纯机械方法或无机化学过程那样来掌握这些过程"，同时"在矿源枯竭时，金属的开采也会成为比较困难的事情"，所以原材料价值减低幅度有限，无法抵消量的增长。⑤

---

① 《资本论》第 3 卷，人民出版社，2004，第 236 页。
② 《资本论》第 1 卷，人民出版社，2004，第 718 页。
③ 《资本论》第 1 卷，人民出版社，2004，第 719 页。
④ 《马克思恩格斯全集》第 26 卷（第 2 册），人民出版社，1973，第 473 页。
⑤ 《马克思恩格斯全集》第 26 卷（第 3 册），人民出版社，1974，第 404、406 页。

对机器部分的分析表明：第一，随着生产力的发展，所用机器的量增加了，"代替工具出现的不仅是单个机器，而且是整个体系"；第二，尽管用机器制造机器和原料使得"各单个要素便宜了"，但考虑到所用机器量的增加，因此"机器的总体在价格上却大大提高了"。①对于资本有机构成在第三次工业革命中的变动，曼德尔也从经验层面进行了考察，他在《晚期资本主义》中指出"提供一种资本有机组成长期增长的经验方面的证据，并不是很困难"②。

理论论证的缺失给了质疑者可乘之机。如公式 3 - 1 所示，菲利普·范·帕里斯将资本有机构成分解为三项因子的乘积，他认为，当且仅当"第Ⅰ部类比第Ⅱ部类劳动生产率的相对提高和实际工资的增长对价值构成的影响弱于资本技术构成的提高"时，即生产资料价值与劳动力价值（实际工资×单位消费资料价值）之比的下降程度小于资本技术构成的提高程度时，资本有机构成才能提高；然而"没有理由可以保证这一点一定能够实现"③。许多马克思主义者尝试沿着帕里斯公式论证资本有机构成必然提高，但收效甚微且争议较大。

$$资本有机构成 = \frac{不变资本价值}{可变资本价值} = \frac{单位生产资料价值}{单位消费资料价值} \times \frac{1}{实际工资} \times 资本技术构成$$

$$(3-1)$$

通过以上检视我们可以发现，帕里斯公式存在两处错误。首先，单位生产资料价值、单位消费资料价值的降低和实际工资的增长是资本技术构成提高，进而劳动生产率提高的结果，即公式 3 - 1 等式右边第 1 项和第 2 项与第 3 项存在函数关系，但是帕里斯公式却将此忽略了。其次，资本技术构成提高与单位生产资料价值、单位消费资料价值的降低和实际工资的增长对资本有机构成的影响层次是

---

① 《马克思恩格斯全集》第 26 卷（第 3 册），人民出版社，1974，第 403 页。

② 〔比利时〕厄尔奈斯特·曼德尔：《晚期资本主义》，马清文译，黑龙江人民出版社，1983，第 227～228 页。

③ Philippe Van Parijs, "The Falling-Rate-of Profit Theory of Crisis: A Rational Reconstruction by Way of Obituary," *Review of Radical Political Economics* 1 (1980): 3.

不同的，帕里斯公式却将两者等量齐观。

资本有机构成受到资本技术构成和由资本技术构成提高导致的单位生产资料价值、单位消费资料价值和实际工资变动的双重影响。但这两个因素对资本有机构成的影响并非处于同一层次，其中前者对于资本有机构成的决定更为重要。首先，“我们把由资本技术构成决定并且反映这种技术构成的资本价值构成，叫作资本的有机构成”①，这意味着资本有机构成由资本技术构成决定，并且其变化趋势要能够反映资本技术构成的变化趋势。其次，资本技术构成提高引起资本有机构成提高是“规律本身”的第二个环节，而由资本技术构成提高导致的单位生产资料价值、单位消费资料价值和实际工资变动，马克思将其作为“起反作用的各种原因”来考察。因为单位生产资料价值、单位消费资料价值和实际工资的变动是资本技术构成提高的结果，它们对资本有机构成提高的阻碍只能在“规律本身”的制约下进行，而无法取消资本有机构成随生产力发展而提高的规律。

笔者认为现阶段数理模型并非适合用于所有规律的论证，数理模型暂时无法证明的规律也并不能说明其错误。在一定程度上，数理模型定量上的精确是以牺牲定性上的准确为代价实现的，有时候它忽视了自变量间决定与被决定的关系，把对因变量有大小不同影响的各个自变量等量齐观。资本有机构成提高规律不仅需要从量上来论证，更应该从质上来把握，资本有机构成提高“只是劳动的社会生产力不断发展的另一种表现”②。

第三节　资本有机构成提高但利润率
不确定性论及其批判

随着资本有机构成的提高，“由此产生的直接结果是：在劳动剥削程度不变甚至提高的情况下，剩余价值率会表现为一个不断下降

---

① 《资本论》第 3 卷，人民出版社，2004，第 163 页。
② 《资本论》第 3 卷，人民出版社，2004，第 236 页。

的一般利润率"①。对这一环节的质疑有两种：第一，"规律本身"无法得到有效论证；第二，存在资本有机构成提高引起一般利润率提高的微观现实机制。在回应这两种质疑之前，必须先说明马克思所说的"规律本身"指的是什么。

罗斯多尔斯基、高峰、海因里希等学者认为"规律本身"指的是：随着资本有机构成和相对剩余价值率的提高，一般利润率趋向下降。② 胡钧、陈征、克里曼等学者则认为"规律本身"指的是：随着资本有机构成的提高，一般利润率一定下降；剩余价值率的提高是被马克思作为起反作用的原因考虑的。③ 笔者认同第二种观点。需要说明的是，马克思清楚地知道资本有机构成的提高伴随着剩余价值率的提高，他之所以在"规律本身"中假定"剩余价值率不变"，原因有两个。第一，这是由资本有机构成和剩余价值率在利润率趋向下降规律中不同的地位所决定的。利润的本质是剩余价值，活劳动是利润的唯一源泉。随着资本有机构成提高，可变资本占比减少，由活劳动创造的新价值（$v+m$）占比减少。在新价值（$v+m$）的基础上，剩余价值率才决定剩余价值（m）在其中分得的比例。"规律本身"意在强调资本有机构成提高作为占主导地位的因素导致一般利润率下降，而"剩余价值率提高"对一般利润率的影响只能在"规律本身"的前提下发挥有限的作用。首先，靠提高剩余价值率来补偿剩余价值量的减少，有某些不可逾越的界限，"两个每天劳动 12 小时的工人……提供的剩余价值量也不能和 24 个每天只

① 《资本论》第 3 卷，人民出版社，2004，第 237 页。
② 〔联邦德国〕罗曼·罗斯多尔斯基：《马克思〈资本论〉的形成》，魏埙等译，山东人民出版社，1992，第 442～449 页；高峰：《资本积累理论与现代资本主义——理论的和实证的分析》，社会科学文献出版社，2014，第 246～247 页；Michael Heinrich，"Crisis Theory，the Law of the Tendency of the Profit Rate to Fall，and Marx's Studies in the 1870s," *Monthly Review*11（2013）：23。
③ 胡钧、张宇：《〈资本论〉导读》，中国人民大学出版社，2018，第 216 页；陈征：《〈资本论〉解说》第 3 卷，福建人民出版社，2017，第 163 页；Andrew Kliman et al.，"The Unmaking of Marx's Capital：Heinrich's Attempt to Eliminate Marx's Crisis Theory," *SSRN Working Papers Series*（2013）：7。

劳动 2 小时的工人所提供的剩余价值量相等"①。其次，资本主义现有的剩余价值率越高，通过提高劳动生产率来进一步提高剩余价值率将更加不容易，"资本已有的价值增殖程度越高，资本的自行增殖就越困难"②。第二，考虑到资本有机构成对一般利润率的影响起主导作用，而剩余价值率起次要作用，所以马克思应用了从抽象到具体的分析方法，先假定"剩余价值率不变"研究规律本身，然后在后面的讨论中（"起反作用的各种原因"）放松这一限制。

海因里希基于对"规律本身"的错误理解，指出马克思的利润率公式 3 - 2 可以化简为公式 3 - 3 的形式；随着生产率的提高，资本有机构成（分母的一部分）与剩余价值率（分子）同时提高，"当马克思声称利润率下降时，他必须证明从长远看分母增大的速度快于分子，然而目前还没有任何证据表明可以进行这样的比较"，"'利润率趋向下降的规律'在'起反作用的各种原因'之前已经瓦解了，因为'规律本身'无法被证明"③。如果懂得了资本有机构成提高和剩余价值率提高在利润率趋向下降规律中的不同地位，那么也就不难理解"规律本身"的内容和马克思的论证方法。假设剩余价值率（分子）不变，随着生产率的提高，资本有机构成（分母的一部分）提高，"规律本身"得到了论证。且无论资本有机构成和剩余价值率提高速度孰大孰小，剩余价值率的提高对一般利润率的补偿都会遇到"不可逾越的"界限 $[m/(c+v) < (m+v)/c]$，即因资本有机构成提高而逐步下降的"最大限度利润率" $[(m+v)/c]$。④ 最大限度利

---

① 《资本论》第 3 卷，人民出版社，2004，276 页。

② 《马克思恩格斯全集》第 46 卷（上册），人民出版社，1979，第 305 页。

③ Michael Heinrich, "Crisis Theory, the Law of the Tendency of the Profit Rate to Fall, and Marx's Studies in the 1870s," *Monthly Review* 11 (2013): 22；斯威齐也持类似观点，"我要试图表明的不过是，从资本有机构成的提高着手进行分析，是不可能证实利润率的下降趋势的"（〔美〕保罗·斯威齐：《资本主义发展论》，陈观烈、秦亚男译，商务印书馆，2009，第 140 页）。

④ Anwar Shaikh, "An Introduction to the History of Crisis Theories," in Union for Radical Political Economics, ed., *US Capitalism in Crisis* (New York: Union for Radical Political Economics, 1978), p. 233.

润率与实际利润率的关系如图 3 - 2 所示，尽管在经济周期的上升阶段会出现一般利润率提高的情况，但从长远来看，一般利润率受"最大限度利润率"的制约呈下降趋势，即利润率趋向下降的规律。1955 ~ 2013 年，美国按当前成本计算的非金融企业税后利润率及其变化趋势如图 3 - 3 所示，美国一般利润率的变动趋势完全符合这一规律。

$$p' = \frac{m}{c + v} \qquad\qquad (3 - 2)$$

$$p' = \frac{m/v}{1 + c/v} \qquad\qquad (3 - 3)$$

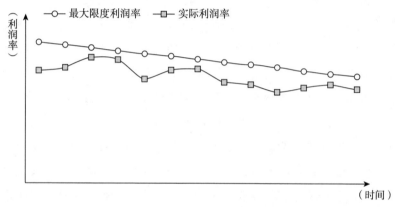

图 3 - 2   最大限度利润率与实际利润率的关系

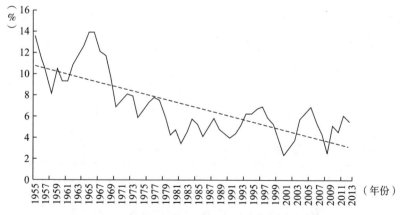

图 3 - 3   美国按当前成本计算的非金融企业税后利润率
及其变化趋势（1955 ~ 2013）

资料来源：根据美国经济分析局（https://www.bea.gov/）提供的相关数据整理计算而得。

"置盐定理"常被用来试图证明资本主义企业通过选择降低单位生产成本的技术路径可以使得社会资本有机构成提高与利润率的提高相兼容。① 对此,少部分学者认为"置盐定理"与利润率趋向下降规律并不矛盾、不能相互否定,因为前者只是后者的一个特例。② 绝大多数学者则对"置盐定理"的前提假设和论证方法等层面进行了批判。在前提假设层面,其一,"置盐定理"认为资本家主动选择单位产品成本下降的新技术,这种观点没有把技术进步当作资本主义企业在对剩余价值的追逐下资本积累的结果来考察,事实上正如马克思所指出的,资本主义技术变迁的特征为一般利润率降低且利润量增加。③ 其二,马克思认为产品成本的降低通常是通过增加固定资本投资实现的,而"置盐定理"把固定资本抽象掉了,它实际得出的结论不是利润率(与预付资本有关,是流量与存量之比),而是利润边际(与所费资本有关,是两个流量之比)的提高,如果将固定资本考虑进去,实际利润率会下降。④ 其三,"置盐定理"并未区分必要劳动和剩余劳动,无法考虑在技术进步条件下商品价值和剩余价值的变动;实际上引进技术的个别资本家虽然能够在一定时期获得超额剩余价值,但随着竞争的展开,商品价值会下降,一般利润率会降低。⑤ 在论证方法层面,其一,"置盐定理"将所有的生产部门视为单一生产单位的总体,这就不可避免地忽视了现实中各个个别资本间原来的技术和利润率的差异,将新技术推广过程中的部

---

① Murray E. G. Smith and Jonah Butovsky, "Profitability and the Roots of the Global Crisis: Marx's 'Law of the Tendency of the Rate of Profit to Fall' and the US Economy, 1950 – 2007," *Historical Materialism* 4 (2012): 50; 裴宏、李帮喜:《置盐定理反驳了利润率趋向下降规律吗?》,《政治经济学评论》2016 年第 2 期。

② Geert Reuten and Michael Williams, *Value Form and the State: The Tendencies of Accumulation and the Determination of Economic Policy in Capitalist Society* (London: Routledge, 1989), p. 117; 李帮喜、王生升、裴宏:《置盐定理与利润率趋向下降规律:数理结构、争论与反思》,《清华大学学报》(哲学社会科学版) 2016 年第 4 期。

③ 裴宏、李帮喜:《置盐定理反驳了利润率趋向下降规律吗?》,《政治经济学评论》2016 年第 2 期。

④ Anwar Shaikh, "Political Economy and Capitalism: Notes on Dobb's Theory of Crisis," *Cambridge Journal of Economics* 2 (1978): 242 – 245.

⑤ 余斌:《平均利润率趋向下降规律及其争议》,《经济纵横》2012 年第 9 期。

门间的竞争与部门内的竞争相混同。① 其二，"置盐定理"采用的是均衡分析法，使得产品的投入价格等于产出价格，而事实上投入与产出并不同步，因此利润率的计算需要考虑跨期问题。② 基于此，本书认为置盐定理仅仅是数理模型的自圆其说，由于其假设条件偏离资本主义事实和采取的数学方法无法反映技术进步在部门内和部门间的扩散，所以不但不能说明马克思的规律是错误的，而且也无法证明确实存在社会资本有机构成提高引起利润率提高的微观现实机制。

第四节　起反作用的各种原因能够使规律本身无效论及其批判

马克思在完成对"规律本身"的研究后，针对资本主义生产率迅猛发展，但利润率却没有迅速下降的问题，指出现实中存在着暂时抵消规律的因素，正是这些起反作用因素的存在，规律才获得了趋势的性质。③ 随后，他对其中最普遍的六种原因进行了详细的分析。对此，海因里希质疑道："马克思认为，从长远来看作为一种规律而产生的利润率下降超过了所有的反作用因素。然而，马克思并没有为此提供任何理由。"④ 情况远非如此。本章以马克思在《资本论》中考虑的六种最普遍的起反作用的原因为例，说明起反作用的各种原因的作用是滞缓而无法阻止利润率下降。

"劳动剥削程度的提高"有两种方式，一种是在不通过技术进步以至于不提高资本有机构成的前提下提高劳动生产率，另一种是通

---

① 薛宇峰：《利润率变化方向是"不确定"的吗？——基于经济思想史的批判与反批判》，《马克思主义研究》2015 年第 7 期。

② 〔英〕克里斯·哈曼：《利润率和当前世界经济危机》，丁为民、崔丽娟译，《国外理论动态》2008 年第 10 期。

③ 《资本论》第 3 卷，人民出版社，2004，第 258 页。

④ Michael Heinrich, "Crisis Theory, the Law of the Tendency of the Profit Rate to Fall, and Marx's Studies in the 1870s," *Monthly Review* 11 (2013): 22.

过技术进步提高劳动生产率。对后者而言,在技术被普遍应用之前它确实可以给个别资本家带来超额利润,但当技术被普遍应用使得超额利润消失和整个经济资本有机构成提高后,规律本身就开始发挥作用,平均利润率下降。因此只有第一种方式能够抵抗利润率的下降,这种方法通常与"绝对剩余价值"的生产有关,包括增加劳动强度和延长工作时间。然而这些方法会遇到生理极限、工人抵抗和增加工资的压力的限制,无法长期阻止利润率下降。

"工资被压低到劳动力的价值以下"是其中一个延缓利润率下降最显著的原因。① 在这种情况下,在对工人新创造的价值的分割中,资本家获得的份额就会更大,利润率就会更高。但是"工资被压低到劳动力的价值以下"不能够阻碍规律本身发挥作用。首先,随着资本有机构成的提高,利润率就会在这个相对较高利润率的水平开始下降。其次,工资永久性下降意味着劳动力价值的降低,这会损害工人在劳动过程中的表现,并最终激起强烈的工人抵抗。在当前整个西方发达资本主义国家削减福利支出的背景下,这使得利润率趋向下降规律具有突出的政治意义。

"相对过剩人口"一方面可以使资本家通过压低工资来提高剥削率;另一方面可以被引导进入新的劳动密集型部门,如奢侈品生产部门,为资本家生产出高于平均利润率的利润率。但在第一个场合,会遇到工人阶级的抵抗。更为重要的是,随着资本主义生产力水平的提高,人口出生率下降,劳动人口减少,"相对过剩人口"发挥作用的现实途径遇到了障碍。在第二个场合,正如马克思所言,该劳动密集型部门会"逐渐地走上其他生产部门所走过的路",随着资本有机构成的提高,利润率趋向下降。②

"不变资本各要素变得便宜"使得资本有机构成的提高相对于资本技术构成缓慢。马克思指出:"由于劳动生产力的提高,会使不变资本各要素的价值减少,从而使不变资本的价值不和它的物质量,

---

① 《资本论》第 3 卷,人民出版社,2004,第 262 页。
② 《资本论》第 3 卷,人民出版社,2004,第 263 页。

就是说，不和同量劳动力所推动的生产资料的物质量，按同一比例增加，虽然不变资本的价值会不断增加。"① 因此，劳动生产率的提高无法阻止，只能延缓资本有机构成的提高，使得后者相对于资本技术构成变动减缓。正如前文所述，资本有机构成提高是"劳动的社会生产力不断发展的另一种表现"和"资本主义生产方式的规律"。②

"对外贸易"一方面可以通过获取国外便宜的不变资本要素和生活资料而提高利润率，另一方面可以使参与对外贸易的资本获得较高的利润率。但资本主义国家间的贸易往来绝不能够取消资本主义制度的长期运行趋势。③ 事实上，如果将这些资本主义国家视为一个整体，那利润率趋向下降规律将在这个整体层面继续展开并发挥作用。

"股份资本的增加"是指部分资本从产业资本中游离出来变为生息资本，它们"不参加一般利润率的平均化"，获得的利息率小于平均利润率，因此阻碍了一般利润率的下降。④ 但是这里的阻碍只是相对于所有资本家都使用自有资本从事经营的经济体而言的。当利息范畴普遍化，在所有资本家都使用或相当于使用股份资本从事经营的经济体，利润率趋向下降规律同样发挥作用。平均利润的分割不仅不能取消利润率趋向下降规律，而且只能在利润率趋向下降规律的制约下进行。正是由于这个原因，"在说明利润分割为互相独立的不同范畴以前，我们有意识地先说明这个规律"⑤。

笔者认为"规律本身"和"起反作用的各种原因"在"利润率趋向下降的规律"中处于的不同的地位。活劳动是价值和剩余价值的唯一源泉，只要资本有机构成不断提高，利润率就存在下降的必然趋势，因此"规律本身"是本质。"起反作用的各种原因"是资

---

① 《资本论》第 3 卷，人民出版社，2004，第 262 页。
② 《资本论》第 3 卷，人民出版社，2004，第 236 页。
③ Shane Mage, "Response to Heinrich—In Defense of Marx's Law," https://monthlyreview. org/ commentary/response-heinrich-defense-marxs-law/.
④ 《资本论》第 3 卷，人民出版社，2004，第 268 页。
⑤ 《资本论》第 3 卷，人民出版社，2004，第 238 页。

本家对抗利润率下降的策略或劳动生产率提高本身对利润率产生的正向影响，它们只能在"规律本身"的制约下发挥作用，而且这种阻碍作用存在不可逾越的限制，是"规律本身"到实际利润率波动现象的中介。只有准确把握这种区别，才能深刻地理解利润率趋向下降规律的必然性。

第五节　正确理解利润率趋向下降规律的方法论

本章全面检视了围绕马克思利润率趋向下降规律逻辑论证的四种质疑，剖析了其错误的根源。以琼·罗宾逊为代表的技术进步但资本技术构成不确定性论，错误之处在于把技术进步视为外生的过程，把生产资料和劳动力视为两种可以完全替代的生产要素。实际上，技术进步的发生既取决于外在的知识存量，又取决于资本积累中资本间优胜劣汰的竞争和对相对剩余价值的追逐，其中内部因素主导了在技术层面成熟的技术进步发生的时间和采取的方式。从资本积累的视域看，无论是在生产新价值的劳动过程，还是在分割新价值的利益分配过程，资本家和雇佣工人都存在阶级对立，这就要求资本家采取节约劳动的技术进步以加强对劳动过程的控制和对雇佣工人的规训，以创造更大的产业后备军和加重对雇佣工人的剥削。以帕里斯为代表的资本技术构成提高但资本有机构成不确定性论者、以海因里希为代表的资本有机构成提高但利润率不确定性论者和"起反作用的各种原因"能够使"规律本身"无效论者，错误之处在于把影响利润率的各个因素等量齐观。实际上，影响利润率的各个因素在规律中发挥着大小不同的作用，处于不同地位。首先，资本有机构成由资本技术构成决定，单位生产资料价值、单位消费资料价值和实际工资三者作为资本技术构成提高的结果，对资本有机构成的影响处于次要地位。其次，剩余价值率的提高对利润率的影响只能在由资本有机构成提高引起的、不断下降的最大限度利润率的界限内发挥作用，且随着剩余价值率的提高，这种抵消利润率下降的作用会越来越小。最后，"起反作用的各种原因"是资本家对抗利润率下降的策略，是"规律本身"到实际利润率波动现象的中介，无法取消"规律本身"作用的发挥。此外，"置盐定理"并不是对资本主义积累过程科学的理论抽象，而是数理模型的自圆其说。

　　综上可知，理解利润率趋向下降规律必须基于资本积累的视域，充分考虑资本家与雇佣工人的阶级对立；必须准确把握影响利润率的各个因素在规律中不同的作用与地位；必须准确把握马克思论证规律的前提假设和分析方法。

第四章

利润率长期下降原因的争论与澄清

　　20 世纪 60 年代末，西方发达资本主义国家战后经济繁荣的消失伴随着利润率的长期下降，与之相对应，围绕马克思利润率趋向下降规律的争论由资本技术构成提高—资本有机构成提高—利润率下降能否在理论上得到论证转向什么才是利润率长期下降的根源。[①]

　　西方主流经济学深信市场是一种自我规制、完美运行的机制，认为经济问题由外在于市场的势力所引起，将利润率的长期下降视为与经济本身运行相分离的技术进步停滞的结果。[②] 激进政治经济学内部虽然未对导致利润率长期下降的主导因素达成一致，但均试图基于资本积累的固有矛盾进行解释。如公式 4–1 所示，ρ 为利润率，K 为资本总量，Π 为利润量，Z 为潜在收入或产量，Y 为实际收入或产量，利润率可以变换为利润份额（σ_π）、产能 - 资本比率（ξ）和产能利用率（φ）之积。作为马克思利润率趋向下降规律的替代性理论，利润挤压论把资本家与雇佣工人间纵向的阶级关系置于分析中心，强调随着工人阶级政治经济力量的增强，工资提高对利润造成了挤压，指向下降的利润份额；过度竞争论把资本间横向的竞争

---

① 〔英〕克拉克：《经济危机理论：马克思的视角》，杨健生译，北京师范大学出版社，2011，第 66 页。

② 对主流经济学技术停滞论的批判，参见〔美〕罗伯特·布伦纳《全球动荡的经济学》，郑吉伟译，中国人民大学出版社，2012，第 13 页。

关系置于分析中心，聚焦于资本主义之间强化的、压低价格的竞争，指向下降的产能 – 资本比率；需求不足论以经济剩余的不断增长为前提，将利润率长期下降归因于资本主义垄断阶段商品生产能力超过商品需求，指向下降的产能利用率。

$$\rho = \frac{\prod}{K} = \frac{\prod}{Y} \cdot \frac{Y}{Z} \cdot \frac{Z}{K} = \sigma_\pi \varphi \xi \qquad (4-1)$$

其中，利润挤压论是在这场争论中代表人物最多、影响最为深远的一派，他们均将资本家和雇佣工人间的阶级关系置于分析的中心，强调工资份额提高和利润份额减少导致了利润率的长期下降。但对于工资何以提高，利润挤压论内部存在不同的解释。如公式 4 – 2 所示，W 为工资总额，Y 为实际产量或收入，P_w 和 P_y 分别是工资品和产出的价格指数，$\bar{W}$ 和 $\bar{Y}$ 分别是以不变价格计算的工资和实际产量或收入，L 为劳动时间，$\bar{w}$ 和 $\bar{y}$ 分别是实际工资和生产率，名义工资份额（W/Y）取决于工资品与产出的相对价格指数和实际工资 – 生产率比率。以伊藤诚为代表的劳动力短缺论认为实际工资 – 生产率比率的增长是工资份额提高的主要原因，它反映了资本过度积累引起劳动后备军的周期性耗尽使得工人能够成功进行提高货币工资的谈判。[①] 以韦斯科普夫为代表的劳工力量增强论认为工资品与产出相对价格指数的增长是工资份额提高的主要原因，它反映了由工会组织日益发展引起的劳工守势力量的增强。[②]

---

① 〔日〕伊藤诚：《价值与危机——关于日本的马克思经济学流派》，宋群译，中国社会科学出版社，1990。

② 参见 Thomas E. Weisskopf, "Marxian Crisis Theory and the Rate of Profit in the Postwar U. S. Economy," *Cambridge Journal of Economics* 4 (1979): 341 – 378。此外，调节学派和社会积累结构学派在对资本主义长波的解释中也发展了具有各自特色的利润挤压论。它们同劳动力短缺论一样，也认为实际工资 – 生产率比率的增长是工资份额提高的主要原因。其中调节学派强调，作为一个技术范式的福特主义的危机引起的生产率下降；社会积累结构学派强调，社会阶层之间"协定"和"社会契约"的破裂导致雇佣工人在生产中主观努力减少。参见 Michel Aglietta, *A Theory of Capitalist Regulation: The US Experience* (London: Verso, 1979); Samuel Bowles, David M. Gordon and Thomas E. Weisskopf, "Power and Profits: （转下页注）

$$\frac{W}{Y} = \frac{P_w \bar{W}}{P_y \bar{Y}} = \frac{P_w}{P_y} \cdot \frac{\bar{W}/L}{\bar{Y}/L} = \frac{P_w}{P_y} \cdot \frac{\bar{w}}{\bar{y}} \qquad (4-2)$$

本章前四节基于马克思主义的视角分别对伊藤诚的劳动力短缺论、韦斯科普夫的劳工力量增强论、过度竞争论和需求不足论予以检视，剖析其内在的理论缺陷。第五节在深入挖掘马克思利润率趋向下降规律的基础上，从劳动价值论出发，勾勒出一个解释利润率长期下降的马克思主义框架。

第一节　伊藤诚的劳动力短缺论及其批判

一　劳动力短缺论的内容

伊藤诚的劳动力短缺论可以归纳为三个论点。

论点一：劳动力短缺论是唯一正确的马克思主义危机理论。伊藤诚认为马克思的著作中包含两大类在逻辑上不可调和的危机理论：过剩的商品理论（包括非均衡论和消费不足论）与过剩的资本理论（包括劳动力短缺论和资本构成提高论）。[①] 前者强调商品过剩导致利润率下降和资本过剩，后者则强调资本过剩和利润率下降引起商品过剩。伊藤诚指出过剩的商品理论的根本缺点在于"它在寻求资本的困难时，不是在生产过程，而是在流通过程"，因此"马克思力图通过发展资本过剩的危机理论来完善周期危机的逻辑必然性"[②]。

（接上页注②）The Social Structure of Accumulation and the Profitability of the Postwar U. S. Economy," *Review of Radical Political Economics* 1&2（1986）：132 – 167。对调节学派利润挤压观点的批判，参见孟捷《战后黄金年代的终结和1973—1975年结构性危机的根源——对西方马克思主义经济学各种解释的比较研究》，《世界经济文汇》2019年第5期。对社会积累结构学派利润挤压观点的检视和批判，第五章会提及。本章主要检视和批判典型的利润挤压论，即伊藤诚和韦斯科普夫的观点。

① 〔日〕伊藤诚：《价值与危机——关于日本的马克思经济学流派》，宋群译，中国社会科学出版社，1990，第78~79页。

② 〔日〕伊藤诚：《价值与危机——关于日本的马克思经济学流派》，宋群译，中国社会科学出版社，1990，第90页。

资本构成提高论也存在重大理论缺陷：一方面，利润率的下降伴随着利润量的增加，资本积累能够继续，故同样无法说明"周期危机的逻辑必然性"①；另一方面，如果技术进步引起的资本有机构成提高是利润率下降的原因，那么即使资本主义生产方式被废除，在社会主义"表现在资本主义下的利润率下降肯定会保持并继续下去"②。据此，伊藤诚认为劳动力短缺论是唯一正确的马克思危机理论，赞成从劳动力短缺的视角解释资本过剩和利润率下降。

论点二：相对过剩人口周期性规律是劳动力短缺论的基础。伊藤诚认为马克思在《资本论》第一卷第二十三章"资本主义积累的一般规律"中对"相对过剩人口的形成和吸收的周期变化"的论述，奠定了劳动力短缺论的基础。③ 伊藤诚指出，第 1 节"在资本构成不变时，对劳动力的需求随积累的增长而增长"，说明随着资本的增长，"资本的积累需要，能够超过劳动力或工人人数的增加，对工人的需要，能够超过工人的供给……工资就会提高"④，强调相对过剩人口的吸收和与之伴随的工资提高。第 2 节"在积累和伴随积累的积聚的进程中资本可变部分相对减少"，说明逐渐提高的资本有机构成使得"在积累进程中形成的追加资本，同它自己的量比较起来，会越来越少地吸引工人……周期地按新的构成再生产出来的旧资本，会越来越多地排斥它以前所雇用的工人"⑤，强调相对过剩人口的形成和与之伴随的工资降低。第 3 节"相对过剩人口或产业后备军的累进生产"，说明经济周期是"建立在产业后备军或过剩人口的不断形成、或多或少地被吸收、然后再形成这样的基础之上的"⑥，强调

① 〔日〕伊藤诚：《价值与危机——关于日本的马克思经济学流派》，宋群译，中国社会科学出版社，1990，第 113 ~ 114 页。
② 〔日〕伊藤诚：《价值与危机——关于日本的马克思经济学流派》，宋群译，中国社会科学出版社，1990，第 116 页。
③ 〔日〕伊藤诚：《价值与危机——关于日本的马克思经济学流派》，宋群译，中国社会科学出版社，1990，第 89 页。
④ 《资本论》第 1 卷，人民出版社，2004，第 708 页。
⑤ 《资本论》第 1 卷，人民出版社，2004，第 724 页。
⑥ 《资本论》第 1 卷，人民出版社，2004，第 729 页。

相对过剩人口形成和吸收的周期性变化是经济周期的基础。然而从第二十三章整体上看，马克思没有搞清楚第 1 节中相对剩余人口吸收和工资提高的理论必然性，片面强调第 2 节中相对剩余人口的创造机制，因此将资本主义人口规律等同于相对过剩人口长期增长规律，忽视了资本主义相对过剩人口的吸收及其周期性变化，结果是马克思对资本主义人口规律三个方面的论述相互独立，无法形成统一的逻辑体系。[①] 伊藤诚指出，"工资不会长期受到相对过剩人口的压制"[②]，第 1 节和第 3 节描述的情况在现实中真实存在，因此马克思错误地用资本主义相对过剩人口的形成否定相对过剩人口的周期性增减，排除了与有限劳动人口有关的资本过度积累论，发展了与资本有机构成提高有关的资本过度积累论。[③] 基于此，伊藤诚重新阐述了马克思的资本积累理论，把"以资本构成不变为基础的对劳动力的需求日益增长同繁荣阶段相联系"，把"以资本构成的根本改变为基础的相对过剩人口的生产，同有规律的产业周期的萧条阶段相联系"，形成了所谓"一个单一的、成为一体的资本主义的人口规律的理论，而不是在逻辑上或现象上三个彼此相分离的资本主义的人口规律"，奠定了劳动力短缺论的基础。[④]

论点三：劳动力短缺论的理论蕴涵。伊藤诚将经济周期划分为繁荣、危机和萧条三个阶段，认为对经济周期的分析必须重视"固定资本特殊的局限作用和它对劳动阶级的影响"[⑤]。在繁荣阶段，现有固定资本能够被继续有利可图地使用，资本积累表现为资本的广

①　Makoto Itoh, "On Marx's Theory of Accumulation：A Reply to Weeks," *Science & Society* 1（1981）：71 - 84.

②　Makoto Itoh, "On Marx's Theory of Accumulation：A Reply to Weeks," *Science & Society* 1（1981）：71 - 84.

③　Makoto Itoh, "On Marx's Theory of Accumulation：A Reply to Weeks," *Science & Society* 1（1981）：71 - 84.

④　Makoto Itoh, "On Marx's Theory of Accumulation：A Reply to Weeks," *Science & Society* 1（1981）：71 - 84.

⑤　〔日〕伊藤诚：《价值与危机——关于日本的马克思经济学流派》，宋群译，中国社会科学出版社，1990，第 91 页。

化，资本有机构成保持不变，越来越多的工人被吸收到生产过程中。在危机阶段，社会生产力的广泛扩张遇到了劳动力数量的限制，资本相对于劳动力过度积累，工资普遍上涨。工资上涨，一方面引起商品价格提高，经信用体系的传导和扩大，发展为投机性囤积；另一方面引起对可变资本的需求增加，利息率上涨，在工资和利息率的双重挤压下，职能资本家的净利润率降低。利润率与利息率的反向运动，使得商业投机崩溃，引发经济危机。在萧条阶段，价格的下降使得现存固定资本的使用已不再有利可图，为了缓解工资对利润的挤压，资本家采用新机器和新方法进行大规模固定资本更新，资本有机构成提高，工人从生产过程中游离出来，相对过剩人口逐步形成，利润率逐渐恢复。伊藤诚总结道，利润率长期下降的根源在于由劳动力短缺引发的工资提高，"在繁荣时期，在同样的资本构成条件下，伴随积累而产生的对劳动力需求的增加将不是偶然地发生，而是一种必然的过程。由于工资上升产生的一般利润率的迅速突然下降，不是假定的极端条件下的一个推论，而是繁荣时期资本积累的必然结果"①。劳动力短缺论表明，资本主义生产方式的根本弱点在于它将劳动力作为商品，却不能把劳动力作为商品来生产，因此"劳动力的商品形式是资本主义生产的实质基础和矛盾的根源……社会主义的基本目标将是废除劳动力的商品形式"②。

二　劳动力短缺论的批判

第一，资本过剩与商品过剩无法割裂，利润率趋向下降规律是资本主义特有的经济规律。伊藤诚在割裂资本过剩和商品过剩的基础上认为过剩的商品理论和资本构成提高论无法说明危机的必然性。这种观点是荒谬的。首先，资本不是物，而是以物为媒介的资本主

---

① 〔日〕伊藤诚：《价值与危机——关于日本的马克思经济学流派》，宋群译，中国社会科学出版社，1990，第91页。
② 〔日〕伊藤诚：《价值与危机——关于日本的马克思经济学流派》，宋群译，中国社会科学出版社，1990，第116页。

义生产关系，其在再生产过程的不同环节中以不同的形式存在，无论是作为生产要素的生产资料，还是作为产出的商品实质上都是资本，因此商品过剩就是资本过剩。其次，资本本身就是由商品组成的，所谓资本过剩，从资本的物质内容方面来看，无非就是预定用来进行再生产的那些商品的生产过剩。这种割裂资本过剩和商品过剩的观点可以追溯到否认商品过剩却承认资本过剩的李嘉图的门徒们，马克思批判道："用'资本过多'的说法代替'商品生产过剩'的说法不仅仅是一种遁辞，或者说，不仅仅是一种昧着良心的轻率——同一现象，称作 a，就认为是存在的和必要的，称作 b，就加以否认，因而实际上怀疑和考虑的只是现象的名称，而不是现象本身；或者是想用这种办法来回避说明现象的困难：在现象采取某种形式（名称）而同这些经济学家的偏见发生矛盾时就加以否认，只有在现象采取另一种形式而变得毫无意义时才加以承认。"① 实质上，商品过剩和资本过剩是资本主义生产方式过渡性表现的正反两个方面：一方面，广大生产者的消费只限于必需的范围，表现为商品过剩；另一方面，利润成为资本主义生产的界限，表现为资本过剩。② 因此商品过剩和资本构成提高论共存于马克思危机理论中，后者通过前者说明危机的必然性。资本主义生产的目的是获得剩余价值，利润率是资本主义生产的原动力，一般利润率趋向下降，迫使资本家通过扩大投资以增大利润绝对量的方式来弥补，资本主义生产力被推到极限。然而，生产力越发展，它就越和消费关系的狭隘基础发生冲突，商品生产过剩加剧，诱发资本主义危机。此外，伊藤诚反对资本构成提高论的另一个理由是：如果它是正确的，那么它必定在社会主义条件下继续发挥作用。这是一种典型的技术决定论的观点，完全没有理解利润率趋向下降规律的实质。利润率趋向下降规律的实质是剩余价值生产相对于总资本的趋向减少，它根植于劳动价值论层面的矛盾——资本依赖于对活劳动的剥削，但剥削

---

① 《马克思恩格斯全集》第 26 卷（第 2 册），人民出版社，1973，第 569 页。
② 《马克思恩格斯全集》第 26 卷（第 2 册），人民出版社，1973，第 603～604 页。

方式又竭力将活劳动减少到最低限度。进入成熟的社会主义阶段，价值规律不再发挥作用，利润率趋向下降规律自然不是支配社会主义生产方式的规律。

　　第二，资本主义相对过剩人口的长期增长趋势是其周期性增减的背景，伊藤诚错误地用后者否定前者。伊藤诚认为在繁荣阶段资本有机构成不变引起劳动力的需求大于供给，在萧条阶段资本有机构成提高引起劳动力的需求小于供给，劳动力供求关系转变与经济周期性波动紧密相连。这样就用相对过剩人口的周期性增减否定了其长期增长的趋势。事实上，"在资本构成不变时，对劳动力的需求随积累的增长而增长"是资本主义原始积累阶段的特征，马克思对此说明道："以上我们只考察了这个过程的一个特殊阶段，即在资本技术构成不变的情况下资本增长的阶段。但是过程会越出这一阶段。"① 一旦资本主义制度的一般基础奠定下来，相对过剩人口的长期增长趋势就成为资本主义积累的必然结果和必要条件。为了减少对雇佣工人的依赖、加强对雇佣工人的规训和加重对雇佣工人的剥削，在为获得更多剩余价值和取得有利竞争地位的内外压力下，资本家推动以固定资本耗费和活劳动节约为特征的技术进步，其结果必然是资本有机构成提高和相对过剩人口增加。相对过剩人口反过来成为资本的绝对隶属，为周期性变化的资本增殖提供随时可剥削的劳动力构成了资本主义积累的必要条件。"资本构成不变，对劳动力的需求随积累的增长而增长"是被马克思作为资本积累的起点历史地、作为资本有机构成提高的基础逻辑地来论述的，资本主义人口规律实际上只包括相对过剩人口的长期增长趋势和周期性增减两个方面。其中，相对过剩人口长期增长的趋势是其周期性增减的背景与基础，经济萧条能够促使在职劳动者向产业后备军转变，但绝不会消灭产业后备军，"相对过剩人口是劳动供求规律借以运动的背景。它把这个规律的作用范围限制在绝对符合资本的剥削欲和统治

----

① 《资本论》第 1 卷，人民出版社，2004，第 717 页。

欲的界限之内。……劳动供求规律在这个基础上的运动成全了资本的专制"①。正是基于这种洞见,马克思在第二十三章开头就强调:"我们在这一章要研究资本的增长对工人阶级的命运产生的影响。在这种研究中,最重要的因素是资本的构成和它在积累过程进行中所起的变化。"② 图 4 – 1 为马克思和伊藤诚的资本主义人口规律对比。经验研究表明,1948 ~ 2011 年美国产业后备军的走势完全符合马克思的判断:在繁荣阶段,就业人数增加,产业后备军减少,但其存量依然巨大;在萧条阶段,就业人数减少,产业后备军激增;在繁荣和萧条交替的长期走势中,美国产业后备军从 1948 年的 500 万 ~ 600 万人增加到 2011 年的 2500 万 ~ 3000 万人。③

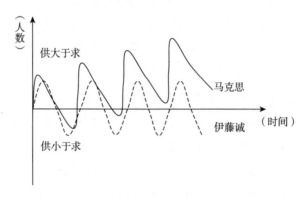

图 4 – 1　马克思和伊藤诚的资本主义人口规律对比

第三,技术进步并非资本主义抑制工资上涨的结果,围绕利润 – 工资分配展开的阶级斗争只能在由生产力水平规定的边界内进行。劳动力短缺论中暗含着一个关键但错误的假设:技术进步是资本主义抑制工资上涨和利润率下降的手段和结果,只有在劳动力短缺的危机阶段资本主义才能推动生产力发展。根据这一假设,资本有机构成在繁荣阶段保持不变,在萧条阶段提高;繁荣阶段初期的特征是劳动力过剩和资本短缺,危机阶段和萧条阶段初期的特征是

① 《资本论》第 1 卷,人民出版社,2004,第 736 ~ 737 页。
② 《资本论》第 1 卷,人民出版社,2004,第 707 页。
③ Deepankar Basu, "The Reserve Army of Labor in the Postwar U. S. Economy," *Science & Society* 2 (2013): 179 – 201.

劳动力短缺和资本过剩。诚然，工资上涨在某种程度上是推动技术进步的一个原因，但是它的效应是次要的，技术进步的根源在于资本家获得超额剩余价值和规训雇佣工人的动机。危机是固定资本大规模更新的起点，但是不同企业更新的时期是各不相同的，且它是一个逐渐扩散的过程，会不同程度地延续到繁荣阶段，因此不能断定资本有机构成提高只在萧条阶段进行。① 因此，这个假设是"违反资本的发展规律的，特别是违反固定资本的发展规律的。只有在资本的生产方式还不完全适合于资本的那些阶段上，或者在资本还只是形式上取得统治权的那些生产领域中……才会发生这种增长情况"②。与之相适应，资本过剩和劳动力过剩在经济周期中不是此消彼长、交替出现的关系。现存资本相对于可获得平均利润率的资本的过剩和现存无产阶级相对于可被雇佣的工人的过剩，是由同一原因引起，且同时共存，"资本的这种过剩是由引起相对过剩人口的同一些情况产生的，因而是相对过剩人口的补充现象，虽然二者处在对立的两极上：一方面是失业的资本，另一方面是失业的工人人口"③。劳动力短缺论将利润率下降归因于劳动力的商品形式，好像只要废除了劳动力商品就可以避免利润率下降。这种理论的优点是将阶级斗争置于资本积累的核心，但忽略了阶级斗争发挥作用的有限边界。④ 在伊藤诚的劳动力短缺论中，生产率或生产力水平几乎没有被纳入考虑的范畴，这就割裂了生产力与生产关系间的关系，将阶级斗争看作影响利润率的唯一因素。实际上，阶级斗争对利润率的影响只能在由生产力水平规定的边界内进行，资本有机构成提高引起的剩余价值生产相对于总资本减少是利润率长期下降的主要原因，工人对资本家反抗引起的有利于工人的分配变化只能在此基础

---

① 高峰：《资本积累理论与现代资本主义——理论的和实证的分析》，社会科学文献出版社，2014，第171页。

② 《马克思恩格斯全集》第46卷（下册），人民出版社，1980，第266页。

③ 《资本论》第3卷，人民出版社，2004，第279页。

④ Erik Olin Wright, "Alternative Perspectives in Marxist Theory of Accumulation and Crisis," *Insurgent Sociologist* 1 (1975): 24 - 26.

上发挥作用，作为次要原因。

第二节　韦斯科普夫的劳工力量
增强论及其批判

一　劳工力量增强论的内容

经验研究的理论基础。韦斯科普夫指出平均利润率的性质对于说明资本主义经济危机至关重要，根据马克思主义危机理论确定平均利润率下降根源的不同，可以将之分为三个基本流派。[①] 资本有机构成提高派认为资本有机构成提高是利润率的长期下降趋势的根源。如公式 4 - 3 所示，γ 为资本有机构成，K 为资本总量，W 为工资总额，$\prod$ 为利润量，Z 为潜在产量或收入，Y 为实际产量或收入；资本有机构成提高派不依赖剥削率（$\prod/W$）和实际产出的周期性波动，故可认为工资份额（σ_w）、利润份额（σ_π）和产能利用率（φ）保持稳定；因此产能 - 资本比率（ξ）的降低能够代表资本有机构成的提高。劳工力量增强派认为资本积累过程会因劳动后备军的周期性耗尽或工会的发展壮大使劳工力量增强，因此工人一方面能够成功进行提高货币工资的谈判，另一方面能够成功抵抗资本家提高劳动强度的压力，降低生产率增长率。如公式 4 - 4 所示，P_y 是产量价格系数，$\bar{Y}$ 为不变价格表示的净产量，L 为劳动力数量，w 为货币工资（W/L），$\bar{y}$ 为劳动生产率（$\bar{Y}/L$），当劳工力量增强使得货币工资提高超过劳动生产率增长时，工资份额增加和利润份额降低，导致利润率下降。实现失败派认为资本主义积累必然导致商品生产能力超出商品需求，这种实现问题使得资本家降低产出水平，即通过降低整个经济生产能力的利用率来解决实现问题，产能利用率的降低导致了利润率的下降。韦斯科普夫指出，在现实中三种理论有可能不

---

① Thomas E. Weisskopf, "Marxian Crisis Theory and the Rate of Profit in the Postwar U. S. Economy," *Cambridge Journal of Economics* 4 (1979): 341 –378.

止一种起作用，因此，他将利润率表达为公式 4 - 5 的形式，三个基本流派所强调的三种不同利润率下降的根源分别与公式右边的三个变量一一对应。公式 4 - 6 为公式 4 - 5 的增长核算方程，利润率 ρ 的变化率变换为产能 - 资本比率、产能利用率和利润份额的变化率之和，因此通过经验分析哪个变量能够更好地说明利润率的变动，就能确定利润率下降的真正根源。[①]

$$\gamma = \frac{K}{W} = \frac{K}{Z} \cdot \frac{Z}{Y} \cdot \frac{Y}{W} = \frac{1}{\zeta} \cdot \frac{1}{\varphi} \cdot \frac{1}{\sigma_w} \qquad (4-3)$$

$$\sigma_w = \frac{W}{Y} = \frac{W/\bar{Y}}{P_y} = \frac{w/\bar{y}}{P_y} \qquad (4-4)$$

$$\rho = \frac{\prod}{K} = \frac{\prod}{Y} \cdot \frac{Y}{Z} \cdot \frac{Z}{K} = \sigma_\pi \varphi \xi \qquad (4-5)$$

$$\dot{\rho} = \dot{\sigma}_\pi + \dot{\varphi} + \dot{\xi} \qquad (4-6)$$

研究模型的完善。第一，工资份额中间接劳动因素的剔除。韦斯科普夫指出，工人的劳动可分为直接劳动和包括行政管理等在内的间接劳动，当产能利用率下降时，直接劳动总时数成比例下降，间接劳动总时数则不易改变，工资份额虚高。如公式 4 - 7 所示，可将工资份额分解为真正工资份额 σ_w^* （真正需要的工资额 W^* 与实际收入之比，反映劳工力量变化对工资份额的影响）与工资额需要率 η_w （真正需要的工资额与实际工资额之比，反映产能利用率变动对工资份额的影响）。[②] 第二，攻势和守势劳工力量的区分。韦斯科普夫认为劳工力量表现在攻势和守势两个方面，前者强调工人主动通过提高工资的要求和降低劳动生产率的策略以增加工资份额的能力，工人阶级的角色是压低利润率的肇始者；后者强调工人将外部不利因素转移给资本家以避免遭受损失的能力，工人阶级的角色是压低

① Thomas E. Weisskopf, "Marxian Crisis Theory and the Rate of Profit in the Postwar U. S. Economy," *Cambridge Journal of Economics* 4 (1979): 341 - 378.

② Thomas E. Weisskopf, "Marxian Crisis Theory and the Rate of Profit in the Postwar U. S. Economy," *Cambridge Journal of Economics* 4 (1979): 341 - 378.

利润率力量的传递者。如公式 4 - 8 所示，进一步将 σ_w^* 分解，P_w 和 P_y 分别是工资品和产出的价格指数，$\overline{W^*}$ 和 $\overline{Y}$ 分别是以不变价格计算的真正需要的工资和实际收入，L^* 为真正需要的劳动时间，$\overline{w^*}$ 和 $\overline{y^*}$ 分别是真正实际工资和生产率。$\overline{w^*}/\overline{y^*}$ 衡量攻势劳工力量，真正实际工资提高快于真正生产率表明攻势力量增强；P_w/P_y 衡量守势劳工力量，工资品价格提高快于产出价格表明守势力量增强。[①] 在此基础上，韦斯科普夫将利润率变化率表达为公式 4 - 9 的形式，$\dot{\rho}_l$ 反映劳工力量变动对利润率的影响，包括攻势和守势两个方面；$\dot{\rho}_r$ 和 $\dot{\rho}_c$ 分别反映实现条件、资本有机构变动对利润率的影响。[②]

$$\sigma_w = \frac{W}{Y} = \frac{W^*}{Y} \Big/ \frac{W^*}{W} = \sigma_w^* / \eta_w \qquad (4-7)$$

$$\sigma_w^* = \frac{W^*}{Y} = \frac{P_w \overline{W^*}}{P_y \overline{Y}} = \frac{P_w}{P_y} \cdot \frac{\overline{W^*}/L^*}{\overline{Y}/L^*} = \frac{P_w}{P_y} \cdot \frac{\overline{w^*}}{\overline{y^*}} \qquad (4-8)$$

$$\dot{\rho} = \dot{\rho}_l + \dot{\rho}_r + \dot{\rho}_c \qquad (4-9)$$

经验研究的结论。韦斯科普夫以 1949 ~ 1975 年美国非金融公司产业部门（NFCB）为考察对象，假设两个相邻产量波谷为一个周期，其中产量和利润率均上升的扩张初期为 A 阶段，产量上升和利润率下降的扩张后期为 B 阶段，产量和利润率均下降的收缩期为 C 阶段。韦斯科普夫强调，马克思主义危机理论最关键的任务是解释利润率在 B 阶段的下降。韦斯科普夫的数据选择是：工资 W 为全部雇员报酬，利润量 Π 为包括净利息和公司利润在内的税前净资本收入，资本 K 为包括库存和固定资本在内的净资本总量。变量在各周期 B 阶段的平均每年增长率，经验研究结果如表 4 - 1 所示，利润率下降的绝大部分可归因于以真正名义工资份额提高为核心解释变量

① Thomas E. Weisskopf, "Marxian Crisis Theory and the Rate of Profit in the Postwar U. S. Economy," *Cambridge Journal of Economics* 4 (1979): 341 – 378.
② 韦斯科普夫还区分了在资本有机构成中技术构成和价值构成变动分别对利润率变动的影响，因与本书主题无关，故不在此讨论。

的劳工力量的增强。从周期上看，劳工力量的攻势性质起到了一定
作用；但从长期看，劳工力量的增强主要是守势性质的，"工人阶级
并未成功地使真正的实际工资收益与生产率的增长相一致；它只是
比资本家更为成功一些地自我防卫抵御了贸易条件的长期恶化"①。
也就是说，劳工力量的守势性质使得日益恶化的贸易条件对实际部
门收入的消极作用大部分由利润而不是由工资承担，构成了利润率
下降的根源。②

表 4 - 1　变量在各周期 B 阶段的平均每年增长率 （％）

	周期				
	I	II	III	IV	V
利润率	- 10. 8	- 10. 5	- 9. 7	- 8. 2	- 11. 5
劳工力量	- 11	- 6. 5	- 8. 6	- 3. 8	- 18. 7
攻势	- 7. 4	- 13. 0	- 2. 0	+ 0. 2	- 8. 6
守势	- 3. 6	+ 6. 5	- 6. 6	- 4. 0	- 10. 1
实现条件	+ 3. 0	- 2. 5	- 2. 4	- 3. 9	+ 12. 9
资本有机构成	- 2. 7	- 1. 6	+ 1. 3	- 0. 4	- 5. 6

资料来源：Thomas E. Weisskopf, "Marxian Crisis Theory and the Rate of Profit in the Postwar U. S. Economy," *Cambridge Journal of Economics* 4（1979）：341 - 378。

二　劳工力量增强论的批判

通过以上对韦斯科普夫劳工力量增强论的检视，可以发现三处
理论错误，这些理论错误把韦斯科普夫的经验研究引向了错误的方
向，使他最终得出了错误的结论。

第一，利润率下降的解释变量不应包括产能利用率，资本有机
构成提高能够解释利润率下降的绝大部分原因。首先，产能利用率
不能构成解释利润率下降的核心解释变量。与资本有机构成提高派

---

① Thomas E. Weisskopf, "Marxian Crisis Theory and the Rate of Profit in the Postwar U. S. Economy," *Cambridge Journal of Economics* 4（1979）：341 - 378.

② Thomas E. Weisskopf, "Marxian Crisis Theory and the Rate of Profit in the Postwar U. S. Economy," *Cambridge Journal of Economics* 4（1979）：341 - 378.

和劳工力量增强派均强调资本有机构成提高或工资份额提高—利润率下降—经济危机的理论逻辑不同，包括消费不足论和比例失调论在内的经典实现失败派的理论逻辑是工资过低和利润率过高—实现问题—经济危机—利润率下降，因此在经典实现失败派看来，经济危机而非以低水平产能利用率为代表的实现问题是利润率下降的原因。[①] 作为实现失败派的当代发展，垄断资本派强调由垄断引起的产能利用率降低在利润率下降中的重要作用。然而，从理论上看，引起产能利用率降低的垄断本身就是利润率下降的产物[②]；从经验上看，1947～1967 年美国产能利用率上升与利润率下降并存，调整产能利用率后的利润率也并未企稳或上升。[③] 其次，产能利用率的变动不是唯一地与实现失败派相联系，它的存在严重削弱了资本有机构成提高派的解释力。由公式 4-3 和韦斯科普夫对间接劳动因素的分析可知，产能利用率的变动会影响资本有机构成和工资份额，因此三个利润率核心解释变量并不相互独立。虽然韦斯科普夫通过公式 4-8 剔除了产能利用率变动对工资份额的影响，然而产能利用率变动对资本有机构成的影响得以保留，产能-资本比率和产能利用率都与资本有机构成派的解释有关。在产能利用率存在的前提下，韦斯科普夫用产能-资本比率代表资本有机构成严重削弱了资本有机构成提高派的解释力。基于以上分析，笔者赞同阿瓦·谢克的研究方法，如公式 4-10 所示，将正常产能的利润率（ρ_c）分解为利润份额和产能-资本比率，以此为基础进行经验研究。[④] 经验研究结果

[①] 〔英〕克拉克：《经济危机理论：马克思的视角》，杨健生译，北京师范大学出版社，2011，第 66 页。

[②] Anwar Shaikh, "An Introduction to the History of Crisis Theories," in Union for Radical Political Economics, ed., *US Capitalism in Crisis* (New York: Union for Radical Political Economics, 1978), pp. 231-232.

[③] Anwar Shaikh, "The Falling Rate of Profit and the Economic Crisis in the U. S.," in Robert Cherry, ed., *The Imperiled Economy: Macroeconomics from a Left Perspective* (New York: Union for Radical Political Economics, 1987), p. 122.

[④] Anwar Shaikh, "Explaining the Global Economy Crisis," *Historical Materialism* 1 (1999): 108.

表明，工资份额提高只能说明美国 1947～1982 年利润率下降的 7%，资本有机构成提高能够解释利润率下降的 93%。①

$$\rho_c = \frac{\rho}{\varphi} = \frac{\prod}{Y} \cdot \frac{Z}{K} = \sigma_\pi \xi \qquad (4-10)$$

第二，攻势与守势劳工力量区分不合理，守势劳工力量并非名义工资份额增加的主因。韦斯科普夫对攻势与守势劳工力量定义与区分的逻辑为：产业后备军的多少决定劳工力量的强弱；劳工力量的强弱决定真正工资份额的大小；真正工资份额分解为两部分，其中相对价格比 P_w/P_y 衡量守势劳工力量，真正实际工资份额衡量攻势劳工力量。韦斯科普夫仅仅因为真正工资份额可以分解为两部分，就把每一部分当作不同性质劳工力量的衡量指标，这种区分无论从理论上还是经验上都是不成立的。从理论上看，P_w/P_y 实质上是真正工资份额的价格指数，仅仅代表真正名义工资份额与真正实际工资份额的差别，随着工资商品价格和产出价格的变动而变动，而后两者与劳工力量无关。② 从经验上看，沃尔夫按照韦斯科普夫的方法，将研究对象由 NFCB 部门扩展到整个美国经济部门，经验研究表明，相对价格比 P_w/P_y 保持不变，真正实际工资份额增长了 10%。③ 这与韦斯科普夫的经验结果——相对价格比 P_w/P_y 增长 11%，真正实际工资份额略微下降——形成了鲜明对比。根据韦斯科普夫的经验结果，守势劳工力量在 1949～1975 年美国名义工资份额提高中发挥了核心作用；而根据沃尔夫的经验结果，攻势劳工力量在 1947～1976 年美国名义工资份额提高中发挥了核心作用。在几乎同一时期内，发挥核心作用的劳工力量应该是相同的，两者的结论之所以大相径庭，原因在于 P_w/P_y 作为工资商品价格与产出价格之比，会随着研

① Anwar Shaikh, "Explaining the Global Economy Crisis," *Historical Materialism* 1 (1999): 114.

② Frank Munley, "Wages, Salaries, and the Profit Share: A Reassessment of the Evidence," *Cambridge Journal of Economics* 2 (1981): 165.

③ Edward N. Wolff, "The Productivity Slowdown and the Fall in the U. S. Rate of Profit, 1947-76," *Review of Radical Political Economics* 18 (1986): 87-109.

究部门范围的不同出现较大的波动。因此，P_w/P_y 根本不能作为所谓守势劳工力量的衡量指标，真正实际工资份额自然也无法衡量攻势劳工力量。

第三，忽略了生产劳动与非生产劳动的区分，事实上非生产劳动人数的快速增长是名义工资份额增加的主因。名义工资份额提高在韦斯科普夫的劳工力量增强论中占有十分重要的地位。正如前文所说，韦斯科普夫将全部雇员报酬计为工资，将包括公司利润和净利息在内的税前净资本收入计为利润，两者之比为工资份额。据韦斯科普夫估算，1949～1975 年美国 NFCB 部门的名义工资份额增加了 8%，构成了利润率下降的根源，其中守势劳工力量发挥了核心作用。从马克思主义的视角看，韦斯科普夫并未区分生产劳动与非生产劳动，因此这里的工资范畴并不等于可变资本，利润范畴也并不等于剩余价值。然而，区分生产劳动与非生产劳动是"理解资本主义生产过程的基础"[1]；且随着资本主义迈入垄断阶段，实现问题加剧、超大公司出现和生产性业务由发达国家向欠发达地区转移，使得美国以流通劳动和监督劳动为主导的非生产劳动快速增长，因此在经验研究中考虑生产劳动与非生产劳动的区分十分必要。如公式 4-11 所示，工资-利润比率取决于剩余价值率和非生产劳动工资-生产劳动工资比率，其中 V 为生产劳动工资（可变资本），U 为非生产劳动工资，S 为剩余价值。[2] 据莫斯利估算，1949～1975 年美国商业部门名义工资份额提高了 24%，剩余价值率提高了 15%，非生产劳动工资-生产劳动工资比率提高了 65%。[3] 因此，名义工资份额提高的原因不是韦斯科普夫所谓劳工力量的增强，而是非生产劳动人数增加引起的非生产劳动工资-生产劳动工资比率的提高；在这一时期与利润率下降相伴随的，不是因劳工力量增强引起的资本剥

---

[1]　《马克思恩格斯全集》第 26 卷（第 1 册），人民出版社，1973，第 305～306 页。

[2]　工资份额与工资-利润比率由相同因素决定，为方便起见，用工资-利润比率分析工资份额变动的原因。

[3]　Fred Moseley, "The Rate of Surplus Value in the Postwar US Economy: A Critique of Weisskopf's Estimates," *Cambridge Journal of Economics* 1 (1985): 66.

削的减弱，而是资本为应对利润率下降对雇佣工人剥削的增强。

$$\frac{W}{\prod} = \frac{V + U}{S - U} = \frac{1 + U/V}{m - U/V} \qquad (4 - 11)$$

第三节　过度竞争论及其批判

一　过度竞争论的内容

与利润挤压论基于资本与雇佣劳动间的纵向阶级关系，强调工资对利润的挤压不同，以布伦纳为代表的过度竞争论基于资本间的横向竞争关系，强调资本间强化的竞争引起了相对价格下降，并通过名义产能－资本比率下降的传导，导致了利润率的下降。① 过度竞争论大体上可以分为三个紧密联系的部分：第一，马克思利润率趋向下降规律是马尔萨斯主义，不应该基于资本有机构成提高的视角解释利润率下降。第二，资本间的过度竞争引起部门内利润率下降。第三，部门内利润率下降引起一般利润率下降。其中，第一个部分构成过度竞争论的逻辑肇始，后两个部分构成过度竞争论的理论框架。

第一，马克思利润率趋向下降规律是马尔萨斯主义。布伦纳指出，在马克思利润率趋向下降规律中，资本有机构成（资本－劳动比率）的提高伴随着劳动生产率（产出－劳动比率）的提高和资本生产率（产出－资本比率）的下降。然而，资本有机构成（资本－劳动比率）提高意味着劳动生产率（产出－劳动比率）的提高无法抵消资本生产率（产出－资本比率）的下降，即劳动和资本的综合生产率下降了，"在技术变革之后，对于任何给定的产出，它现在比

---

① 在传统马克思主义看来，死劳动与活劳动之比的提高（资本有机构成的提高）是利润率下降的根源，死劳动与活劳动之比的提高可以通过名义产能与名义资本存量之比的下降来反映。因此，传统马克思主义者与过度竞争论者均认为利润率的下降几乎完全由名义产能－资本比率的下降决定。不同的是，前者强调技术进步，后者强调价格下降引起了名义产能－资本比率的下降。

以前需要更多的资本和劳动的综合投入"①。据此，布伦纳指责道，马克思没有认识到劳动生产率的提高是通过引起资本生产率更大程度地下降而产生的，没有认识到新技术的生产率比旧技术低；因此，在马克思的理论中，不是资本有机构成的提高，而是综合生产率的下降，降低了利润率。② "令人不可思议的是，该理论也具有马尔萨斯主义的特征，因为它也将利润率下降看作是生产率下降的结果。"③至此，布伦纳完全否定了马克思从资本有机构成提高的视角说明利润率下降的理论，为其过度竞争论的提出埋下了伏笔。

第二，资本间的过度竞争引起部门内利润率下降。现实中资本间的过度竞争是如何引起部门内利润率的下降呢？布伦纳指出，某项新技术如果能够使企业在当前初始价格下具有较高的利润率就会被采用，采用新技术后的新企业具有较低的成本，它的竞争策略是将商品价格降低到使自己的利润率保持在与以前一样的水平。那些最不具有成本优势的老企业将被迫放弃生产；那些在新的价格水平下能够至少获得流动资本平均回报率的、高成本的老企业则选择继续坚守它们的市场份额，同时承受利润率下降的压力。此时，低成本企业的利润率保持在原来的水平，高成本企业的利润率被迫降低，结果部门内利润率下降。也就是说，资本间的过度竞争引起部门产品生产过剩，市场上的供需失衡使得高成本的生产者无法将价格加成到维持其原来利润率的水平，由此导致部门内利润率下降。④

第三，部门内利润率下降引起一般利润率下降。在论述过度竞争会导致部门内利润率下降之后，布伦纳论证了从部门内利润率下降到一般利润率下降的过程。竞争是一般利润率下降根源的观点可

①　Robert Brenner, "Competition and Profitability: A Reply to Ajit Zacharias," *Review of Radical Political Economics* 1 (2002): 35 - 44.

②　Robert Brenner, "Competition and Profitability: A Reply to Ajit Zacharias," *Review of Radical Political Economics* 1 (2002): 35 - 44.

③　〔美〕罗伯特·布伦纳：《全球动荡的经济学》，郑吉伟译，中国人民大学出版社，2012，第12页。

④　〔美〕罗伯特·布伦纳：《全球动荡的经济学》，郑吉伟译，中国人民大学出版社，2012，第26~27页。

以追溯到亚当·斯密。亚当·斯密认为，"在同一行业中，如有许多富商投下了资本，他们的相互竞争，自然倾向于减低这一行业的利润，同一社会各种行业的资本，如果同样增加了，那么同样的竞争必对所有行业产生同样的结果"①。马克思对此予以批判，认为利润的实质是剩余价值，相对价格下降仅将剩余价值由一个资本家转移给了另一个资本家，剩余价值实体在总量上并没有发生变化，因此一般利润率也不会改变。布伦纳意识到了这一批判，并试图通过将竞争对实际工资的影响理论化来克服这一难题。布伦纳指出，在其他条件不变的情况下，某部门产品的价格下降会引起那些需要购买该部门产品作为投入品的其他部门的成本下降。如果其他部门的资本家从价格下降中得到了所有的好处，而工人没有从中得到任何好处，那么其他部门资本家利润率的提高将抵消该部门利润率的下降，整体利润率水平仍保持不变。然而，布伦纳认为阻止工人从产品价格下降引起的实际工资上升中获得好处的条件并不存在，"假定这个领域的产出是'典型的'——就是说，它在整个经济中与消费的相同比例被消耗，相应地，在消费品的消费和资本品的消耗之间进行分配——从价格下降所得到的好处大致和劳动力与资本之间已经建立起来的收入分配即利润分配相一致"②。价格下降部门受到的损失由该部门的资本家承担，同一价格下降过程的好处却没有全部由其他部门的资本家获得，工人从因价格下降引起的实际工资提高中分得了一杯羹，因此整体经济利润率下降。③

二　过度竞争论的批判

（一）马克思利润率趋向下降规律绝非马尔萨斯主义

布伦纳将马克思利润率趋向下降规律指责为马尔萨斯主义是错

---

①　〔英〕亚当·斯密：《国民财富的性质和原因的研究》上卷，郭大力、王亚南译，商务印书馆，1972，第80～81页。

②　〔美〕罗伯特·布伦纳：《全球动荡的经济学》，郑吉伟译，中国人民大学出版社，2012，第30页。

③　〔美〕罗伯特·布伦纳：《全球动荡的经济学》，郑吉伟译，中国人民大学出版社，2012，第30页。

误的，具体表现为以下四个方面。

第一，资本生产率和综合生产率概念的理论基础是错误的。以上两个概念的理论基础是经济增长的要素贡献论。① 根据这一理论，总产品归于所有生产要素的贡献，各生产要素的贡献可以用其边际产品来衡量，因此可以将产出－资本比率视为平均的资本生产率，将劳动生产率和资本生产率的均值视为综合生产率。这一理论完全抽象了社会生产关系，将在社会生产关系制约下的劳动过程视为仅在技术条件制约下的投入产出过程，把劳动者的协同劳动视为原子式的个人孤立行为。然而，生产活动总是处于一定的社会生产关系之中，包括劳动的社会性质和社会内部劳动分工两个层面的社会生产关系始终是生产力发展水平的重要制约因素。正如《共产党宣言》指出的，与封建社会相比，"资产阶级在它的不到一百年的阶级统治中所创造的生产力，比过去一切世代创造的全部生产力还要多，还要大"②。经济增长的要素贡献论未把社会生产关系考虑在内，仅仅将经济增长的贡献简单地归因于孤立的生产要素，这显然是错误的。

第二，资本生产率和综合生产率的概念是错误的，产出－劳动比率表示的劳动生产率本身就反映了以劳动者为主导、包括生产资料在内的所有要素的综合作用。首先，资本生产率和综合生产率两个概念忽视了劳动者的主观能动性，隐含地将劳动者贬低为在生产过程中可以和生产资料相互替代的生产要素。事实上，劳动过程"是人以自身的活动来中介、调整和控制人和自然之间的物质变换的过程"③，劳动者是生产力诸要素中的主导因素，生产资料的创造发明和功效发挥均受到劳动者的制约，"它们（机器——引者注）是人类劳动的产物，是变成了人类意志驾驭自然的器官或人类在自然

---

① 魏旭、高冠中：《西方主流经济学全要素生产率理论的实践检视与方法论反思——一个马克思主义政治经济学的分析框架》，《毛泽东邓小平理论研究》2017年第7期。经济增长的要素贡献论建立在萨伊的三位一体公式上，对三位一体公式的批判，参见《资本论》第3卷，人民出版社，2004，第921～942页。
② 《马克思恩格斯选集》第1卷，人民出版社，2012，第405页。
③ 《资本论》第1卷，人民出版社，2004，第207～208页。

界活动的器官的自然物质。它们是人类的手创造出来的人类头脑的器官；是物化的知识力量"①。其次，这两个概念还强行将劳动者和生产资料对经济增长的贡献相分离，殊不知两者具有不可分割性，生产资料离开劳动者根本无法发挥其作用，所以产出－资本比率反映的绝不仅是资本这一要素的生产率，综合生产率也绝不能用产出－劳动比率和产出－资本比率的均值来衡量。正因为如此，马克思指出，劳动生产率由"工人的平均熟练程度，科学的发展水平和它在工艺上应用的程度，生产过程的社会结合，生产资料的规模和效能，以及自然条件"② 等因素共同决定。产出－劳动比率表示的劳动生产率本身就反映了以劳动者为主导、包括生产资料在内的所有要素的综合作用。

第三，布伦纳的观点——马克思利润率趋向下降规律隐含的技术进步特征是生产单位产品需要比以前更多的资本和劳动的综合投入，是错误的。根据以上说明可知，布伦纳根据错误的概念得出了错误的结论。事实上，马克思认为引起劳动生产率提高的技术进步具有耗费固定资本和节约活劳动的内在倾向，其最终结果是商品中包含的劳动总量减少和商品价值的降低。"劳动生产率的提高正是在于：活劳动的份额减少，过去劳动的份额增加，但结果是商品中包含的劳动总量减少；因而，所减少的活劳动大于所增加的过去劳动……劳动生产力提高的特征正好是：不变资本的固定部分大大增加，因而其中由于损耗而转移到商品中的价值部分也大大增加。一种新的生产方法要证明自己实际上提高了生产率，就必须使固定资本由于损耗而转移到单个商品中的追加价值部分小于因活劳动的减少而节约的价值部分，总之，它必须减少商品的价值。"③ 用主流经济学的术语来说，就是技术进步会导致平均固定成本上升，平均可变成本和平均成本下降。因此，布伦纳对马克思利润率趋向下降规

---

① 《马克思恩格斯全集》第 46 卷（下册），人民出版社，1980，第 219 页。
② 《资本论》第 1 卷，人民出版社，2004，第 53 页。
③ 《资本论》第 3 卷，人民出版社，2004，第 290 页。

律的指责完全是无稽之谈。

第四，马克思利润率趋向下降规律指向剩余价值生产的相对减少，而非使用价值生产的相对减少。马尔萨斯的利润限制原理认为，随着劣等土地投入使用，劳动生产率下降引起利润率下降，资本主义最终将面临使用价值生产相对减少的固有自然限制。[①] 相反，马克思利润率趋向下降规律以劳动生产率的增长为理论背景，认为"一般利润率日益下降的趋势，只是劳动的社会生产力的日益发展在资本主义生产方式下所特有的表现"[②]。马克思关注的是资本主义生产方式的内在限制——剩余价值生产相对于总资本趋向减少，这种内在限制正是在劳动生产率提高的背景下表现为利润率不断下降的趋势，即"劳动生产力的发展使利润率的下降成为一个规律"[③]。因此，马克思利润率趋向下降规律绝非马尔萨斯主义。

（二）从过度竞争到部门内利润率下降环节的逻辑谬误

利润率可以用公式 4-12 来表示，其中 r 为利润率，P_t 为利润总量，C 为固定资本存量，Y 为总产出，p_t 为单位利润，i 为单位固定成本。因为单位利润为单位价格与单位成本之差，因此又可将利润率用公式 4-13 表示，其中 p 为单位价格，o 为单位成本，故给定技术水平下的单位价格与利润率呈线性关系。图 4-2 描述了现有技术以及三种新技术的价格-利润率曲线：AA、BB、CC 和 DD，现有技术的初始价格为 p_0，对应的利润率为 r_0。布伦纳理论中采用新技术的新企业的价格-利润率曲线可以用 BB 来表示，其在初始价格 p_0 时具有较高的利润率 r_1。然后它将价格降低到 p_1，此时它的利润率将下降到原来的 r_0，而采用现有技术的老企业的利润率将下降到更低的水平 r_2，因此部门内利润率下降。

---

① 〔英〕马尔萨斯：《政治经济学原理》，厦门大学经济系翻译组译，商务印书馆，1962，第 226~230 页。
② 《资本论》第 3 卷，人民出版社，2004，第 237 页。
③ 《资本论》第 3 卷，人民出版社，2004，第 287 页。

$$r = \frac{P_t}{C} = \frac{P_t}{Y} \Big/ \frac{C}{Y} = \frac{p_t}{i} \qquad\qquad (4-12)$$

$$r = \frac{p-o}{i} = -\frac{o}{i} + \frac{1}{i}p \qquad\qquad (4-13)$$

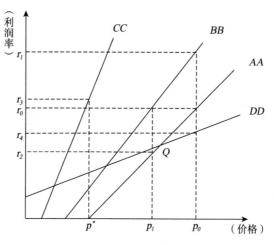

图 4-2 价格-利润率曲线

第一，从过度竞争到部门内利润率下降的推导存在逻辑谬误。首先，按照布伦纳的逻辑，新技术 CC 也可以被采用。[1] 采用新技术 CC 的新企业能够把价格降低到 p^* 以下，此时老企业不得不全部停产退出，部门内平均利润率 r_3 将高于初始利润率 r_0。布伦纳之所以忽略了新技术 CC，直接原因在于他否认现实经济中存在垄断现象，认为资本家无法参与掠夺性定价，根本原因在于他所采用的以竞争为分析起点的方法。其次，布伦纳不能说明既然采用新技术 BB 的企业能够在初始价格 p_0 下具有较高的利润率，那么它为什么要将价格降至 p_1 以获得原来的利润率 r_0？实际上，采用新技术的企业的价格-利润率曲线应当是 DD，而非 BB。[2] 价格-利润率曲线 BB 隐含的是在上文已经被证伪的假设——技术进步的特征是综合生产率的

① Ajit Zacharias, "Competition and Profitability: A Critique of Robert Brenner," *Review of Radical Political Economics* 1 (2002): 19-34.

② Anwar Shaikh, "Explaining the Global Economy Crisis," *Historical Materialism* 1 (1999): 103-144.

提高；价格－利润率曲线 DD 隐含的技术进步特征是单位产出的劳动力成本下降和固定成本增加。因为新技术 DD 具有较高的单位固定成本，因此其在初始价格 p_0 下的初始利润率 r_4 不必大于 r_0；但当价格低于 AA 与 DD 交点 Q 的价格时，其利润率会高于老企业的利润率，且随着老企业的退出，部门内利润率会低于初始利润率 r_0。这一方面解释了采用新技术的资本家为何有降低价格以抢占市场份额的动力，契合马克思理论中资本家主动削减价格的特征；另一方面说明了是技术进步及其在部门内的扩散，而非过度竞争导致了利润率的下降。

第二，布伦纳忽视了在资本主义垄断阶段企业间竞争策略的多样性。在布伦纳的分析中，价格竞争是企业间竞争的唯一手段。然而，随着资本主义由自由竞争阶段迈向垄断阶段，单纯的价格竞争被较大抑制了，企业间的竞争策略呈现多样性。从微观层面看，寡头间的协商定价发挥着越来越重要的作用，产量调整，而不是价格竞争成为企业间竞争的主要手段。研究表明，在 1961～1975 年，相对于价格下降，产能利用率的下降在导致利润率下降方面起着更关键的作用。[①] 从宏观层面看，布局全球价值链和利用对外直接投资进行全球劳工套利在企业进行国际竞争的策略库中的地位愈加凸显。事实上，战后国际经济的重要特征就是，跨国公司作用的不断增强，生产国际化的日益提高和单纯依赖价格竞争出口模式的逐步衰落。以 iPhone 手机生产为例，其设计研发在美国，零部件的生产在德国、日本和韩国等国家，组装在中国。2010 年，从中国进口到美国的每部 iPhone 4 的零售价为 549 美元，其中用于支付中国从事部分零部件生产和组装的工人工资只有 10 美元，仅占销售价格的 1.8%，毛利润高达 324 美元，占销售价格的 59%。[②] 除了利用技术优势占据全球价值链顶端以攫取巨大的经济利润，发达资本主义国家还纷纷

---

① Anwar Shaikh, "Explaining the Global Economy Crisis," *Historical Materialism* 1 (1999):
103 - 144.

② 〔美〕因坦·苏万迪、R. J. 约恩纳、J. B. 福斯特：《全球商品链与新帝国主义》，李英东译，《国外理论动态》2019 年第 10 期。

加大对外直接投资力度，将那些不发达国家中工资低且受剥削程度
高的工人纳入全球资本主义剥削体系，以获取丰厚的回报。如图4-
3所示，2007年世界劳动力数量有31.44亿人，与1980年的19.30
亿人相比，增长了63%，其中的73%在发展中国家，仅中国和印度
就占了40%。[①] 布伦纳没有把以上几种对利润率影响巨大的竞争策
略纳入理论框架，却把分析的焦点放在已被较大抑制的价格竞争上，
这不得不严重地损害过度竞争论的理论自洽性。

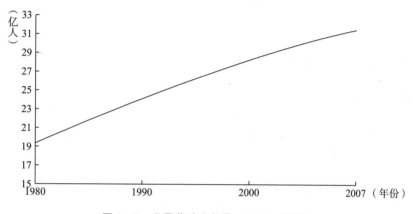

图4-3　世界劳动力数量（1980~2007）

资料来源：Ajit K. Ghose, Nomaan Maji, and Christoph Ernst, *The Global Employment Challenge* (Geneva: International Labour Organisation, 2008), p. 9。

（三）从部门内利润率下降到一般利润率下降环节的逻辑谬误

布伦纳克服马克思对亚当·斯密过度竞争观点批判的方法又给
过度竞争论带来了新的问题。

第一，它使得过度竞争论从斯密主义转向李嘉图主义。在论证
从部门内利润率下降到一般利润率下降之前，布伦纳十分排斥强调
工资对利润的挤压是利润率下降根源的李嘉图主义，认为"它很难
阐明这种已经导致长期衰退的利润率长期下降"[②]，工人阶级反抗的

---

①　〔美〕J. B. 福斯特、R. W. 麦克切斯尼、R. J. 约恩纳：《全球劳动后备军与新帝国主义》，张慧鹏译，《国外理论动态》2012年第6期。

②　〔美〕罗伯特·布伦纳：《全球动荡的经济学》，郑吉伟译，中国人民大学出版社，2012，第17页。

增多"是利润率问题的结果而不是其起因，是对雇主为了恢复其回报率而进行攻击行为的回应"①。但是从这个论证环节之后，过度竞争论就从斯密主义转向李嘉图主义，与利润挤压论一道都将实际工资提高对利润的挤压作为理论基石。两者的区别仅在于，前者基于资本间的横向竞争关系，强调实际工资的提高是由资本间的竞争，进而产品价格的下降引起的；后者基于资本与劳动间的纵向阶级关系，强调实际工资的提高是由劳动力短缺或劳工力量增强引起的。尽管布伦纳试图与利润挤压论保持距离，指出"降低总利润率的实际工资的增长，并不意味着劳工力量的增长和阶级平衡的改变。它仅仅要求资本不能阻止劳动力享受利润率下降所在行业价格下降带来的一些好处……鉴于盈利能力下降行业外的资本家绝不会受到实际工资增长的伤害，而实际工资增长是工人从伴随着盈利能力下降的价格下降中获得的，因此，资本家没有被迫压低这些工资"②。然而，正如谢克所指出的，"由于这种工资上涨是雇主的成本增加，因此工人必须有足够的力量在雇主的压力面前实现这一目标。尽管布伦纳没有这么说，但他的论点在很大程度上依赖于工人的力量"③。

第二，理论框架依赖实际工资增长对利润的挤压，对从繁荣到衰退的经验分析却将之否定。布伦纳强调，1965～1973年随着贸易壁垒的减少，美国制造业受到来自日本和德国出口商日益增加的竞争压力，导致美国制造业和私人实体经济部门的利润率大幅下降；对在理论框架中处于关键地位的，由竞争引起的实际工资增长，他却只字未提。④ 实际上，根据布伦纳的论述，实际工资在这一时期相对于生产率下降了：1965～1973年私人实体经济实际工资增长平均

① 〔美〕罗伯特·布伦纳：《全球动荡的经济学》，郑吉伟译，中国人民大学出版社，2012，第104页。

② Robert Brenner, "Competition and Profitability: A Reply to Ajit Zacharias," *Review of Radical Political Economics* 1 (2002): 35–44.

③ Anwar Shaikh, "Explaining the Global Economy Crisis," *Historical Materialism* 1 (1999): 103–144.

④ 〔美〕罗伯特·布伦纳：《全球动荡的经济学》，郑吉伟译，中国人民大学出版社，2012，第36～37、105～118页。

每年下降 2.3%，劳动生产率平均每年增长 2.7%；制造业实际工资增长平均每年下降 1.9%，劳动生产率平均每年增长 3.3%。[1] 这意味着继在理论框架中由斯密主义转向李嘉图主义之后，过度竞争论最终在经验分析上又回到了斯密主义。理论上依赖实际工资过度上涨与实际工资并未过度上涨的经验证据间形成了一道不可逾越的鸿沟。

第三，过度竞争论无法对美国整个战后经济周期给出逻辑一致的解释。过度竞争论在理论框架中依赖实际工资增长对利润的挤压，对美国 1965 ~ 1973 年从繁荣到衰退的经验分析又完全基于资本间的竞争，这种逻辑上的混乱不可避免地影响到了布伦纳对美国战后经济周期的解释。具体而言，布伦纳一方面认为过度竞争是美国 1965 ~ 1973 年从繁荣到衰退的原因，另一方面对 20 世纪 50 年代的停滞和 1958 ~ 1965 年的繁荣给出了不同的解释。他首先将美国 20 世纪 50 年代的停滞归因于强大的劳工力量对利润的挤压，"如果说工人在战后时期的任何时候所采取的行动对利润形成挤压的话，那么它确实在 20 世纪 50 年代的制造业中发生过"[2]。在此基础上，他将 1958 ~ 1965 年的繁荣归因于资本家对"工人及其组织发动了有力的、全面的进攻，实现了阶级力量平衡和管理—劳动关系的根本变化"[3]。他认为这对美国利润率的复苏"至关重要"，正是"工资增长的下降为利润率上升开辟了道路"[4]。可见，布伦纳对战后美国经济周期的解释是经验主义的，解释变量随着待解释的经济周期的改变而改变。换句话说，过度竞争论无法对美国整个战后经济周期给出逻辑一致的解释。从马克思主义的观点看，尽管实际利润率的短期波动受到许

---

[1]　〔美〕罗伯特·布伦纳：《全球动荡的经济学》，郑吉伟译，中国人民大学出版社，2012，第 107 ~ 108 页。

[2]　〔美〕罗伯特·布伦纳：《全球动荡的经济学》，郑吉伟译，中国人民大学出版社，2012，第 55 页。

[3]　〔美〕罗伯特·布伦纳：《全球动荡的经济学》，郑吉伟译，中国人民大学出版社，2012，第 60 页。

[4]　〔美〕罗伯特·布伦纳：《全球动荡的经济学》，郑吉伟译，中国人民大学出版社，2012，第 63 页。

多因素的影响,但其长期波动却有着内在的规律。布伦纳则专注于利润率的短期波动,忽视了其长期波动的趋势。事实上,被布伦纳视为两个毫不相关的经济周期——1958～1965 年的繁荣和 1965～1973 年的从繁荣到衰退,都包含在 1948～1982 年的长周期中,1965～1973 年美国盈利能力的下降是一个持续的长期趋势、1958～1965 年周期性上升的正常逆转以及这个特定时期的特定因素共同作用的结果。[①]

第四节　需求不足论及其批判

一　需求不足论的内容

以斯威齐、福斯特等为代表的需求不足论认为垄断是当代资本主义的重要特征,在垄断资本主义阶段,资本家不仅通过劳动合同在生产领域,而且通过操纵垄断价格和消费信贷等方式在流通领域榨取工人的剩余价值,使得工资份额降低,经济剩余扩张。就消费倾向而言,利润收入者小于工资收入者,随着经济剩余扩张,消费需求下降。投资需求是消费需求的派生需求,因此商品总需求萎缩,长期落后于商品生产能力。为了应对需求不足,资本家试图通过限制生产水平和降低商品价格等方式来扩大销路和减少库存。由于垄断资本主义阶段存在限制价格竞争的相关制度,现实中资本家的主要策略是降低产能利用率,产能利用率下降构成了利润率长期下降的原因。[②]

二　需求不足论的批判

通过以上检视,可知需求不足论存在如下问题。

---

① Anwar Shaikh, "Explaining the Global Economy Crisis," *Historical Materialism* 1 (1999): 103 – 144.

② 有关需求不足论的观点,参见 Paul M. Sweezy, Harry Magdoff, John Bellamy Foster and Robert W. McChesney, "The New Face of Capitalism: Slow Growth, Excess Capital, and a Mountain of Debt," *Monthly Review* 11 (2002): 1 – 14;〔美〕保罗·巴兰、保罗·斯威齐《垄断资本》,南开大学政治经济系译,商务印书馆,1977。

第一，需求不足论在理论框架上割裂了资本有机构成和剩余价值率间的互动关系。马克思剖析资本主义经济的两个重要范畴分别是反映生产力水平的资本有机构成和生产关系的剩余价值率。从社会总资本的角度看，资本主义生产的方向是榨取更高的剩余价值率，资本有机构成的提高是所用手段——采用先进生产技术——的反映，两者相互作用推动着资本主义积累的进行。马克思基于这一视角，同时考虑两者对利润率的影响，得出了一般利润率呈下降趋势的结论。需求不足论则割裂了两者间的互动关系，采用静态分析法，忽略了技术进步，聚焦剩余价值率，提出了所谓在垄断资本主义阶段替代马克思利润率趋向下降规律的经济剩余上升规律。以错误的经济剩余上升规律为前提给需求不足论带来了两点影响。首先，在理论层面得出资本主义再生产的顺利进行最终依赖于内部浪费和外部需求，而非受制于在资本积累过程中不断加深的内部矛盾的结论，将利润率长期下降归因于需求不足。其次，在政策层面赞同激进的凯恩斯主义政策，认为扩大有效需求就能够帮助资本主义走出利润率低迷的泥沼。然而这些刺激需求的政策不仅没有达到预期的效果，反而导致了 20 世纪 70 年代发达资本主义国家滞胀的发生。

第二，需求不足论把垄断作为分析的出发点，却忽略了垄断是如何产生的这一极为关键命题。事实上，垄断本身就是利润率长期下降的产物。① 马克思指出，竞争实质上"不过是资本的内在本性，是作为许多资本彼此间的相互作用而表现出来并得到实现的资本的本质规定，不过是作为外在必然性表现出来的内在趋势"②。因此，竞争的表现形式必然受到资本积累过程本身的影响。资本积累是由利润驱动的，随着资本有机构成和剩余价值率的共同提高，社会生产力的提高就以一般利润率下降趋势的形式表现。低迷的利润率使

① Anwar Shaikh, "An Introduction to the History of Crisis Theories," in Union for Radical Political Economics, ed., *US Capitalism in Crisis* (New York: Union for Radical Political Economics, 1978), pp. 231 – 232.

② 《马克思恩格斯全集》第 46 卷（上册），人民出版社，1979，第 397～398 页。

得资本围绕市场、生产资料和廉价劳动力展开激烈的竞争，为了取得有利竞争地位和获得更多剩余价值，资本家加速推动以固定资本耗费和活劳动节约为特征的技术进步。在竞争中，弱小资本消亡，资本集中程度提高；为了规避因过快的技术进步引起固定资本贬值的危险，规模以上资本日益通过并购联合、协商定价等方式共谋，而非单纯的价格竞争。伴随着以上过程，资本主义由自由竞争向垄断阶段转变。可见，需求不足论将由垄断引起的需求不足，进而产能利用率下降视为利润率下降的原因，颠倒了垄断与利润率下降间的关系。事实上，需求不足和产能利用率下降仅仅是利润率长期下降的症状，而非病因。

第三，经验事实并不支持需求不足论。根据这一理论，产能利用率的下降引起利润率下降。按照这一逻辑，消除产能利用率的影响后，正常利润率应该是平稳的，甚至是上升的。[①] 然而经验事实并非如此，如图 4－4 所示，1955～2018 年美国私人经济经产能利用率调整的正常利润率并未企稳或回升，同样呈下降趋势，因此需求不足论不能正确解释利润率的长期下降。

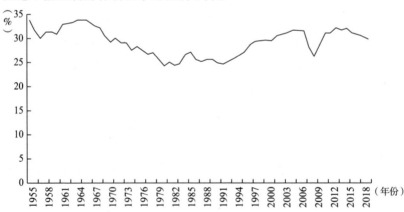

图 4－4　美国私人经济经产能利用率调整的正常利润率（1955～2018）
　　资料来源：根据美国经济分析局（https://www.bea.gov/）提供的相关数据整理计算而得。

---

① Thanasis Maniatisu, "Marxist Theories of Crisis and the Current Economic Crisis," *Forum for Social Economics* 1（2012）：6－29.

第五节 利润率长期下降的实质与原因

利润挤压论、过度竞争论和需求不足论的错误总根源在于放弃了劳动价值论。劳动价值论的缺失，使得它们只得在分配层面寻找利润率下降的原因。利润挤压论和过度竞争论强调资本家在分配中占比过少，雇佣工人占比过多，只不过前者将其归因于劳工力量的增强或劳动力短缺，后者将其归因于资本间过度竞争引起的实际工资提高。需求不足论强调资本家在分配中占比过多，雇佣工人占比过少，引起的消费不足进而产能利用率下降。这样它们就没有从生产层面和资本积累的视角找到利润率长期下降的真正原因。

利润率长期下降的实质是剩余价值生产相对于总资本的趋向减少。早在 18 世纪，资产阶级古典学派就已经观察到并试图解释一般利润率的下降。由于没能区分剩余价值率和利润率，无法把握利润率长期下降的实质，资产阶级古典学派没有对此给出科学的解释。马克思在研究剩余价值一般的生产过程，揭示剩余价值真正源泉的基础上，严格区分了剩余价值和利润、剩余价值率和利润率，指出利润是用预先存在的资本的价值来计量的剩余价值，利润率是剩余价值同预先存在的资本的总价值之比。利润率的长期下降就是分子相对于分母的趋向下降，实质上是剩余价值生产相对于总资本的趋向减少，"利润率不断下降的规律，或者说，所占有的剩余劳动同活劳动所推动的对象化劳动的量相比相对减少的规律"[1]。

利润率长期下降的根源在于资本主义生产方式竭力将生产性活劳动减少到最低限度的趋势。生产性活劳动是剩余价值生产的唯一源泉，而资本主义生产方式具有竭力将生产性活劳动减少到最低限度的趋势，这正是剩余价值生产相对于总资本趋向减少的根源，"资本本身是处于过程中的矛盾，因为它竭力把劳动时间缩减到最低限

---

[1] 《资本论》第 3 卷，人民出版社，2004，第 241 页。

度，另一方面又使劳动时间成为财富的唯一尺度和源泉……一方面，资本调动科学和自然界的一切力量，同样也调动社会结合和社会交往的力量，以便使财富的创造不取决于（相对地）耗费在这种创造上的劳动时间。另一方面，资本想用劳动时间去衡量这样造出来的巨大的社会力量，并把这些力量限制在为了把已经创造的价值作为价值来保存所需要的限度之内"①。这种趋势表现在两个方面：一是，生产性领域内物化劳动对活劳动的替代，即资本有机构成提高；二是，活劳动由生产性领域向非生产性领域的转移，即非生产性劳动相对于生产性劳动的快速扩张。

　　资本有机构成提高是利润率长期下降的原因之一。马克思十分重视资本有机构成提高在利润率长期下降中的作用，并在《资本论》中予以论证。马克思认为资本主义生产力的发展表现在两个方面：一个方面"表现在投在工资上的资本部分同总资本相比的相对微小上"，即资本有机构成提高，削弱了唯一能够生产剩余价值的活劳动的作用；另一个方面"表现在剩余劳动的增加，即再生产劳动力所必需的必要劳动时间的缩短上"，即剩余价值率提高。② 资本有机构成提高和剩余价值率提高对利润率按相反的方向发挥作用，但依靠提高剩余价值率来补偿因活劳动减少引起的剩余价值量的减少，有某些不可逾越的界限，且通过提高劳动生产率来进一步提高剩余价值率会变得越来越困难，因此最终结果是剩余价值量相对于总资本趋向减少，即利润率趋向下降。③

　　非生产性劳动相对于生产性劳动的快速扩张构成了利润率长期下降的另一个重要原因。生产性劳动是被资本雇佣且唯一能创造剩余价值的劳动。与生产性劳动相对立的是非生产性劳动，包括在生产部门被雇佣但只间接地有助于价值增殖的劳动（如管理人员和保安），在流通部门被雇佣、使价值实现过程便利化的劳动（如会计和

① 《马克思恩格斯全集》第46卷（下册），人民出版社，1980，第219页。
② 《资本论》第3卷，人民出版社，2004，第275页。
③ 余斌：《平均利润率趋向下降规律及其争议》，《经济纵横》2012年第9期。

销售）和被资本主义国家所雇佣、通过维持资本主义社会制度间接有助于价值增殖和资本积累的劳动（如公务人员）。非生产性劳动不但不创造剩余价值，而且需要从剩余价值中获得工资补偿。非生产性劳动相对于生产性劳动的快速扩张，一方面意味着能够创造剩余价值的生产性劳动相对减少了，另一方面意味着剩余价值中更大的部分被广告费用、税收等非生产性费用所分割，更少的部分构成资本家的利润。[①] 战后资本主义国家出现了公司规模扩大、管理层崛起、实现问题加剧和政府规模扩张等经济现象，以流通劳动和社会维持劳动为主导的非生产劳动快速增长。1955～2018 年美国非生产性劳动工资－生产性劳动工资比率，由原来的 0.39 增长至 0.94，提高了 141.03%，这无疑对美国战后利润率产生了巨大的下行压力。

利润率长期下降原因的三个基本命题。第一，生产性活劳动是创造剩余价值的唯一源泉，后者是利润的社会实质。第二，在对剩余价值的追逐中，资本主义生产方式表现为两个趋势：（1）生产力发展水平越来越高，单个雇佣工人能够操作更多的生产资料，即生产性领域内物化劳动对活劳动的替代；（2）生产关系越来越成为生产力进一步发展的桎梏，表现为需要将越来越多的人力和财力投入流通部门和维持社会制度部门，即活劳动由生产性领域向非生产性领域的转移。第三，资本有机构成的提高引起社会总资本中能够创造剩余价值的生产性活劳动相对减少；非生产性劳动相对于生产性劳动的扩张，在减少生产性活劳动的同时还加重了对剩余价值的瓜分；在两者的共同作用下，剩余价值生产相对于社会总资本减少，利润率趋向下降。

---

① 参见 Anwar Shaikh, "The Falling Rate of Profit and the Economic Crisis in the U. S. ," in Robert Cherry, ed., *The Imperiled Economy: Macroeconomics from a Left Perspective* (New York: Union for Radical Political Economics, 1987); Anwar Shaikh, "The Falling Rate of Profit as the cause of Long Waves: Theory and Empirical Evidence," in A. Kleinkenecht, E. Mandel, and I. Wallerstein, eds., *New Findings in Long Wave Research* (New York: St. Martin's, 1992); Fred Moseley, "The Rate of Profit and the Future of Capitalism," *Review of Radical Political Economics* 4 (1997): 23 – 41。

第五章

利润率趋向下降规律与马克思危机理论

马克思将利润率趋向下降规律视为其危机理论的重要组成部分。然而，马克思之后的早期马克思主义者——杜冈－巴拉诺夫斯基、考茨基、布哈林、希法亭和卢森堡均拒绝接受利润率趋向下降规律作为马克思主义危机理论的推动因素。[①] 例如，杜冈－巴拉诺夫斯基从马克思的再生产图式出发，指出只要各个生产部门间的比例关系保持适当，产品就能顺利实现，危机的原因是由市场的无政府状态导致的生产部门间的比例失调。[②] 希法亭进一步强调，比例失调的根源是固定资本，因为它的存在降低了资本主义对经济波动反应的灵活性。[③] 卢森堡则认为，问题的关键在于说明资本主义积累的动力来源——增长的消费需求，而它只能来自资本主义体系的外部。[④] 斯威齐进一步将消费不足论与垄断资本主义理论相结合，指出只有国家

---

① Michael Roberts, "Monocausality and Crisis Theory: A Reply to David Harvey," in Turan Subasat, ed., *The Great Financial Meltdown Systemic, Conjunctural or Policy Created?* (Cheltenham: Edward Elgar Publishing Limited, 2016), pp. 55 – 72.

② 〔俄〕M. N. 杜冈－巴拉诺夫斯基:《政治经济学原理》（下册），赵维良等译，商务印书馆，1989，第 674 ~ 682 页。

③ 〔德〕鲁道夫·希法亭:《金融资本》，李琼译，华夏出版社，2010，第 284 ~ 294 页。

④ 〔德〕卢森堡:《资本积累论》，彭尘舜、吴纪先译，生活·读书·新知三联书店，1959，第 101、333 页。

和资本家的非生产性开支才能维系资本主义的生存。① 无论是在20世纪初居于危机理论正统地位的比例失调论，还是在20世纪30年代随着大萧条席卷了资本主义世界才成为正统的消费不足论，均认为利润率下降是经济危机的结果，而非原因。

直到20世纪20年代末，亨利克·格罗斯曼才正式将利润率趋向下降规律纳入马克思主义危机理论。格罗斯曼认为危机的根源要到生产过程中寻找，他在鲍威尔再生产图式的基础上恢复了利润率趋向下降规律在危机理论中的核心地位，指出由于维持积累所需要的投资量将大于资本家所占有的剩余价值量，资本主义终将崩溃。② 60年代末资本主义发达国家黄金年代接近尾声，在危机爆发之前利润率已经呈现出明显的下降，当时处于正统地位的消费不足论无法对这一现象给出合理的解释。保罗·马蒂克以格罗斯曼的观点为基础对消费不足论进行了有力的批判，指出消费不足论将危机归因于分配层面，似乎通过改善收入分配结构就可以缓解甚至避免危机；利润率下降论则将危机归因于剩余价值生产层面，强调只有通过社会生产关系的变革，危机才能得到缓解。③ 此后，戴维·耶菲和马里奥·柯果伊重新回到马克思的理论，将危机趋势同马克思的利润率趋向下降规律直接联系起来，断言利润率下降论才是唯一正宗的马克思主义危机理论。④

尽管从70年代开始，越来越多的马克思主义经济学家（阿瓦·谢克、弗雷德·莫斯利、古列尔莫·卡切迪、安德鲁·克莱曼、艾

①　〔美〕保罗·斯威齐：《资本主义发展论》，陈观烈、秦亚男译，商务印书馆，2000，中译本前言。

②　Henryk Grossmann, *Das Akkumulations-und Zusammenbruchsgesetz des kapitalistischen Systems* (Leipzig：Hirschfeld, 1929). 对格罗斯曼观点的介绍，参见方敏、蒋澈《格罗斯曼的崩溃与危机理论》，《政治经济学评论》2015年第5期。

③　Paul Mattick, *Marx and Keynes: The Limits of the Mixed Economy* (London：Merlin, 1971).

④　David Yaffe, "The Marxian Theory of Crisis, Capital and the State," Bulletin of the Conference of Socialist Economics, Winter 1972；Mario Cogoy, "The Fall in the Rate of Profit and the Theory of Accumulation," Bulletin of the Conference of Socialist Economists, Winter 1973.

伦·弗里曼和迈克·罗伯茨等）将利润率趋向下降规律视为危机理论的基础。但这仍然是一个少数人的观点，现在仍然有许多著名的马克思主义经济学家（米歇尔·阿格利埃塔、热拉尔·杜梅尼尔、米歇尔·于松、伊藤诚和大卫·哈维等）不接受它。[①] 反对将利润率趋向下降规律作为危机理论基础的典型观点，总结起来有三种，分别以迈克·海因里希、大卫·哈维和西蒙·克拉克为代表。本章前三节依次检视三者的观点，指出它们的错误之处。第四节基于《资本论》文本说明利润率趋向下降规律在经济危机理论中的地位及其重要意义。

第一节　迈克·海因里希的观点及其批判

一　迈克·海因里希的观点

马克思去世前为《资本论》第三卷留下了四部分手稿，即《1861—1863 年经济学手稿》中第 16 ~ 18 笔记本、《1863—1865 年经济学手稿》的第三册《总过程的各种形态》、1867 ~ 1870 年所写的 10 份手稿和 1871 ~ 1882 年所写的 6 份手稿。[②] 恩格斯编辑出版的《资本论》第三卷，是以《总过程的各种形态》为基础，同时参考其他手稿。《马克思恩格斯全集》历史考证版第 2 版（MEGA^2）第二部分在 2012 年全部出版。[③] 这些《资本论》的准备材料与手稿一经发表就在理论界引发了巨大的轰动。海因里希通过对 MEGA^2 第二

---

① Michael Roberts, "Monocausality and Crisis Theory: A Reply to David Harvey," in Tu-ran Subasat, ed., *The Great Financial Meltdown Systemic, Conjunctural or Policy Crea-ted?* (Cheltenham: Edward Elgar Publishing Limited, 2016), pp. 55 – 72.

② 张钟朴：《马克思晚年留下的〈资本论〉第 3 册手稿和恩格斯编辑〈资本论〉第 3 卷的工作——〈资本论〉创作史研究之八》，《马克思主义与现实》2018 年第 3 期；张钟朴：《〈资本论〉第二部手稿（〈1861—1863 年经济学手稿〉）——〈资本论〉创作史研究之三》，《马克思主义与现实》2014 年第 1 期。

③ 付哲：《MEGA^1 和 MEGA^2 是同一版本的两个版次吗?》，《光明日报》2014 年 7 月 14 日。

部分的解读，认为许多马克思主义者把利润率趋向下降规律作为马克思经济危机理论的基础，是恩格斯错误地编辑的结果；实际上马克思并没有对利润率变化趋势做最终的判断，恩格斯篡改，至少是错误地强调了这一规律的结论，即《资本论》第三卷第三篇《利润率趋向下降的规律》是恩格斯按照自己主观意愿整理而成的，利润率趋向下降规律是恩格斯创造而非马克思原有的理论。① 海因里希用以下三个论点来证明他所得出结论的正确性。

第一，马克思在后期研究中开始质疑利润率趋向下降规律。1871～1882 年马克思为《资本论》第三卷写了 6 份手稿，其中关于利润率和剩余价值率数学关系的计算手稿就有 4 份。海因里希认为，马克思对利润率和剩余价值率数学关系的反复考虑，说明"马克思并没有完全相信他已经在 1863～1865 年手稿中做出的解释"②。更为重要的是，在 1875 年题为《用数学方法探讨剩余价值率和利润率》的手稿中，马克思试图使用数学方法来证明利润率变动的规律，结果却表明"随着资本价值构成的提高，利润率仍有可能增加"，原则上"利润率变动的方向是不确定的"③。由此，海因里希认为"想必马克思对利润率规律存在相当大的怀疑"④。

第二，恩格斯在对《资本论》第三卷第三篇的编辑中忽略了马克思对利润率趋向下降规律的质疑。海因里希指出，马克思自 1863 年放弃"六册计划"后，才开始《资本论》四卷的写作，其理论分析框架随之发生了转变，因此将马克思 1857～1865 年的三个经济学手稿视为《资本论》的初稿是不恰当的，正确的做法应该是把 1863 年之后的经济学手稿视为《资本论》四卷的手稿。且随着马克思研

① Michael Heinrich, "Crisis Theory, the Law of the Tendency of the Profit Rate to Fall, and Marx's Studies in the 1870s," *Monthly Review* 11 (2013): 15 – 31.

② Michael Heinrich, "Crisis Theory, the Law of the Tendency of the Profit Rate to Fall, and Marx's Studies in the 1870s," *Monthly Review* 11 (2013): 28.

③ Michael Heinrich, "Crisis Theory, the Law of the Tendency of the Profit Rate to Fall, and Marx's Studies in the 1870s," *Monthly Review* 11 (2013): 28.

④ Michael Heinrich, "Crisis Theory, the Law of the Tendency of the Profit Rate to Fall, and Marx's Studies in the 1870s," *Monthly Review* 11 (2013): 28.

究的深入，后面的手稿更能真实地反映马克思研究的最终结果。恩格斯对《资本论》第三卷的编辑以马克思《1863—1865 年经济学手稿》为基础，对 1867 年之后的手稿重视不够，忽略了马克思对利润率趋向下降规律的质疑。马克思多次指出，随着资本价值构成的提高，利润率仍有可能增加，"如果扩大只是量上的扩大，那么同一生产部门中，较大和较小资本的利润都同预付资本的量成比例。如果量的扩大引起了质的变化，那么，较大资本的利润率就会同时提高"①。海因里希认为，"所有这些因素都应该在《利润率趋向下降的规律》一篇的编辑中找到它们的位置。对它们的一贯关注本应导致放弃'规律'"，然而恩格斯却选择了忽略。②

第三，恩格斯的编辑造成了危机是由利润率趋向下降规律所导致的假象。"马克思手稿中关于利润率趋向下降的第三篇不分小节，恩格斯将其分为三章。前两章'规律本身'和'起反作用的各种原因'的论述与马克思的论证密切相关，但后面的手稿加入了大量的笔记和不时被打断的思想。恩格斯对这些材料进行了大量的修改、删减和重排以建构第三章，并将其分为四节。这就给人留下了一个印象：危机理论已经基本完成。同时恩格斯自行给第三章加上了'规律的内部矛盾的展开'的标题，对那些不知道标题并非源自马克思的读者，这就创造了一种期望：危机理论是利润率趋向下降规律的结果。"③ 基于此，海因里希认为，之所以"许多马克思主义者认为利润率趋向下降规律是马克思危机理论的基础"，主要是由于"恩格斯编辑了《资本论》第三卷"。④ 海因里希进一步指出："如果没有这样先入为主的观念，直接阅读马克思的手稿，我们很快就会明

---

① 《资本论》第 1 卷，人民出版社，2004，第 725 页。
② Michael Heinrich, "Crisis Theory, the Law of the Tendency of the Profit Rate to Fall, and Marx's Studies in the 1870s," *Monthly Review* 11 (2013): 28.
③ Michael Heinrich, "Crisis Theory, the Law of the Tendency of the Profit Rate to Fall, and Marx's Studies in the 1870s," *Monthly Review* 11 (2013): 25.
④ Michael Heinrich, "Crisis Theory, the Law of the Tendency of the Profit Rate to Fall, and Marx's Studies in the 1870s," *Monthly Review* 11 (2013): 25.

白，马克思并没有形成统一的危机理论，他的著作中包含了许多相当不同的危机观点。"①

二　迈克·海因里希观点的批判

通过以上对海因里希论点的检视，可知我们需要回答三个问题：马克思后期反复考虑利润率和剩余价值率间数学关系的目的是什么？马克思质疑利润率趋向下降规律了吗？恩格斯的编辑造成了危机是由利润率趋向下降规律所导致的假象吗？

第一，海因里希曲解了马克思后期反复考虑剩余价值率与利润率间数学关系的目的。事实上，1871～1882 年马克思关于利润率和剩余价值率数学计算的研究是"在纯粹数学的范围内进行研究"，而不是为了研究利润率趋向下降规律。② 因为在 1871～1882 年的手稿中，"'利润率趋向下降'这一表述一次也没有出现过"③。因此在纯数学形式上利润率随着剩余价值率的提高而提高并不能说明马克思开始质疑利润率趋向下降规律。恩格斯在编辑过程中准确理解了马克思的意图，在赛米尔·穆尔的帮助下将《用数学方法探讨剩余价值率和利润率》简化为 6 页编入了《资本论》第三卷第三章《利润率和剩余价值率的关系》。④ 既然马克思并没有质疑利润率趋向下降规律，那么所谓马克思怀疑利润率趋向下降规律的正确性，恩格斯在编辑中对此忽视的论点也就不能成立。

第二，马克思不但没有质疑利润率趋向下降规律，而且还自始至终予以重视。⑤ 在《1857—1858 年经济学手稿》中，马克思就指

① Michael Heinrich, "Crisis Theory, the Law of the Tendency of the Profit Rate to Fall, and Marx's Studies in the 1870s," *Monthly Review* 11 (2013)：25 - 26.
② 《资本论》第 3 卷，人民出版社，2004，第 58 页。
③ 〔德〕K. 穆勒：《"反恩格斯主义"、利润率下降规律和马克思的 1867—1868 年经济学手稿》，《马克思主义与现实》2016 年第 5 期。
④ 张钟朴：《马克思晚年留下的〈资本论〉第 3 册手稿和恩格斯编辑〈资本论〉第 3 卷的工作——〈资本论〉创作史研究之八》，《马克思主义与现实》2018 年第 3 期。
⑤ 谢富胜、汪家腾：《马克思放弃利润率趋于下降理论了吗——MEGA² Ⅱ 出版后引发的新争论》，《当代经济研究》2014 年第 8 期。

出："这从每一方面来说都是现代政治经济学的最重要的规律，是理解最困难的关系的最本质的规律。从历史的观点来看，这是最重要的规律。"① 在《1861—1863 年经济学手稿》中，马克思继续强调："这个规律也是政治经济学的最重要的规律。"② 在《1863—1865 年经济学手稿》中，马克思进一步指出："由于这个规律对资本主义生产极其重要，因此可以说，它是一个秘密，亚当·斯密以来的全部政治经济学一直围绕着揭开这个秘密兜圈子，而且亚·斯密以来的各种学派之间的区别，也就在于为揭开这个秘密进行不同的尝试。"③ 1868 年，马克思在给恩格斯的信中指出："随着社会的进步，利润率趋向下降。这一点在第一册中论述资本构成随着社会生产力的发展而变化时已经得到了证明。这对克服过去一切经济学的障碍来说是一个最大的胜利。"④ 马克思不惜用"最重要的规律"、"最本质的规律"、"极其重要"和"最大的胜利"这样的词语来界定利润率趋向下降规律，足见其重要性。对于如此重要的规律，马克思早在 1865 年就已经思考得非常成熟了，恩格斯在《资本论》第三卷序言中对此说明，"本册的编辑工作根本不同于第二册。第三册只有一个初稿，而且极不完全。每一篇的开端通常都相当细心地撰写过，甚至文字多半也经过推敲。但是越往下，文稿就越是带有草稿性质"。但是，"以下三篇（第二、三、四篇——引者注），除了文字上的修订，我几乎可以完全按照原来的手稿进行编辑"。⑤ 马克思如此重视利润率趋向下降规律，如果他后期真的要放弃这一规律，一定会在手稿中有所体现，然而在马克思更晚的草稿里并没有任何提示他开始质疑这一问题的线索，海因里希的质疑只不过是凭空推断

① 《马克思恩格斯全集》第 46 卷（下册），人民出版社，1980，第 267 页。
② 《马克思恩格斯全集》第 48 卷，人民出版社，1985，第 293 页。
③ 《资本论》第 3 卷，人民出版社，2004，第 237～238 页。
④ 《马克思恩格斯全集》第 32 卷，人民出版社，1974，第 74 页。
⑤ 《资本论》第 3 卷，人民出版社，2004，第 4、8 页。

的臆想。①

第三，恩格斯的编辑没有扭曲包括危机与利润率趋向下降规律关系在内的马克思的观点。恩格斯的确在《资本论》第三卷中对马克思关于规律的论述进行了重大的编辑调整。他把这些论述分为三章：第十三章是"规律本身"，第十四章是"起反作用的各种原因"，第十五章是"规律的内部矛盾的展开"。但具体地看，恩格斯只是将部分文本转移到第十三章"规律本身"中，在马克思的手稿中，它们属于第十四章"起反作用的各种原因"后部分的内容。按照文本原来的顺序，马克思在谈到"起反作用的各种原因"之后又重新强调了"规律本身"。恩格斯的编辑实际使人看到，马克思是用"规律本身"平衡了"起反作用的各种原因"。因此，杰罗尔德·西格尔认为，"恩格斯的编辑使马克思对利润率趋向下降规律实际运行的信心似乎弱于马克思手稿所表明的那样"②。弗雷德·莫斯利在对《资本论》第三卷中的四个草稿考察后，指出饱受诟病的恩格斯在编辑马克思手稿方面做得很好，没有歪曲马克思的观点，"因此，我们可以推测，恩格斯的干预是基于他希望使马克思的陈述显得更尖锐，从而对当代政治和社会辩论更有用，例如，第三篇利润率趋势下降的规律"③。海因里希的观点本质上是"恩格斯综合征"，即认为《资本论》第三卷中的观点是恩格斯而非马克思的。④ 但必须明白没有任何人能够像恩格斯那样理解马克思。恩格斯充分理解并在《资本论》第三卷的编辑中很好体现了马克思的意图。

---

① 〔德〕K. 穆勒：《"反恩格斯主义"、利润率下降规律和马克思的 1867—1868 年经济学手稿》，《马克思主义与现实》2016 年第 5 期。

② Jerrold Seigel, *Marx's Fate: The Shape of a Life* (Princeton：Princeton University Press, 1993), p. 339.

③ Fred Moseley, "Marx, Engels, and the Text of Book 3 of Capital," *International Journal of Political Economy* 1 (2004)：3 - 13.

④ 〔德〕K. 穆勒：《"反恩格斯主义"、利润率下降规律和马克思的 1867—1868 年经济学手稿》，《马克思主义与现实》2016 年第 5 期。

第二节　大卫·哈维的观点及其批判

一　大卫·哈维的观点

马克思在《〈政治经济学批判〉导言》中批判了基于生产—分配—交换三个环节分析经济现象的方法。① 这种方法可以归纳为：一般规律决定生产，偶然情况决定分配，交换位于两者之间，对经济现象分别基于这三个环节，而不是作为一个相互联系且统一的整体来分析。通过对《资本论》的解读，哈维认为马克思实际上使用了这一方法，且内容局限于资产阶级生产一般的层次，排除了普遍性（与自然的关系）、特殊性（交换关系和分配）和个别性（消费和消费主义），利润率趋向下降规律正是这种严格的和教条的假设下的推论，与现实中爆发的经济危机基本无关。② 哈维用三个论点来证明他所得出结论的正确性。

第一，利润率趋向下降规律是严苛条件下的推论。首先，哈维指出马克思在《资本论》中做出了如下的假设：资本家在市场上按价值出售商品，并将获得的剩余价值重新投入生产过程；商品能够找到市场，也不缺乏有效需求；剩余价值分成不同部分，如产业利润、利息、商业利润、地租等都不在考虑范围之内；不存在对外贸易，资本主义生产方式占据了每一个生产部门。哈维认为，"所有这些假设都延续到马克思在第三卷中对利润率趋向下降规律的推导中……生产与实现的矛盾统一受到抑制，生产与分配、垄断与竞争等矛盾也受到抑制。这严重限制了所导出规律的适用性"，"马克思假设的严苛性，应当使我们对过分强调他的理论结论持谨慎态度。

———————

① 《马克思恩格斯全集》第46卷（上册），人民出版社，1979，第26页。
② 关于哈维对《资本论》理论框架的解读与批判，参见〔美〕大卫·哈维《跟大卫·哈维读〈资本论〉》第2卷，谢富胜、李连波译，上海译文出版社，2016，导言。

《资本论》第一卷中日益贫困的产业后备军的生产和第三卷中利润率
趋势下降规律是不确定的命题"。此外，"这项规律的支持者通常会
淡化起反作用的各种原因的作用"，这使得利润率趋向下降规律的适
用性更加有限。①

　　第二，经济危机爆发的原因具有多样性，利润率趋向下降规律
只是其中很少发生的情况之一。哈维认为第十五章"规律的内部矛
盾的展开"讨论的是"在推导规律时所作的假设被放弃时会发生什
么。其结果是对危机形成过程的一个更为广泛的描述，其中包含了
多重交叉矛盾……市场实现的问题、世界市场的生产、与非资本主
义社会形态的关系、资本的集中和分散程度、信贷系统内的货币干
扰和投机过度、货币贬值和固定资本流通问题，都是伴随着资本过
度积累、所谓资本'过剩'的作用以及长期无法以'人道的方式'
满足全体人口需要等概念引入的。这些都成为危机形成的一部分"②。
据此，哈维得出结论："危机可能来自完全不同的方向。如果工资过
高，那么随着利润份额的收缩，就会出现积累危机；如果工资过低，
那么缺乏有效需求将构成一个问题。因此，危机取决于偶然的，甚
至是高度局部化的情况。马克思关于利润率下降的理论应该被视为
一个偶然的命题，而不是一个确定的命题。实际上，如果利润率下
降，这是可能发生的多种方式之一。然而，这个特定的机制是否起
作用取决于对实际存在的动力学的仔细分析。我自己的猜测是，这
种机制产生的危机相对较少。"③

　　第三，从利润率趋向下降规律出发无法解释现实经济危机。在

①　David Harvey, "Crisis Theory and the Falling Rate of Profit," in Turan Subasat, ed.,
The Great Financial Meltdown Systemic, Conjunctural or Policy Created? (Cheltenham:
Edward Elgar Publishing Limited, 2016), pp. 37 – 54.

②　David Harvey, "Crisis Theory and the Falling Rate of Profit," in Turan Subasat, ed.,
The Great Financial Meltdown Systemic, Conjunctural or Policy Created? (Cheltenham:
Edward Elgar Publishing Limited, 2016), pp. 37 – 54.

③　David Harvey, "Crisis Theory and the Falling Rate of Profit," in Turan Subasat, ed.,
The Great Financial Meltdown Systemic, Conjunctural or Policy Created? (Cheltenham:
Edward Elgar Publishing Limited, 2016), pp. 37 – 54.

对利润率趋向下降规律严苛的、抽象的假设条件批判的基础上，哈维进一步指责道："如果马克思在其关于利润下降规律的陈述中可以忽略分配问题（特别是金融、信贷和生息资本的作用），那么这意味着，他们（基于利润率趋向下降规律解释经济危机的学者——引者注）认为，金融化与 2007 ~ 2008 年的崩盘无关。从实际情况来看，这种说法看起来很荒谬。这也让银行家和金融家与他们在制造危机中扮演的角色脱钩。""利润率趋向下降规律如何解释一场至少表面上是一场商业和金融危机的危机，始于加利福尼亚州、亚利桑那州、内华达州、佛罗里达州和佐治亚州（西班牙、爱尔兰、匈牙利和其他一些国家例外）的房地产市场，然后在全球金融体系中蔓延开来，在不同的地点和时间以不同的强度感染了所有行业？"哈维强调，对现实经济危机的分析必须考虑一系列因素。"其中一些（如垄断和新生产线的开辟）具有压倒性的作用。其他因素，如附着在土地上的固定资本投资和城市化，正如我在其他地方也试图表明的那样，它们与危机的形成和解决有着至关重要的联系（最明显的是 2007 ~ 2008 年的情况）。"①

二　大卫·哈维观点的批判

通过以上对哈维论点的检视，可知我们需要回答四个问题：利润率趋向下降规律是严苛条件下的推论吗？第十五章"规律的内部矛盾的展开"的理论定位到底是什么？经济危机直接原因的多样性能够否定利润率趋向下降规律在危机理论中的基础性作用吗？真的无法基于利润率趋向下降规律来理解现实经济危机吗？

第一，利润率趋向下降规律的推导条件非常现实。马克思在利润率趋向下降规律的推导中仅设置了两个条件：劳动是价值的唯一源泉，资本主义生产的目的是剥削来自雇佣工人劳动的剩余价值；

---

① David Harvey, "Crisis Theory and the Falling Rate of Profit," in Turan Subasat, ed., *The Great Financial Meltdown Systemic, Conjunctural or Policy Created?* (Cheltenham: Edward Elgar Publishing Limited, 2016), pp. 37 – 54.

为了达到这一目的，资本家在竞争中使用新技术，引起资本有机构成提高。① 对于第一个条件，马克思已经在《资本论》第一卷给出了有力的证明，甚至哈维本人也认同。② 对于第二个条件，我们已经在第四章从理论和经验的双重角度进行了论证。因此，利润率趋向下降规律的推导条件不仅不严苛，而且非常现实。马克思在规律的推导中确实没有考虑哈维罗列的种种因素——生产与实现的矛盾、剩余价值分为不同的部分、垄断与竞争、对外贸易等，但是这些因素并不影响规律的成立。例如，当不存在实现问题时，利润率趋向下降；当存在实现问题时，利润率仍趋向下降，只不过幅度更大。剩余价值分为不同的部分与利润率趋向下降规律无关，因为利润率趋向下降规律中的利润率是总利润（总剩余价值）与总预付资本的比值，因此剩余价值的分割不会取消利润率趋向下降规律，而且对利润率趋向下降规律的论述必须在剩余价值分割前进行，"在说明利润分割为互相独立的不同范畴以前，我们有意识地先说明这个规律"③。此外，资本主义由竞争向垄断的阶段性转变本身就是利润率趋向下降的产物。④ 马克思在"起反作用的各种原因"中说明对外贸易只能减缓而不能取消利润率的下降。事实上，暂时抛开这些无关紧要的因素，集中考虑那些起主导作用的因素正是马克思科学抽象方法的体现。需要指出的是，包括马克思在内支持利润率趋向下降规律的学者都把起反作用的各种原因作为重要的考量因素，绝非有意淡化。例如，马克思在《资本论》第三卷专门用一章来讨论。格罗斯曼在《资本主义体系的积累和崩溃规律：危机理论》一书中

---

① Michael Roberts, "Monocausality and Crisis Theory: A Reply to David Harvey," in Turan Subasat, ed., *The Great Financial Meltdown Systemic*, *Conjunctural or Policy Created*? (Cheltenham: Edward Elgar Publishing Limited, 2016), pp. 55 – 72.

② 〔美〕大卫·哈维：《跟大卫·哈维读〈资本论〉》第 1 卷，刘英译，上海译文出版社，2014，第 19～58 页。

③ 《资本论》第 3 卷，人民出版社，2004，第 238 页。

④ Anwar Shaikh, "An Introduction to the History of Crisis Theories," in Union for Radical Political Economics, ed., *US Capitalism in Crisis* (New York: Union for Radical Political Economics, 1978), pp. 231 – 232.

用68页的篇幅来解释规律本身，用71页的篇幅来概括起反作用的各种原因。① 迈克·罗伯茨在《大衰退、利润周期与危机：基于马克思主义的视角》一书中基于起反作用的各种原因的作用将利润率趋向下降规律发展为一个马克思主义经济周期理论。②

第二，第十五章"规律的内部矛盾的展开"旨在阐明规律所包含的内部矛盾的展开，着重分析这一规律发挥作用所导致的结果。从第三篇内部结构来看，第十三章说明了利润率趋向下降规律的本质、内在矛盾和表现形式，第十四章讨论了阻碍利润率下降的各种原因，进一步说明规律为何表现为一种趋向；这两章都是对规律内容进行的分析。第十五章则是揭露规律所包含的内部矛盾的展开，着重分析这一规律发挥作用所导致的结果。③ 第十五章涉及的市场实现、固定资本贬值、资本过剩与人口过剩等问题绝不是在放弃推导规律的假设条件后涌现的，而是内含在规律的内在矛盾之中的。获得利润和利润率是资本主义生产的动机和刺激资本主义不断发展的原动力。利润和利润率是资本主义生产总过程中呈现出来的现象，利润率趋向下降规律内在的矛盾自然就包含着生产过程和流通过程的总体矛盾，这些矛盾是生产条件和实现条件的矛盾（第一节"概论"的内容）、生产的目的和达到这一目的所用手段的矛盾（第二节"生产扩大和价值增殖之间的冲突"的内容），以及这些矛盾最具体和最综合的表现形式——生产过剩危机（第三节"人口过剩时的资本过剩"的内容）。正是在此基础上，马克思指出，利润率趋向下降规律"以纯粹经济学的方式，就是说，从资产阶级立场出发，在资本主义理解力的界限以内，从资本主义生产本身的立场出发而表现出来，也就是说这里表明，资本主义生产不是绝对的生产方式，

---

① Henryk Grossmann, *The Law of Accumulation and Breakdown of the Capitalist System: Being Also a Theory of Crises* (London: Pluto Press, 1992).

② Michael Roberts, *The Great Recession*, *Profit Cycles and Crises*: *A Marxist View* (London: Lulu Press, 2009).

③ 陈征：《〈资本论〉解说》第3卷，福建人民出版社，2017，第175页；胡钧、张宇：《〈资本论〉导读》，中国人民大学出版社，2013，第217~223页。

而只是一种历史的、和物质生产条件的某个有限的发展时期相适应的生产方式"①。

第三，经济危机直接原因的多样性不能否定利润率趋向下降规律在危机理论中的基础作用。每一次经济危机可以有不同的直接原因，但这不能否认这些危机背后存在的、起基础性作用的单一原因。正如古列尔莫·卡切迪所言，"一些马克思主义作家反对他们认为的单一原因解释，特别是利润率趋向下降规律。相反，他们认为，没有一种解释可以说明所有危机，除了它们都是资本主义的固有的，危机会在不同的时期和背景下以不同的形式表现出来。然而，如果这种难以捉摸和神秘的属性仅仅表现为不同危机的不同原因，那么其本身是不可知的。如果我们不知道所有这些不同的原因从何而来，那么我们就没有危机理论。危机是反复发生的，如果它们都有不同的原因，这些不同的原因可以解释不同的危机，但不能解释它们的反复发生。如果危机是反复出现的，它们必须有一个共同的原因，反复表现为不同危机的不同原因。没有办法绕过危机的单因性"②。迈克·罗伯茨更是一针见血地指出："如果我们不承认马克思利润率趋向下降规律是其危机理论的基础，那么我们就必须承认马克思根本没有任何危机理论。"③ 笔者赞同以上观点。

第四，利润率趋向下降规律有可能不是经济危机的直接原因，但是经济危机的根本原因。当哈维说从利润率趋向下降规律出发无法解释现实经济危机现象时，实际上他说的是利润率趋向下降规律不是经济危机的直接原因，就好像不是导致漏水的管道破裂，不是导致老年人死亡的心力衰竭。与此相反，马克思以及支持规律的马克思主义者认为利润率趋向下降规律是经济危机的根本原因，它是

---

① 《资本论》第3卷，人民出版社，2004，第289页。

② Guglielmo Carchedi，"Zombie Capitalism and the Origin of Crises," *International Socialism* 125 (2010).

③ Michael Roberts，"Monocausality and Crisis Theory：A Reply to David Harvey," in Turan Subasat，ed.，*The Great Financial Meltdown Systemic，Conjunctural or Policy Created?* (Cheltenham：Edward Elgar Publishing Limited，2016)，pp. 55 – 72.

通过加剧其他矛盾来引发危机的，就好像是导致管道破裂的水压上升，恶化心力衰竭的年龄增长。[①] 在利润率较低的情况下，资本主义生产方式的内在矛盾会被激化，爆发危机的风险会成倍增长。支持规律的马克思主义者批判那些将金融化或新自由主义视为 2007～2008 年金融危机原因的观点，并不是说他们认为金融危机与金融化和新自由主义无关，而是认为这些并非危机的根源。包括 2007～2008 年金融危机在内的资本主义经济危机，其实质是生产相对过剩危机，利润率趋向下降规律正是生产相对过剩危机背后的、起基础性作用的原因，与金融危机在现象上联系紧密的资本主义金融化和新自由主义政策是资本主义国家应对低迷利润率采取的对策。

第三节　西蒙·克拉克的观点及其批判

一　西蒙·克拉克的观点

马克思在 1862 年所写的经济学手稿中对利润率趋向下降规律做了细致的研究。其中一部分被考茨基编入《剩余价值理论》第二卷和第三卷。但最为系统的论述见于《1861—1863 年经济学手稿》中原来没有出版的部分，而这部分手稿正是恩格斯编辑《资本论》第三卷所用的《1863—1865 年经济学手稿》的基础。克拉克认为与恩格斯只是对马克思早期观点和材料的重新排列、缺乏整体分析所需系统性的编辑相比，作为马克思在世时完成的唯一一个系统性文本，《资本论》第一卷在思想上更加成熟，在对马克思学术观点解读的优先级上更高。"从解释马克思本人思想发展的视角出发，必须指出，不但正式出版的《资本论》第一卷是在第三卷的手稿之后才写的，而且关于历史趋势的这一节（第二十四章第 7 节'资本主义积累的

---

① Alan Freeman, "Booms, Depressions and the Rate of Profit: A Pluralist, Inductive Guide," in Turan Subasat, ed., *The Great Financial Meltdown Systemic, Conjunctural or Policy Created?* (Cheltenham: Edward Elgar Publishing Limited, 2016), pp. 73 - 96.

历史趋势'——引者注）也是后来才加入第一卷写作计划的。"① 因此，对利润率趋向下降规律的解读，应当按照从 1861 年至 1865 年所写的经济学手稿到成熟的著作《资本论》第一卷第 1 版的顺序进行。② 克拉克通过解读，认为那些试图将利润率趋向下降规律和危机理论联系起来的观点，是对利润率趋向下降规律教条的、孤立的、离开规律更为广阔的理论语境——资本主义积累的长期趋势——理解的产物。③ 克拉克用三个论点来证明他所得出结论的正确性。

第一，马克思没有简单地将利润率下降视为一种不可避免的、机械的长期趋势。克拉克指出，马克思对经济学理论的论述总是和政治经济学批判纠缠在一起，这必然会使没有注意到这一特点的人在对马克思经济学理论解读中走入误区。古典经济学认为利润率下降趋势当然存在，并试图对这一现象给出解释。《资本论》第三卷第三篇是马克思在利润率下降既定的事实下，纠正斯密和李嘉图等人错误的解释，将原因指向剩余价值率的提高没有抵消资本有机构成的提高。由于"马克思给自己定下的任务是说明利润率的下降"，所以他"没有作出利润率的上升还是下降取决于剩余价值率的变化和资本构成的变化之间的关系这样一个结论"④。克拉克认为，资本家不会被动接受资本有机构成提高对利润率的影响，而会做出最大的努力，通过提高剥削率、加快资本周转，抵消其负面影响。"从这一点出发，结论就不是一种机械的利润率下降趋势，而是随着资本主义的发展，围绕剩余价值生产的阶级斗争加剧的趋势。"⑤

---

① 〔英〕克拉克：《经济危机理论：马克思的视角》，杨健生译，北京师范大学出版社，2011，第 258～259 页。
② 〔英〕克拉克：《经济危机理论：马克思的视角》，杨健生译，北京师范大学出版社，2011，第 12～13 页。
③ 〔英〕克拉克：《经济危机理论：马克思的视角》，杨健生译，北京师范大学出版社，2011，第 222 页。
④ 〔英〕克拉克：《经济危机理论：马克思的视角》，杨健生译，北京师范大学出版社，2011，第 232 页。
⑤ 〔英〕克拉克：《经济危机理论：马克思的视角》，杨健生译，北京师范大学出版社，2011，第 184 页。

　　第二，利润率趋向下降只是资本主义积累的历史趋势中不重要的一个方面。克拉克认为，资本有机构成和剩余价值率间的相互作用会引起不同的后果，因为剩余价值率提高无法抵消资本有机构成提高而导致的利润率下降只是其中一种可能发生的后果，仅为资本主义积累长期趋势必须考虑的一个方面。"对利润率下降趋势的讨论只是贯穿在马克思的著作中对资本主义积累历史趋势这一更为广阔的讨论的一部分，在这一讨论中危机趋势只占了不过几页的篇幅。马克思最关注的问题主要是由于资本有机构成所直接引起的问题。"[①] 资本有机构成提高的重要性是双重的：一方面，它是资本积聚和集中趋势的基础，使得生产社会化和生产资料私人占有之间的矛盾愈加尖锐化；另一方面，它是生产相对过剩人口趋势的基础，这些相对过剩人口成为资本主义社会的掘墓人。马克思在《资本论》第一卷中关于资本主义积累历史趋势的讨论正是对这些方面的分析，这些讨论根植于资本主义积累的一般规律，而非利润率趋向下降规律。[②]

　　第三，利润率下降趋势是在资本一般的内在关系这个最抽象的水平上提出来的，而危机趋势只能在竞争领域内所表现的个别资本家之间的具体关系中才得以实现。1858 年 2 月，马克思在给拉萨尔的信中首次提出了"六册计划"，根据马克思的设想，第 1 册《资本》包括四篇：《资本一般》《竞争》《信用》《股份资本》。与这种设想紧密相关的是，马克思在叙述方法上的资本一般与竞争二分法。[③] 就危机理论而言，马克思打算在资本一般层面叙述危机的可能性，在竞争、信用等具体层面叙述危机的现实性，"现实危机只能从资本主义生产的现实运动、竞争和信用中引出"[④]。据此，克拉克认

---

① 〔英〕克拉克：《经济危机理论：马克思的视角》，杨健生译，北京师范大学出版社，2011，第 235 页。

② 〔英〕克拉克：《经济危机理论：马克思的视角》，杨健生译，北京师范大学出版社，2011，第 260 页。

③ 〔德〕米夏埃尔·亨利希：《存在马克思的危机理论吗？——进一步理解马克思〈政治经济学批判〉手稿中的"危机"概念》，夏静译，《马克思主义与现实》2009 年第 4 期。

④ 《马克思恩格斯全集》第 26 卷（第 2 册），人民出版社，1973，第 585 页。

为，"马克思没有确定利润率下降趋势与危机的必然性之间的直接联系，这主要是因为利润率下降趋势是在资本一般的内在关系这个最抽象的水平上提出来的，而危机趋势只能在竞争领域内所表现的个别资本家之间的具体关系中才能得以实现"①。

二　西蒙·克拉克观点的批判

通过以上对克拉克论点的检视，可知我们需要回答三个问题：从长期来看，利润率是否存在必然下降的趋势；《资本论》第三卷中利润率趋向下降规律与《资本论》第一卷中资本主义积累的一般规律之间是什么关系；马克思在《资本论》中是否论述了危机的现实性，如果论述了，利润率趋向下降规律处于什么层面。

第一，利润率趋向下降是资本主义固有的、不可避免的规律。马克思对利润率趋向下降规律的论述确实包含对斯密和李嘉图等古典经济学家观点的批判，但这并不意味着《资本论》第三卷第三篇的前提是既定的利润率下降的事实。利润率取决于剩余价值率与资本有机构成，马克思通过两个方面的说明，论证了从长期看剩余价值率的提高无法抵消资本有机构成提高对利润率施加的下降压力，得出了利润率呈现出下降趋势的结论：剩余价值率的提高受到社会条件的制约，存在不可逾越的上线；随着剩余价值率的提高，其对利润率的影响会越来越小。② 利润率趋向下降规律是资本主义固有的、不可避免的规律，因为它内含着资本家个人利益与资本整体利益的冲突，并不以资本家的个人意志为转移。资本家确实不会坐以待毙，被动接受利润率下降，他们通过提高技术以获得超剩余价值，但是当每个资本家都这样做时，社会平均资本有机构成提高，利润率进一步下降，正是单个资本家试图阻止其利润率下降的手段使得

---

① 〔英〕克拉克：《经济危机理论：马克思的视角》，杨健生译，北京师范大学出版社，2011，第183页。
② 《资本论》第3卷，人民出版社，2004，第276页；《马克思恩格斯全集》第46卷（上册），人民出版社，1979，第305页。

资本家整体的利润率下降。

第二，《资本论》第三卷中的利润率趋向下降规律是《资本论》第一卷中的资本主义积累的一般规律发展了的形式，不能用后者来贬低前者。克拉克把《资本论》第一卷视为马克思最成熟的并且是最终的经济学著作，认为对利润率趋向下降规律的解读，要按照从1861年至1865年所写的经济学手稿到《资本论》第一卷第1版的顺序进行。这种观点潜在地把包括《资本论》第三卷在内的1861年至1865年所写的经济学手稿视为《资本论》第一卷的草稿，把《资本论》第三卷及其中的利润率趋向下降规律视为马克思不成熟的、不重要的，甚至最终放弃的内容。这种观点忽略了《资本论》三卷间内在结构的联系，误解了利润率趋向下降规律与资本主义积累的一般规律间的关系。《资本论》三卷是围绕剩余价值这一资本主义生产方式的核心概念展开的科学体系。《资本论》第一卷研究直接的生产过程，目的是揭示剩余价值的来源，作为这一卷理论归结点的资本主义积累的一般规律仅将资本主义生产方式的矛盾以阶级利益对立的形式呈现出来：一边是不断积聚和集中的资本，一边是不断增加的、日益贫困化的相对过剩人口。《资本论》第二卷研究包括资本直接生产过程在内的广义的流通过程，目的是揭示剩余价值的实现问题。《资本论》第三卷则在前两卷的基础上，更进一步研究资本主义生产的总过程，其中利润率趋向下降规律是马克思对产业资本生产总过程考察后的总的理论归结点，将资本主义生产方式的矛盾以"利润率，资本主义生产的刺激，积累的条件和动力，会受到生产本身发展的威胁"[①] 的形式呈现出来，以"资本本身在其历史发展中所造成的生产力的发展，在达到一定点以后，就会不是造成而是消除资本的自行增殖。超过一定点，生产力的发展就变成对资本的一种限制；因此，超过一定点，资本关系就变成对劳动生产力发展的一种限制"[②] 的形式呈现出来。因此，利润率趋向下降规律是当剩

---

① 《资本论》第3卷，人民出版社，2004，第288页。
② 《马克思恩格斯全集》第46卷（下册），人民出版社，1980，第268页。

余价值转化为利润，一般利润率形成后，资本主义积累的一般规律发展了的形式。

第三，马克思在《资本论》中论述了危机的现实性，利润率趋向下降规律属于危机理论的现实性的内容。按照马克思最初的界定，"资本一般"是"抓住了与所有其他财富形式或（社会）生产发展方式相区别的资本的特征的一种抽象……是每一种资本作为资本所共有的规定，或者说是使任何一定量的价值成为资本的那种规定"①。因此，在《资本一般》这一篇中，既不考察资本的特殊性——资本的积累和资本的竞争，也不考察资本的个别性——资本作为信用和资本作为股份资本。但是随着马克思在《1861—1863 年经济学手稿》写作过程中理论的发展，尤其是平均利润和生产价格理论的建立，资本一般的最初规定被突破了，竞争、信用等原本没有打算在《资本一般》中论述的内容，被纳入了《资本论》中。② 马克思甚至指出："包含在资本本性里面的东西，只有通过竞争才作为外在的必然性现实地暴露出来，而竞争无非是许多资本把资本的内在规定互相强加给对方并强加给自己。因此，任何一个资产阶级经济范畴，即使是最初步的范畴——例如价值规定——要成为实际的东西，都不能不通过自由竞争。"③ 由于资本一般内涵的扩大，《资本论》的论述层次由原来的狭义资本一般扩大为最终的广义资本一般，这带来了两点影响。首先，《资本论》不仅论述了危机的可能性，也讨论了危机的现实性。马克思认为："危机的一般的、抽象的可能性，无非就是危机的最抽象的形式，没有内容，没有危机的内容丰富的起因。"④ 利润率趋向下降规律显然不是危机的"可能性"，而是属于"内容丰富的起因"的现实性。其次，《1861—1863 年经济学手稿》中计划的在狭义资本一般层面研究危机的"可能性"，在竞争、信用

---

① 《马克思恩格斯全集》第 46 卷（上册），人民出版社，1979，第 444 页。
② 马建行、郭继严：《〈资本论〉创作史》，山东人民出版社，1983，第 340 页。
③ 《马克思恩格斯全集》第 46 卷（下册），人民出版社，1980，第 160 页。
④ 《马克思恩格斯全集》第 26 卷（第 2 册），人民出版社，1973，第 581 页。

层面研究危机的"现实性"的危机理论结构，成了一纸空文。① 取代它的是单个资本和社会总资本的概念，危机的现实性在《资本论》中得到了论述。利润率趋向下降规律正是马克思对产业资本生产总过程考察后得出的最终结论。

第四节　利润率趋向下降规律在马克思危机理论中的层次

要正确理解利润率趋向下降规律在马克思危机理论中的层次，首先就要正确理解马克思论述危机理论的方法。随着对资本主义生产方式的分析而逐步展开与之相适应的危机观点正是马克思论述危机理论的方法。这是由危机本身的性质和危机理论在马克思经济学理论中的地位决定的。危机是资本主义生产方式内部不可调和矛盾的外在结果和强制平衡，危机理论是马克思经济学理论的理论归结点，这就要求对危机的分析与阐述必须以分析和阐述资本主义生产方式的矛盾为前提，在对资本主义生产方式矛盾的逐层分析中得出危机在相应层面的规定。② 因此，在叙述方法上危机理论只能与资本主义生产方式同步展开，作为其结果，马克思的危机观点必然集中在资本主义生产方式的某个层面的矛盾被揭示之后的地方，行使理论归结点的功能。

从马克思论述危机理论的方法上看，利润率趋向下降规律是相对生产过剩危机的直接依据。马克思在《资本论》中构建了一个系统的资本主义经济危机理论——周期爆发的生产过剩经济危机理论。③

---

① 〔德〕米夏埃尔·亨利希：《存在马克思的危机理论吗？——进一步理解马克思〈政治经济学批判〉手稿中的"危机"概念》，夏静译，《马克思主义与现实》2009 年第 4 期。

② 陈岱孙：《从古典经济学派到马克思——若干主要学说发展论略》，商务印书馆，2014，第 257 页。

③ 胡钧、沈尤佳：《马克思经济危机理论——与凯恩斯危机理论的区别》，《当代经济研究》2008 年第 11 期。

迄今为止，这一理论能够很好地解释资本主义爆发的历次经济危机。[①]《资本论》第一卷首先通过对商品流通形式、货币支付职能的分析说明了危机的可能性。其次资本主义积累规律为生产与消费的对抗性矛盾导致生产过剩危机奠定了基础，论证了生产过剩危机源于资本主义生产方式的内部矛盾。《资本论》第二卷通过对两大部类再生产需要保持恰当的比例关系的分析，论证了生产过剩危机的可能性在流通过程中得到进一步发展。最终，《资本论》第三卷指出了生产过剩危机的直接根据——利润率趋向下降规律。利润率的下降激化了资本间的竞争，资本家个体试图通过压低工资和扩大销量弥补利润，使剩余价值生产与剩余价值实现间的矛盾日益激化，导致资本主义生产过剩危机。[②]

从马克思广义的资本概念上看，利润率趋向下降规律与相对生产过剩具有直接统一性。一般而言，在相对生产过剩危机的语境中，相对生产过剩指的是消费品相对过剩；作为利润率趋向下降规律作用结果的资本相对过剩，指的是生产资料，尤其是固定资本相对过剩。然而，从马克思广义的资本概念上看，作为以物为媒介的资本主义生产关系——资本，其在再生产过程的不同环节上以不同的形式存在，无论是作为生产要素的生产资料，还是作为产出的商品，实质上都是资本，因此商品过剩就是资本过剩，利润率趋向下降规律与相对生产过剩具有直接统一性。更进一步讲，商品相对生产过剩和利润率趋向下降是在资本主义生产关系下生产力发展必然结果的正反两个方面。"而构成现代生产过剩的基础的，正是生产力的不可遏止的发展和由此产生的大规模的生产，这种大规模的生产是在这样的条件下进行的：一方面，广大的生产者的消费只限于必需品的范围，另一方面，资本家的利润成为生产的界限。"[③]

---

① 2008 年爆发的国际金融危机本质上仍然是资本主义生产过剩危机。参见卫兴华、孙咏梅《用马克思主义的理论逻辑分析国际金融危机》，《社会科学辑刊》2011 年第 1 期。

② 《资本论》第 3 卷，人民出版社，2004，第 296 页。

③ 《马克思恩格斯全集》第 26 卷（第 2 册），人民出版社，1973，第 603 ~ 604 页。

第五节　利润率趋向下降规律作为
危机理论基础的意义

它阐明了资本主义生产方式的历史暂时性与局限性。首先，资本主义生产的一切活动都围绕着剩余价值而展开，利润率趋向下降规律表明随着资本主义积累的进行，社会平均资本有机构成的提高，作为资本主义生产的刺激、资本主义积累的条件和动力的利润率会"受到生产本身发展的威胁"而逐步降低。① 这说明资本主义生产方式有着内在的局限性和自我否定性，资本主义生产不是绝对的、永恒的生产方式，而是像封建制、奴隶制那样，是在社会发展的一定阶段与其生产力水平相适应的，随着生产力发展而不可避免被替代的特定生产方式。其次，生产领域内的技术进步和生产率提高，极大地降低了生产单位商品所需的时间，这本可以作为改善劳动人民的生活状况、缩短雇佣工人的劳动时间和削弱现实世界中物对人统治和规训的途径。但是在资本主义生产方式中，技术进步和生产率提高被用作更大程度剥削剩余价值的手段，与之伴随的，一方面是雇佣工人的超时劳动、不稳定就业和困苦的生活条件，另一方面是资本家更大更快的财富积累。为了缓解在资本积累过程中由利润率趋向下降规律引起的利润率低迷，资本家进一步扩大生产和压低工资，这使得收入分配的不平等更加严峻，生产与消费间的矛盾更加激化，奠定了资本主义经济危机周期性爆发的基础。这就表明，"资本主义生产的真正限制是资本自身……如果说资本主义生产方式是发展物质生产力并且创造同这种生产力相适应的世界市场的历史手段，那么，这种生产方式同时也是它的这个历史任务和同它相适应的社会生产关系之间的经常的矛盾"②。

它奠定了资本主义经济危机不可避免性的基础。马克思主义危

---

① 《资本论》第 3 卷，人民出版社，2004，第 288 页。
② 《资本论》第 3 卷，人民出版社，2004，第 278～279 页。

机理论的鲜明特色在于强调危机的必然性，强调危机是资本主义生产方式固有的、无法摆脱的特征，这正是由利润率趋向下降规律所赋予的。如果把危机的原因诉诸消费不足（罗莎·卢森堡、保罗·斯威齐、约翰·梅纳德·凯恩斯）、收入分配不均（托马斯·皮凯蒂）、比例失调（M. N. 杜冈－巴拉诺夫斯基）、由产能利润率与利润挤压或过度竞争引起的利润率下降（约翰·贝拉米·福斯特、安德鲁·格林、韦斯科普夫、伊藤诚、罗伯特·布伦纳）、金融投机（海曼·明斯基）和剥夺性积累（大卫·哈维），那就意味着资本主义经济危机可以通过扩张性财政政策、福利政策、加强宏观调控、提高设备利用率、打压劳工组织或进行阶级合作、限制资本间竞争、完善金融政策和抵制公共产品私有化等手段解决甚至避免。如果把经济危机仅视为资本主义生产方式从积累的一个"积累体制"（调节学派）或"社会结构"（积累的社会结构学派）向另一个的过渡，那么资本主义似乎将永远演变下去，阶级斗争就会丧失其客观基础，社会主义就只能成为一种道德理想。可以说，否定利润率趋向下降规律，否认利润率趋向下降规律在经济危机理论中的基础地位，就会动摇资本主义经济危机的不可避免性，进而危及"两个必然"的正确性和科学社会主义的合理性。

它构成了马克思论证社会主义必然从空想到科学转变的关键一环。《共产党宣言》标志着科学社会主义的诞生，得出了资本主义必然灭亡和共产主义必会到来的结论，"资产阶级的灭亡和无产阶级的胜利是同样不可避免的"[①]，"代替那存在着阶级和阶级对立的资产阶级旧社会的，将是这样一个联合体，在那里，每个人的自由发展是一切人的自由发展的条件"[②]。然而，资本主义必然灭亡和共产主义必会到来的结论在《共产党宣言》中是依据唯物主义历史观得出的，它基于生产力和生产关系矛盾运动的视角，认为资本主义社会只是随着生产力的发展用新的阶级和新的压迫条件代替孕育自己的

---

① 《马克思恩格斯选集》第 1 卷，人民出版社，2012，第 413 页。
② 《马克思恩格斯选集》第 1 卷，人民出版社，2012，第 422 页。

封建社会的社会形态，且随着生产力继续发展，资产阶级所有制会成为生产力进一步发展的障碍，在这一过程中大量产生且被有效组织起来的无产阶级将会成为结束资本主义社会的掘墓人。这一论证方法与仅仅把共产主义看作未来美好愿望的空想社会主义理论相比，具有明显的科学性。然而，仅依据抽象的唯物主义历史观进行的论证，还不能说是充分的，正如恩格斯所指出的："问题在于：一方面应当说明资本主义生产方式的历史联系和它在一定历史时期存在的必然性，从而说明它灭亡的必然性；另一方面应当揭露这种生产方式的一直还隐蔽着的内在性质。"① 马克思在《资本论》中对社会主义从空想到科学的转变进行了论证，其中利润率趋向下降规律构成了这个论证的关键一环。马克思通过对商品一般的分析，揭示了商品经济中经济危机的可能性；通过对剩余价值论的阐述，说明了资本主义生产方式的内在矛盾以及由此决定的资本主义经济危机的现实性；通过对利润率趋向下降规律的阐释，最终得出了"它（资本主义生产方式——引者注）的历史使命是无所顾忌地按照几何级数推动人类劳动的生产率的发展。如果它像这里（利润率趋向下降规律——引者注）所说的那样，阻碍生产率的发展，它就背叛了这个使命。它由此只是再一次证明，它正在衰老，越来越过时了"② 的结论。

---

① 《马克思恩格斯选集》第 3 卷，人民出版社，2012，第 797 页。
② 《资本论》第 3 卷，人民出版社，2004，第 292 页。

第六章

1955～2018 年美国经济利润率的政治经济学分析

只要人们在理论层面对利润率趋向下降规律抱有较大的怀疑，那么任何经验研究都是没有说服力的，经验度量必须以理论的正确性为前提。因此，在澄清有关利润率趋向下降规律在理论层面的质疑后，本章开始转入对利润率趋向下降规律的经验研究。

在对利润率趋向下降规律所涉及的基本马克思主义变量（利润率、资本有机构成、剩余价值率和非生产性劳动工资 - 生产性劳动工资比率等）经验度量之前，需要说明其中涉及的方法论争论。因为采用不同的度量方法，就会得出基本马克思主义变量不同的动态，进而对重大的经验问题形成截然迥异的判断。①

围绕马克思主义利润率度量方法的争论，如图 6 - 1 所示，大体上可以分为四个层面：度量价值利润率还是价格利润率；采用当前价格还是历史价格度量资本存量；是否区分生产劳动与非生产劳动；如果区分生产劳动与非生产劳动，那么非生产性支出是属于剩余价值的范畴还是不变资本的范畴。前三个层面的争论，国内学者已有

---

① 例如，由于度量利润率方法的不同，国外左翼学者对新自由主义阶段美国经济利润率，与黄金年代相比是否得到充分恢复形成了不同的判断，这些不同的判断又直接影响了他们对 2008 年国际金融危机爆发原因以及应该采取何种政策措施以应对危机的认识。

研究。① 本章第一节将在他们研究的基础上进一步推进；第二节讨论第四个层面的争论；第三节按照选定的度量方法，对 1955～2018 年美国经济利润率及相关变量进行经验分析。

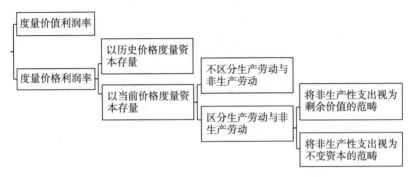

图 6 - 1　围绕马克思主义利润率度量方法争论的四个层面

第一节　经验度量中的理论问题

一　度量价值利润率还是价格利润率

马克思在《资本论》第一卷提出了科学的劳动价值论。根据这一理论，商品的价格等于其价值，价格的货币数量等于商品价值与货币商品价值之比。随着理论的发展，马克思在《资本论》第三卷研究了由不同部门间资本相互竞争形成的平均利润率问题。考虑到不同生产部门的资本有机构成和周转时间不同，平均利润率的形成意味着单个商品价格的波动中心由价值转向了生产价格，价格偏离了价值。马克思指出，尽管单个商品的价格偏离了价值，但

---

① 国内有关争论已有的梳理，参见谢富胜、郑琛《如何从经验上估算利润率？》，《当代经济研究》2016 年第 4 期；李亚伟、孟捷《如何在经验研究中界定利润率——基于现代马克思主义文献的分析》，《中国人民大学学报》2015 年第 6 期；周思成《利润率与美国金融危机——国外马克思主义经济学者对危机的阐释与争论》，《政治经济学评论》2011 年第 3 期；李直《中国利润率的历史及其波动原因分析》，中国人民大学硕士学位论文，2014；高峰《资本积累理论与现代资本主义——理论的和实证的分析》，社会科学文献出版社，2014。

是从整体上看，商品的生产价格受到价值的制约，生产价格总和等于价值总和，因此价格总和仍然等于价值总和。围绕马克思该观点的争论形成了马克思主义政治经济学经典研究主题之一的"价值转形问题"。①

马克思对利润率及其他基本马克思主义变量的定义是建立在价值范畴的基础之上的。"用可变资本来计算的剩余价值的比率，叫作剩余价值率；用总资本来计算的剩余价值的比率，叫作利润率。"②因此，如果在"价值转形问题"中持有否定价值和价格间关系的观点，就需要严格按照马克思的定义计算利润率、剩余价值率和资本有机构成，就需要使用社会必要劳动时间量（价值）为单位计算可变资本、不变资本和剩余价值等概念。摆在面前的首要问题是如何将货币单位（价格）转换为劳动量单位（社会必要劳动时间）。

玛治以社会必要劳动时间量为基础计算了 1900～1960 年美国基本马克思主义变量。③玛治的方法是：用当年发挥作用的生产性劳动时间除以当年净产品的货币价格求得当年美元所包含的劳动时间，其中，当年净产品的货币价格等于生产性劳动者与资本家的货币净收入之和；然后，将当年美元所包含的劳动时间定义为当年美元的劳动含量，以此作为货币单位变量向劳动量单位变量转化的系数。④

---

① 冯·鲍特基维茨提出，马克思的转形方案仅限于将产出由价值转形为生产价格，如果将投入也由价值转形为生产价格，那么在转形之后总价值等于总生产价格，总剩余价值等于总平均利润，无法同时得到满足，开启了"狭义转形问题"的争论。斯蒂德曼从根本上否定了劳动价值论，认为由价值向生产价格转形是逻辑上不必要的迂回，开启了所谓"广义转形问题"的争论。参见孟捷《劳动价值论与资本主义再生产中的不确定性》，《中国社会科学》2004 年第 3 期；张忠任《百年难题的破解：价值向生产价格转形问题的历史与研究》，人民出版社，2004。

② 《资本论》第 3 卷，人民出版社，2004，第 51 页。

③ 谢恩·玛治虽然分别以当前价格和社会必要劳动时间量为基础对马克思主义基本变量进行了计算，但他认为后者更正确。参见 Shane Mage, *The Law of the Falling Tendency of the Rate of Profit: Its Place in the Marxian Theoretical System and Relevance to U. S Economy* (PhD. diss., New York：Columbia University, 1963), p. 196。

④ Shane Mage, *The Law of the Falling Tendency of the Rate of Profit: Its Place in the Marxian Theoretical System and Relevance to U. S Economy* (PhD. diss., New York：Columbia University, 1963), pp. 196 – 200.

　　沃尔夫在玛治的基础上进一步拓展了将货币单位（价格）转化为劳动量单位（社会必要劳动时间）的方法。与玛治将所有生产部门作为一个整体，求解出所有生产部门共用的一个转化系数不同，沃尔夫利用美国 1947 年、1958 年、1963 年和 1967 年的投入产出表，得出了 87 个部门各自的转化系数，且该系数为当前美元包含的直接劳动量和间接劳动量之和。[①] 沃尔夫的具体方法如下：令 α = 产业部门间的系数矩阵，l = 劳动系数的行矢量，N = 雇佣工人的总数，m = 每一个工人平均消费的列矢量，$M = mN$ = 全部工人消费的列矢量，X = 按部门划分的国内总产值的列矢量，k = 资本系数矩阵，p = 以 1958 年为基期的部门物价指数的行矢量。因此，劳动价值矢量 λ 为：

$$\lambda = l\,(I - a)^{-1} \tag{6-1}$$

　　其中，I 为单位向量，λ_i 为 i 部门生产一美元商品所需的总劳动量。劳动力价值为 λm。剩余价值率 ε 为：

$$\varepsilon = \frac{1 - \lambda m}{\lambda m} \tag{6-2}$$

　　总可变资本 V 为：

$$V = N\lambda m \tag{6-3}$$

　　总剩余价值 S 为：

$$S = N\lambda m\varepsilon = N(1 - \lambda m) \tag{6-4}$$

　　资本有机构成 σ 为：

$$\sigma = \frac{\lambda\,(k + a)X}{N\lambda m} \tag{6-5}$$

　　价值利润率 $\pi\nu$ 为：

$$\pi\nu = \frac{\varepsilon}{\sigma + 1} \tag{6-6}$$

①　Edward N. Wolff, "The Rate of Surplus Value, the Organic Composition, and the General Rate of Profit in the U. S. Economy, 1947 – 1967," *The American Economic Review* 3（1979）：329 – 341.

　　然而，如图6－2所示，将货币单位（价格）转换为劳动量单位（社会必要劳动时间）需要经过两个过程。第一，把生产价格转化为价值，消除不同部门资本有机构成不同导致的生产价格与价值的偏离。第二，把复杂程度不同的劳动转化为同质的（非熟练的、正常劳动强度的）抽象劳动量。沃尔夫对资本有机构成、剩余价值率和价值利润率的测度建立在劳动价值矢量的基础上，而其对劳动价值矢量的求解隐含着一个假设条件：所有工人的技能水平和劳动强度相同，或者说任何工人劳动1小时创造的价值量等于其他工人劳动1小时创造的价值量，具体劳动直接就是同质的抽象劳动。沃尔夫通过劳动系数矢量所要矫正的，只是由资本有机构成偏离平均资本有机构成引起的生产价格对价值的偏离。① 由于工人的技术水平和劳动强度在不同的生产部门有着相当大的差异，沃尔夫的估计绝不是对商品所含抽象劳动量的可靠估计。②

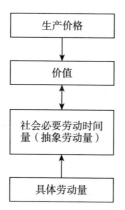

图6－2　货币单位（价格）转换为劳动量单位（社会必要劳动时间）需要经过两个过程

　　把具体劳动转化为抽象劳动需要有两组转化系数：一组转化系数将不同类型的熟练劳动量转化为同等的非熟练劳动量，另一组转

---

①　高峰：《资本积累理论与现代资本主义——理论的和实证的分析》，社会科学文献出版社，2014，第284～285页。

②　Fred Moseley, *The Falling Rate of Profit in the Postwar United States Economy* (New York：St. Martin's Press, 1991), pp. 26－43.

化系数将高于或低于平均劳动强度的劳动量转换为同等平均劳动强度的劳动量。关于熟练劳动向非熟练劳动的转化，希法亭提出了以训练熟练劳动力所需的劳动量为基础的转化规则，这一规则被一些学者采用，同时也受到了其他学者的批评，可以说远未达成共识；关于不同劳动强度向平均劳动强度的转化，目前也没有可靠的办法。① 这两组转化系数目前无法得出，事实上也不可能得出，因为抽象劳动之所以用迂回形式的价值来表现，原因就在于其无法被直接观察和度量。具体劳动向抽象劳动或价值转化的过程是在商品生产和交换的背后进行的，因而价值只能通过交换价值来表现，将货币单位（价格）转换为劳动量单位（社会必要劳动时间）的可靠方法并不存在，任何对价值利润率测度的可靠性都值得怀疑。因此，基本马克思主义变量就不能用劳动量单位（社会必要劳动时间）来估计，而只能用货币单位（价格）来度量。

在马克思看来，其用价值范畴定义的变量能够用货币数量来可靠地度量。第一，作为货币数量的价格是作为抽象劳动数量的价值的必然的表现形式。商品的价值形式，包含在该商品对其他商品的交换关系中。商品的价值需要通过与其他商品的交换关系，才独立地表现在交换价值这个形式上。交换价值或价值形式，并不是外加到价值上去的，而是价值本身所要求的，是价值的必然的表现形式。第二，马克思对资本概念的框定是以货币为基础的。② 他在《资本论》第一卷"货币转化为资本"一章，首先说明了货币与资本间存在的某种统一性；其次将货币作为资本与仅仅作为交换手段的货币区别开来，指出资本是以 G—W—G′的形式循环，为了挣得更多货币的货币；最后将剩余价值的概念界定为从流通中提取的货币的数量超过最初投入流通金额的余额。由此，本书认为马克思的利

①　Fred Moseley, *The Falling Rate of Profit in the Postwar United States Economy*（New York：St. Martin's Press, 1991）, pp. 26 – 43.

②　Fred Moseley, *The Falling Rate of Profit in the Postwar United States Economy*（New York：St. Martin's Press, 1991）, pp. 26 – 43.

润率、不变资本、可变资本和剩余价值等概念可以用作为资本的货币来表示。

二　固定资本存量的度量：当前价格还是历史价格

作为马克思利润率公式分母上的资本，严格意义上讲是预付总资本，等于预付不变资本和预付可变资本之和。由于预付可变资本不易估计，因此绝大多数学者在度量资本时舍弃了预付可变资本。首先，预付可变资本的度量较为困难，例如，高峰在计算过程中使用流动不变资本的周转速度代替了可变资本的周转速度。[①] 其次，预付可变资本在量级上与预付不变资本相差较大，舍弃预付可变资本对结果影响不大。再次，从长期来看，随着技术进步，资本有机构成提高，可变资本占预付总资本的比重越来越低，固定资本的利润率与马克思严格定义的预付总资本的利润率趋同。最后，现实中可变资本并没有被预付给工人，他们在劳动之后才能拿到工资。[②]

绝大多数学者在度量不变资本时用固定资本存量代替。预付不变资本为预付流动不变资本与固定资本存量之和。考虑到原材料周转速度的估计困难，绝大多数学者在度量资本时将其舍弃，用固定资本存量代替预付不变资本。以上关于资本口径大小的选择问题，并没有引起较大争论，大多数学者用固定资本存量替代预付总资本作为利润率公式的分母。[③] 争论的焦点在于使用当前价格还是历史价格度量固定资本存量。

以当前价格度量固定资本，表示的是当前重置同一固定资本所

---

① 高峰：《资本积累理论与现代资本主义——理论的和实证的分析》，社会科学文献出版社，2014，第 301～302 页。
② 谢富胜、郑琛：《如何从经验上估算利润率？》，《当代经济研究》2016 年第 4 期。
③ 利润边际是利润与资本流量（所费资本）之比。马克思认为利润率趋向下降规律是，在资本主义经济中劳动生产率提高的必然表现，而劳动生产率的提高是由固定资本相对于可变资本比例的提高引起的，因此利润率是利润与资本存量（预付资本）之比。谢克对此进行了区分，参见 Anwar Shaikh, "Political Economy and Capitalism: Notes on Dobb's Theory of Crisis," *Cambridge Journal of Economics* 2 (1978): 242 – 245。

需的成本，侧重点是固定资本的实物补偿；以历史价格度量固定资本，表示的是过去购买同一固定资本所支付的账面成本，侧重点是固定资本的货币补偿。[1] 以往马克思主义经济学家一直用现期成本利润率来评估盈利能力的变动。安德鲁·克莱曼对此持反对意见，指出正确的方法是使用历史价格度量固定资本存量，并将那些使用当前价格度量固定资本的学者称为"实物主义经济学家"。[2]

首先，安德鲁·克莱曼剖析了"实物主义经济学家"错误的思想根源。他认为"实物主义经济学家"普遍接受了博特凯维兹在价值转形问题上提出的两个隐含的假设及其结论。即价格与价值处于不同的体系中，两者在同一时间被决定，因此价值决定是静态的，是处于均衡之中的，故把利润率视为一个非时间的利润率（即用重置成本衡量利润率）。接受了这些论证的人自然就接受了用侧重于实物补偿的现期成本法衡量的利润率。与之相反，作为跨期单一体系解释学派的代表性人物，安德鲁·克莱曼认为价值与价格处于单一系统，而且投入品、产出品的价值和价格是在不同的时期决定的，因此价值创造与实现的过程是随着时间而变动的过程，利润率是包含时间因素的利润率（即用历史成本衡量利润率），而不是非时间的利润率，进而发展了用侧重于货币补偿的历史成本法衡量的利润率。[3]

其次，安德鲁·克莱曼指出利润率是衡量企业投资回报率的指标，应为利润量与实际投资成本之比。不管是度量企业的当前利润率还是预期利润率，都应该用实际投资成本（历史成本）做利润率

---

① 刘磊：《利润率下降危机理论的一个经验研究——〈大失败：资本主义生产大衰退的根本原因〉述评》，《中国人民大学学报》2014 年第 2 期。

② 〔美〕安德鲁·克莱曼：《大失败：资本主义生产大衰退的根本原因》，周延云译，中央编译出版社，2013，第 103～105 页。

③ 周延云、刘磊：《评安德鲁·克莱曼的〈大失败：资本主义生产大衰退的根本原因〉》，《国外理论动态》2013 年第 11 期；钱箭星、肖巍：《克莱曼对经济危机的马克思主义分析——利润率下降趋势规律的再证明》，《当代经济研究》2015 第 5 期。跨期单一体系解释学派的更多内容，参见 Andrew Kliman, *Reclaiming Marx's Capital: A Refutation of the Myth of Inconsistency* (Lanham: Lexington Books, 2007), pp. 32 – 35。

的分母。[1] 利润与重置投资成本（现期成本）之比不是真正的利润率，而且这种所谓现期成本利润率与资本积累率没有明确关系。[2] 不仅如此，由于现期成本是当前购买过去的资产需要付出的成本，因此在通货紧缩时会减少资本的估值，人为高估利润率，在通货膨胀时则正好相反。

在此基础上，克莱曼提出了使用历史价格度量固定资本存量的方法。固定资本存量 C^H 等于各年净投资 In 的总和，每年的净投资 In 为该年总投资 I 减去该年的资本折旧 D。因此，用历史价格计算的 t 年固定资产存量 C^H 为：

$$C_t^H = In_0 + In_1 + \cdots + In_{t-1} = \sum_{t=0}^{t-1} In_t = \sum_{t=0}^{t-1} I_t - D_t \qquad (6-7)$$

为了排除通货膨胀的影响[3]，克莱曼用当年 GDP 价格指数进行矫正，得到经通货膨胀调整的固定资产存量 C^D：

$$C_t^D = \frac{In_0}{G_0} + \frac{In_1}{G_1} + \cdots + \frac{In_{t-1}}{G_{t-1}} = \sum_{t=0}^{t-1} \left(\frac{In_t}{G_t} \right) = \sum_{t=0}^{t-1} \frac{I_t - D_t}{G_t} \qquad (6-8)$$

除哈曼等少数学者外，绝大多数学者对克莱曼提出的使用历史价格度量固定资本存量的方法持否定态度。[4] 李亚伟等指出，克莱曼正确指出了资本存量的当前价格和历史价格衡量方法的差别，但是

① 刘磊：《利润率下降危机理论的一个经验研究——〈大失败：资本主义生产大衰退的根本原因〉述评》，《中国人民大学学报》2014 年第 2 期。

② 〔美〕安德鲁·克莱曼：《大失败：资本主义生产大衰退的根本原因》，周延云译，中央编译出版社，2013，第 103 页。

③ 克莱曼认为，马克思使用了另一个通货膨胀的概念，按照这种概念，一组物品使用既定的劳动时间来衡量成本，如果这组物品的货币价格上升，那么通货膨胀就发生了。因此，克莱曼还使用劳动价值的货币表现（MTLT）对通货膨胀进行矫正，得到经 MTLT 调整的固定资产存量 C^L。由于克莱曼承认，"我所得到的关于 MTLT 的数据是一个粗略的估计"，且经 MTLT 调整的固定资产存量在关于当前成本还是历史成本的争论中无关紧要，因此在这里不予考虑。克莱曼相关观点，参见〔美〕安德鲁·克莱曼《大失败：资本主义生产大衰退的根本原因》，周延云译，中央编译出版社，2013，第 75～102 页。

④ 哈曼的观点参见 Chris Harman, "Not All Marxism is Dogmatism: A Reply to Michel Husson," *International Socialism* 125（2010）；克里斯·哈曼《利润率和当前世界经济危机》，丁为民、崔丽娟译，《国外理论动态》2008 年第 10 期。

克莱曼认为以当前价格计算的资本存量为分母计算的利润率无法反映企业的现实回报率、预期回报率，并且和资本积累率没有明确关系的观点是错误的。使用历史价格来度量资本存量，无法准确反映继续投资能够获得的利润率，度量的仅仅是意义不大的账面收益率。因此，与用当前价格度量的资本存量相比，它不是一个反映资本积累的合适指标。[①] 米歇尔·于松指出，克莱曼使用历史价格度量固定资本存量的计算中存在两处错误。[②] 其一，使用当年 GDP 价格指数矫正通货膨胀是不正确的，因为资本家利润的主要使用方向是购买资本要素再积累，而非生活消费，因此应该使用资产价格指数 F 进行矫正。其二，每年的净投资 In 等于该年总投资 I 减去该年的资本折旧 D，但是该年的总投资 I 和该年的资本折旧 D 对应的是不同阶段的设备，因此应该用设备的平均历史成本，而不是用同一价格指数平减分别属于多个阶段的设备来矫正通货膨胀，正确的度量方法如公式 6 - 9 所示。

$$C_t = \sum \left[I(t)/F(t) \right] - \sum \left[D(t)/F(t - \theta) \right] \qquad (6-9)$$

分析和比较利润率的历史成本法和当前成本法是必要的，但是两者对利润率长期趋势的影响则是微不足道的，尤其考虑到本书关注的是利润率的长期趋势。[③] 鉴于在使用历史价格度量固定资本存量的计算中，通货膨胀的矫正方法较为复杂，而且在此过程中可能会

---

① 李亚伟、孟捷：《如何在经验研究中界定利润率——基于现代马克思主义文献的分析》，《中国人民大学学报》2015 年第 6 期。

② Michel Husson, "The Debate on the Rate of Profit," *International Viewpoint*, July 13, 2010；周思成：《利润率与美国金融危机——国外马克思主义经济学者对危机的阐释与争论》，《政治经济学评论》2011 年第 3 期。克莱曼对于松的批判进行了回应，参见 Andrew Kliman, "Master of Words: A Reply to Michel Husson on the Character of the Latest Economic Crisis," *Working Paper*, 2010。本书认为克莱曼的回应并不能自圆其说。

③ Michel Husson, "The Debate on the Rate of Profit," *International Viewpoint*, July 13, 2010；Murray E. G. Smith, Jonah Butovsky, "Profitability and the Roots of the Global Crisis: Marx's 'Law of the Tendency of the Rate of Profit to Fall' and the US Economy, 1950 - 2007," *Historical Materialism* 4 (2012): 39 - 74.

引入其他影响利润率的因素，因此采取使用当前价格度量固定资本存量的方法。

三 是否区分生产劳动与非生产劳动

生产劳动与非生产劳动的区分可以追溯到古典经济学，目的在于探讨财富的来源。重商学派认为金银货币是财富的唯一形态，由此得出劳动"只有在使国家有可能在更大的程度上分沾当时新开采的金银矿的产品的那些生产部门，才是生产的"[1]。重农学派批判了以流通为致富源泉的观点，指出财富是在生产领域创造的，但认为只有农业劳动才是生产的。亚当·斯密则大大前进了一步，"抛开了创造财富的活动的一切规定性，——干脆就是劳动，既不是工业劳动、又不是商业劳动、也不是农业劳动，而既是这种劳动，又是那种劳动"[2]。在此基础上，他对生产劳动和非生产劳动进行了区分，但给出了两种相互矛盾的定义。[3] 一方面，他科学地指出生产劳动是直接同资本交换的劳动；非生产劳动就是不同资本交换，而直接同收入交换的劳动。另一方面，他又认为生产劳动就是生产商品的劳动，非生产劳动就是生产个人服务的劳动。[4]

庸俗经济学，进而当前的主流经济学继承了斯密第二种定义中的庸俗成分，认为生产商品的劳动都是生产劳动。"对经济学家来说，生产是人们愿意为之付出代价的任何实物或服务的创造。农业、制造业和营销服务都满足了人们的需求，人们愿意为之付出代价……你为许多产品支付的一半用于中间商的服务——零售商、批发商、银行家、卡车司机和其他人。许多人强烈反对这种情况，认为中间商太多了。但是，对所有生产者来说，真正的考验是他们是否满足

---

① 《马克思恩格斯全集》第 26 卷（第 1 册），人民出版社，1972，第 144 页。
② 《马克思恩格斯全集》第 46 卷（上册），人民出版社，1979，第 41 页。
③ 姬旭辉：《当代资本主义经济的非生产劳动：本质、趋势与逻辑》，《当代经济研究》2018 年第 8 期。
④ 参见〔英〕亚当·斯密《国民财富的性质和原因的研究》，郭大力、王亚南译，商务印书馆，2009，第 304～322 页。

了消费者的需求，而不是他们生产了多少磅的物质产品。"① 这样一来，生产劳动与非生产劳动的区分就没有意义了，这种理论在主流经济学家眼中成了"满是灰尘的老古董"。② 马克思对此批判道："一切在自己的专业方面毫无创造的'非生产的'经济学家，都反对生产劳动和非生产劳动的区分。但是，对于资产者来说，'非生产的'经济学家们的这种立场，一方面表示阿谀奉承，力图把一切职能都说成是为资产者生产财富服务的职能；另一方面表示力图证明资产阶级世界是最美好的世界，在这个世界中一切都是有用的，而资产者本人又是如此有教养，以致能理解这一点。"③

马克思十分重视生产劳动与非生产劳动区分的问题。1863 年 1 月马克思为《资本论》第一篇制订了一个写作计划，打算将其分为九章，其中第九章为"关于生产劳动和非生产劳动的理论"④。虽然由于某种原因，最终出版的《资本论》第一卷没有这一章，但是他在第三篇第五章"劳动过程和价值增殖过程"和第五篇第十四章"绝对剩余价值和相对剩余价值的生产"中对这个问题给出了最具概括性的论述，且强调有关生产劳动和非生产劳动的理论"在阐述理论史的本书第四册将更详细地谈到"⑤。《资本论》第四卷中有"关于生产劳动和非生产劳动的理论"专章和"资本的生产性。生产劳动和非生产劳动"专节。《直接生产过程的结果》中有"生产劳动和非生产劳动"专节。有学者指出，一种经济理论问题如此受到马克思的重视，除了剩余价值理论就要数这个理论问题了。⑥

马克思在对斯密理论批判性继承的基础上指出，生产劳动是一个历史范畴的概念，不同社会形态下生产劳动的含义是存在差别的。

① G. L. Bach , *Economics: An Introduction to Analysis and Policy* (New York：Prentice Hall, 1966), p.45.

② 〔美〕约瑟夫·熊彼特：《经济分析史》第 2 卷，杨敬年译，商务印书馆，1992，第384 页。

③ 《剩余价值理论》第 1 册，人民出版社，1975，第 302 页。

④ 《马克思恩格斯全集》第 26 卷（第 1 册），人民出版社，1972，第 446 页。

⑤ 《资本论》第 1 卷，人民出版社，2004，第 582 页。

⑥ 于光远：《马克思论生产劳动和非生产劳动》，《中国经济问题》1981 年第 3 期。

撇开特定的社会形式时，从一般意义上讲，劳动是人与自然之间的过程，能够生产使用价值的劳动就是"有用劳动"，"劳动本身则表现为生产劳动"[1]。对于资本主义这一特殊的生产方式来说，生产劳动的定义要从劳动借以实现的社会生产关系（即雇佣劳动关系）中去寻找——能够使资本增殖，创造剩余价值的劳动才是生产劳动，"只有生产资本的劳动才是生产劳动；因此，没有做到这一点的劳动，无论怎样有用，——它也可能有害，——对于资本化来说，不是生产劳动，因而是非生产劳动"[2]。即生产劳动与可变资本相交换，创造剩余价值；非生产劳动则不创造剩余价值。按照这一定义，商业劳动，银行业、保险业、证券业等金融部门的活动和政府机关、军队警察、社会团体的活动均为非生产劳动。

生产劳动与非生产劳动的区分为何在利润率的经验度量中十分重要呢？因为当前的国民经济核算体系（SNA）是以主流经济学为基础建构的，没有考虑生产劳动与非生产劳动的区分，其隐含的逻辑是与所有买卖活动有关的劳动都能够创造新价值，都是生产性的。[3] 因此，它将生产部门与非生产部门的产值混同计算了，如果不依据生产劳动与非生产劳动的区分剔除非生产部门的产值，那么度量的结果就会失真。所以，当马克思主义政治经济学与国民经济核算体系对话时，一个突出的问题是如何基于马克思对生产劳动与非生产劳动的界定，系统地处理被国民经济核算体系界定为生产劳动的非生产劳动，进而建构出马克思主义国民账户。[4]

第二节　非生产性支出的价值范畴归属

依据生产劳动与非生产劳动的区分剔除国民经济核算体系中非

---

① 《资本论》第1卷，人民出版社，2004，第211页。

② 《马克思恩格斯全集》第46卷（上册），人民出版社，1979，第264页。

③ 谢富胜、郑琛：《如何从经验上估算利润率？》，《当代经济研究》2016年第4期。

④ 马梦挺：《基于国民经济核算体系的剩余价值率计算：理论与中国经验》，《世界经济》2019年第7期。

生产部门的产值，首要的一点就是明确非生产性支出的价值范畴归属。马克思界定了三种基本价值范畴：可变资本、不变资本和剩余价值。既然可变资本是购买生产性劳动的资本，那么非生产性支出应该属于不变资本和剩余价值中的哪一个呢？

一　非生产性支出归属于剩余价值的方法

非生产性支出归属于剩余价值的方法，首先随着消费不足论在马克思主义危机理论中兴起而出现。商业资本可以分为三个部分：直接投在商品买卖上的资本（B），作为纯粹性流通费用支出时相当于不变资本部分（K）和相当于可变资本部分（b）。[①] 保罗·斯威齐指出，后两部分和第一部分一样，都从剩余价值中获得补偿，是剩余价值要素的构成部分。"从商人的观点看，各种开销，和他花在转售商品上的贷款一样，都带有资本的性质。所以，他所经售的商品，其买价与卖价的差额，应该相当大，不仅足以提供前述涵义的商业利润，而且足以补偿他的费用支出以及这些支出的正常利润。……因此，它应该是整个地构成对剩余价值的一种扣除，要不然，这笔剩余价值就会归产业资本家所得。因为商业界雇员的工资是从剩余价值中拨付的，而且他们本身也不创造什么价值，所以，他们就必须归入非生产劳动者一类，而他们的消费也应该算作是非生产消费。"[②]

斯威齐的以上判断附带有两个鲜明的特点。第一，这些非生产性支出对资本主义生产过程而言，是非必要的。"它们（销售和广告技术的巨大发展——引者注）已大事（肆）扩张，远远超过竞争条件下社会必要的界限"[③]，"销售费用提高了，而且，流通体系扩大

---

① 非生产性支出包括纯粹性流通费用和社会维持费用等，由于争论双方都以纯粹性流通费用为例论证非生产性支出的归属，下文也以此为例展开。

② 〔美〕保罗·斯威齐：《资本主义发展论》，陈观烈、秦亚男译，商务印书馆，1997，第305页。

③ 〔美〕保罗·斯威齐：《资本主义发展论》，陈观烈、秦亚男译，商务印书馆，1997，第307页。

到超过社会必需的程度"①。第二，非生产性支出扩张的意义在于，产生了对不断增长的经济剩余的额外有效需求，抵消了消费不足的趋势。"本来可以用来积累的剩余价值，现在转而用来维持庞大的销售与流通机构……剩余价值内许多新的切块产生了……所有这一切的总的结果，是资本扩大的速度放慢了，同时出现了一股抵消消费不足趋势的强劲力量。"②

在斯威齐之后，许多不认同消费不足危机理论的马克思主义者也接受了非生产性支出归属于剩余价值的命题，并且接力完善了以之为基础的基本马克思主义变量度量的方法。吉尔曼在对马克思主义利润率度量的开拓性文献中指出，"管理费用和销售费用以及租金、利息和营业税的全部集合都是剩余价值的一部分"③。莫斯利进一步指出，从事监督和流通的非生产工人的工资也是剩余价值的一部分，在计算中应该归入剩余价值，可变资本仅是生产工人的工资。④ 但莫斯利有两点没有考虑到：首先，非生产部门的利润也是剩余价值。其次，不能从剩余价值占有的角度求解剩余价值总额，因为这会不可避免地导致重复计算。⑤ 上述两点问题只有结合投入产出表才能得到很好的解决。沃尔夫为了避免剩余价值的重复计算，使用投入产出表法来计算剩余价值总额。⑥ 但沃尔夫没有考虑投入产出表中购买者价格与生产者价格的区别，作为两者之差的商业毛利实质上也是剩余价值的一部分。谢克和图纳克的方法弥补了这个缺陷，

---

① 〔美〕保罗·斯威齐：《资本主义发展论》，陈观烈、秦亚男译，商务印书馆，1997，第 311 页。

② 〔美〕保罗·斯威齐：《资本主义发展论》，陈观烈、秦亚男译，商务印书馆，1997，第 308 页。

③ Joseph Gillman, *The Falling Rate of Profit* (London: Dennis Dobson, 1957), p. 17.

④ Fred Moseley, "The Rate of Surplus Value in the Postwar US Economy: A Critique of Weisskopf's Estimates," *Cambridge Journal of Economics* 1 (1985): 57 – 79.

⑤ 马梦挺：《基于国民经济核算体系的剩余价值率计算：理论与中国经验》，《世界经济》2019 年第 7 期。

⑥ Edward N. Wolff, *Growth, Accumulation, and Unproductive Activity* (Cambridge: Cambridge University Press, 1987).

现在被很多学者接受并得到了广泛运用。①

二　非生产性支出归属于不变资本的方法

莫里·史密斯在对非生产性支出归属于剩余价值的方法全面检视之后，指出这种方法唯一的文本依据是马克思在《资本论》第二卷中含糊不清的表述。② 在那里，马克思写道："一般的规律是：一切只是由商品的形式转化而产生的流通费用，都不会把价值追加到商品上。这仅仅是实现价值或价值由一种形式转变为另一种形式所需的费用。投在这种费用上的资本（包括它所支配的劳动），属于资本主义生产上的非生产费用。这种费用必须从剩余产品中得到补偿，对整个资本家阶级来说，是剩余价值或剩余产品的一种扣除，就象对工人来说，购买生活资料所需的时间是损失掉的时间一样。"③ 斯威齐通过解读这一文本，得出流通费用不会增加商品的价值，需要从剩余价值中获得补偿的结论，进而将非生产性支出归属于剩余价值。莫里·史密斯对此批判道，斯威齐的这种解读与马克思在其他地方对流通费用的处理方法相矛盾。④ 例如，马克思曾指出："只有实际流通费用才提高产品价值，但是却降低剩余价值"⑤，如果非生

---

① Anwar Shaikh, E. Ahmet Tonak, *Measuring the Wealth of Nations: The Political Econo-my of National Accounts* (Cambridge：Cambridge University Press, 1994); Dimitris Paitaridis, Lefteris Tsoulfidis, "The Growth of Unproductive Activities, the Rate of Profit, and the Phase-Change of the US Economy," *Review of Radical Political Econom-ics* 2 (2012)：213 – 233; 赵峰、姬旭辉、冯志轩：《国民收入核算的政治经济学方法及其在中国的应用》，《马克思主义研究》2012 年第 8 期; 姬旭辉、邱海平：《中国经济剩余价值率的估算：1995 – 2009——兼论国民收入的初次分配》，《当代经济研究》2015 年第 6 期; 齐昊：《剩余价值率的变动与中国经济新常态：基于区分生产劳动与非生产劳动的方法》，《政治经济学报》2017 年第 3 期; 马梦挺：《基于国民经济核算体系的剩余价值率计算：理论与中国经验》，《世界经济》2019 年第 7 期。

② Murray E. G. Smith, *Global Capitalism in Crisis: Karl Marx and the Decay of the Profit System* (Halifax Winnipeg：Fernwood Publishing, 2010), pp. 147 – 165.

③ 《马克思恩格斯全集》第 24 卷，人民出版社，1972，第 167 页。

④ Murray E. G. Smith, *Global Capitalism in Crisis: Karl Marx and the Decay of the Profit System* (Halifax Winnipeg：Fernwood Publishing, 2010), pp. 147 – 165.

⑤ 《马克思恩格斯全集》第 46 卷（下册），人民出版社，1980，第 43 页。

产性支出归属于剩余价值，那么流通费用就不能增加商品的价值。

如果非生产性支出不归属于剩余价值，那么应该如何理解上一段提到的《资本论》第二卷中的论述呢？莫里·史密斯认为，如果将该文本中的"价值"改为"新价值"，马克思对流通费用处理间的不相容性就会消失。"剩余价值或剩余产品的一种扣除"应该从相对意义上来理解，它所涉及的是以剩余价值形式出现的商品价值比例的相对减少，意味着必要劳动相对于剩余劳动的增加。也就是说，如果不存在流通费用，剩余价值将在商品总价值中占有更大的比例；如果不存在流通中使用的必要劳动，剩余劳动将在总劳动中占有更大的比例。这样，在上述两处引文中马克思对流通费用的处理方法就统一了，流通费用不增加商品的剩余价值，但增加其价值。

如果非生产性支出不归属于剩余价值，那么它们应该归属于哪个价值范畴呢？莫里·史密斯认同玛治的观点，认为其应当归属于不变资本流量的价值范畴。"不变资本和可变资本向商品转移价值的方式不同，前者的特点是把已经固化的价值转移至商品中。因此，一般来说，应该把非生产性耗费视为不变资本的一部分。"① 这意味着，从社会资本的角度看，非生产性资本使用的可变资本与生产性资本使用的不变资本（生产资料，如机器）在性质上是相似的，它们仅仅将先前存在的价值转移到商品中，但不创造新价值。

莫里·史密斯认为非生产性支出归属于剩余价值这一方法最大的缺陷在于忽视了非生产性支出对资本主义生产的不可或缺性。这一缺陷在斯威齐的论述中最为明显，非生产性支出唯一的意义似乎在于产生了对不断增长的经济剩余的额外有效需求，是抵消消费不足趋势的强劲力量。莫里·史密斯对此批判道："这样的分析几乎表明，非生产性劳动是有意的因人设事，由微观经济主体（主要是商业资本家）设计和支付工资，以解决宏观经济有效需求问题。然而，

---

① Shane Mage, *The Law of the Falling Tendency of the Rate of Profit: Its Place in the Marxian Theoretical System and Relevance to U. S Economy* (PhD. diss. , New York: Columbia University, 1963), p. 66.

问题是这个特定的机制似乎并不存在。"① 非生产性支出归属于不变资本的方法则强调了非生产性支出对资本主义生产的必要性,这种必要性也正是马克思所重视的。"这些活动既是为了出售处在商品资本形式上的产品,也是为了把由此得到的货币再转化为生产资料,并对这一切进行计算。价格计算、簿记、出纳、通讯,都属于这类活动。生产规模越扩展……使用商业雇佣工人就成为必要了"。②

莫里·史密斯认为非生产性支出归属于剩余价值的方法实际上是一种拜物教。它隐含的假设是:不变资本以生产资料的形式存在,与生产商品的物理过程直接相关,因此不变资本必须直接与使用价值生产相联系,才能间接与价值增值相联系。马克思在《资本论》中确实多次将不变资本与生产资料等同:"从价值增殖过程来看,不变资本即生产资料的存在,只是为了吮吸劳动,并且随着吮吸每一滴劳动吮吸一定比例的剩余劳动。"③ 然而,正如"资本不是物,而是一定的、社会的、属于一定历史社会形态的生产关系,后者体现在一个物上,并赋予这个物以独特的社会性质"④ 一样,不变资本不应该局限于生产资料的物理存在形式,所有与资本主义生产和再生产过程有关的、不包括在可变资本范围内的预付和成本应该都属于不变资本的范畴。如果将可变资本定义为社会资本中转化为直接生产剩余价值的活劳动的那部分,那么,不变资本可以被定义为转化为资本主义再生产中间接地与价值增殖有关的所有要素部分。因此,不变资本以社会必要非生产性劳动的形式出现,就像它以工业机器人的形式出现一样。

三　两种不同方法背后的分歧及其澄清

以上两种观点的分歧在于对纯粹流通费用如何补偿问题的认识不同。认同非生产性支出归属于剩余价值的学者,认为纯粹流通费用不

---

① Murray E. G. Smith, *Global Capitalism in Crisis: Karl Marx and the Decay of the Profit System* (Halifax Winnipeg: Fernwood Publishing, 2010), pp. 147 – 165.
② 《资本论》第 3 卷,人民出版社,2004,第 333 页。
③ 《资本论》第 1 卷,人民出版社,2004,第 297 页。
④ 《资本论》第 3 卷,人民出版社,2004,第 922 页。

加入商品的价值中，应该从产业工人生产的剩余价值中获得补偿；认同非生产性支出归属于不变资本的学者，认为纯粹流通费用以不变资本的形式转移到商品的价值中，应该从实现了的不变资本中获得补偿。

对于纯粹流通费用如何补偿的问题，马克思在《资本论》第三卷第十七章"商业利润"中进行了系统论述。商业资本包括直接投在商品买卖上的资本（B），作为纯粹性流通费用支出时相当于不变资本部分（K）和相当于可变资本部分（b）。由于后两者补偿方式相同，为简便起见，只考虑纯粹流通费用所开支的不变资本（K）的补偿问题。马克思在指出买卖商品而垫支的周转资本（B）的补偿和利润来源不会造成任何困难之后，揭示了 K 的补偿和利润的来源问题："……商人首先要得到这种不变资本的补偿；其次要取得这种不变资本的利润。因此，二者都会使产业资本家的利润减少。不过，由于与分工相连的集中和节约，利润的减少，比在产业资本家必须亲自预付这种资本的情况下要小。利润率的减少比较小，因为这样预付的资本比较小。"[①] 这段清楚地表明 K 和 K 的利润都来自对产业资本从生产工人那里剥削来的剩余产品，剩余价值或其变形的平均利润的相应扣除，因为两者都会使产业资本家的利润减少。

对这个扣除的内在过程，马克思指出："B 只补偿购买价格，除了 B 的利润，也不会把任何部分加到这个价格中去。K 不仅会加入 K 的利润，并且会加入这个 K 的本身。……平均利润的减少是表现在这个形式上的：充分的平均利润已经在 $B+K$ 从垫付产业资本中扣除以后计算好，但是现在要从这个平均利润中，为 $B+K$ 扣下一个部分付给商人，让这个扣除部分表现为一种特别资本的利润，即商人资本的利润。"[②] 需要说明的是，这里的"平均利润"是指产业部门

---

① 《资本论》第3卷，人民出版社，2004，第331页。
② 《资本论》第3卷，人民出版社，1966，第330页。该书由郭大力、王亚南翻译。骆耕漠认为在中共中央马克思恩格斯列宁斯大林著作编译局编译的《资本论》中，这段话被误译了。参见骆耕漠《马克思的生产劳动理论——当代两种国民经济核算体系（MPS 和 SNA）和我国统计制度改革问题》，经济科学出版社，1990，第203～205页。

生产出来的利润单按产业资本来计算的平均利润；"充分的平均利润"是指产业资本和商业资本一起来充分平均而得的利润；"充分的平均利润已经在 $B+K$ 从垫付产业资本中扣除以后计算好"是指充分的平均利润已经在 $B+K$ 的利润从垫付的产业资本的利润中扣除之后计算好。[①] 如果某生产部门的生产资本构成为 $720c+180v$，剩余价值率为100%，商业资本周转资本为100，纯粹流通费用所开支的不变资本为50，那么剩余价值为180，之后再从其中减去纯粹流通费用所开支的不变资本，这时剩下130。此时总预付资本为产业资本（720+180）与商业资本（100+50）之和，因此平均利润率变为 $(180-50)/[(720+180)+(100+50)]$。

　　由此可见，马克思的相关论述支持非生产性支出归属于剩余价值的方法。事实上，马克思把商品流通费用划分为三项：一为纯粹流通费用；二为商品保管费用或存储费用；三为商品在流通过程中的运输费用。其中纯粹流通费用是不形成任何价值的非生产费用；商品保管费用是不形成任何新价值的非生产费用，会使商品价值有名义上的追加；运输费用，是商品的生产费用的继续支出，只不过形式上表现在商品的流通过程之中。谢恩·玛治和莫里·史密斯是将马克思对纯粹流通费用价值补偿的论述和对商品保管费用价值补偿的论述混淆了，才得出了错误的结论。

第三节　美国私人经济利润率的长期趋势及其原因

　　美国私人经济国民生产总值几乎占了经济总量的90%，能够较好地反映整个经济的情况。本书研究的是利润率的长期趋势及其原因，因此在数据可得的范围内考察尽可能长的时间跨度。下文聚焦1955～2018年美国私人经济利润率、产能–资本比率、利润份额和非生产性

[①]　骆耕漠：《马克思的生产劳动理论——当代两种国民经济核算体系（MPS 和 SNA）和我国统计制度改革问题》，经济科学出版社，1990，第200页。

工人工资 – 生产性工人工资比率等基本马克思主义比率的长期表现。

利润定义为净营业盈余，是公司利润、非公司企业收入、净利息、租金和业务转移净额之和。预付资本定义为私人经济体（公司、独资企业、合伙企业）按当前重置价格计算的非居民净资本存量。净产出或净收入定义为私人经济的净经营盈余与雇员报酬之和。可变资本定义为生产性劳动的报酬，具体为农业、林业与渔业、采矿业、建筑业、制造业、运输业和公共事业部门以及生产性服务部门的劳动报酬。非生产性劳动报酬为批发贸易业、零售贸易业、金融业、保险业和房地产业以及非生产性服务部门的劳动报酬。剩余价值定义为净营业剩余、非生产性劳动工资和间接营业税的总和。工资总额为可变资本与非生产性劳动报酬之和。以上数据来源于美国商务部经济分析局官网。产能利用率为制造业产能利用率，来源于历年《美国总统经济报告》。数据处理参考塔那西斯·马尼阿蒂斯的方法。[①]

一 基本马克思主义比率变化趋势

如图 6 – 3 所示，1955～2018 年美国私人经济利润率在经历了黄金年代（1955～1965）的高位运行、危机时期（1966～1982）的持续下降、新自由主义时期（1983～2006）的缓慢复苏、国际金融危机期间（2007～2009）的快速下跌和后危机时代（2010～2018）的复苏乏力后，整体呈下降趋势。第二次世界大战后，科技革命的基本特征是电子技术的兴起和生产自动化的发展，资本主义生产过程在经历了由手工操作到机械化的转变后迈入了自动化的新阶段，自动控制和测量装置大规模生产和迅速普及应用，与之相关的电器仪器、重化工业等高科技资本密集型部门迅速扩大，资本有机构成稳步提高。[②]如图 6 – 4 所示，美国私人经济资本有机构成由 1955 年的 2.86 增长至

① Thanasis Maniatisu, "Marxist Theories of Crisis and the Current Economic Crisis," *Forum for Social Economics* 1 (2012): 6 – 29.
② 高峰：《资本积累理论与现代资本主义——理论的和实证的分析》，社会科学文献出版社，2014，第 133～134 页。

2018 年的 4.71。如图 6 – 5 所示，美国私人经济剩余价值率在黄金年代及其危机时期稳定在 120% 左右，为了抵消利润率的长期下降，在新自由主义阶段资本家通过实施紧缩政策提高失业率，通过减少社会福利破坏安全网，成功发起了对雇佣工人的攻势，剩余价值率快速提高，由 1983 年 130% 增长至金融危机前夕的 202%。后危机时代资本家故伎重施，剩余价值率再次充当抵消利润率低迷的武器，由 2008 年的 186% 增长至 2018 年的 202%。综上可知，1955 ~ 2018 年美国私人经济中资本有机构成和剩余价值率均呈上升趋势，剩余价值率的提高未能阻止资本有机构成提高对利润率的负向影响，利润率呈下降趋势。以上三个基本马克思主义比率变化符合马克思的利润率趋向下降规律。

图 6 – 3　美国私人经济利润率（1955 ~ 2018）

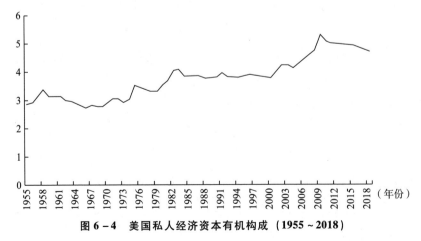

图 6 – 4　美国私人经济资本有机构成（1955 ~ 2018）

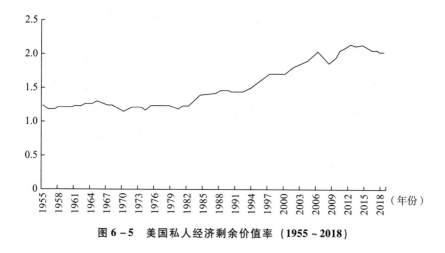

图 6 - 5　美国私人经济剩余价值率（1955～2018）

二　利润率长期下降的原因

由前文对需求不足论的批判可知，产能利用率的变化并非利润率长期下降的原因。为消除产能利用率对利润率和产出 - 资本比率的影响，参考阿瓦·谢克的方法，如公式 6 - 10 所示，使两者同时除以产能利用率，正常利润率分解为产能 - 资本比率与利润份额的乘积。[1] 其中，产能 - 资本比率为活劳动 - 死劳动比率的货币形式，产能 - 资本比率的下降反映了资本有机构成的提高。[2] 根据马克思主义对生产性劳动与非生产性劳动的区分，利润份额可由公式 6 - 11 表示，即利润份额与剩余价值率呈正相关，与非生产性劳动工资 - 生产性劳动工资比率呈负相关。

$$\rho_c = \frac{\rho}{\varphi} = = \frac{\Pi}{Y} \cdot \frac{Z}{K} = \sigma_\pi \xi \qquad (6-10)$$

$$\Pi / Y = (M/V - U/V)/(1 + M/V) \qquad (6-11)$$

如图 6 - 6 所示，1955～2018 年美国私人经济产能 - 资本比率整

---

[1]　Anwar Shaikh, "Explaining the Global Economy Crisis," *Historical Materialism* 1 (1999): 108 - 144.

[2]　Anwar Shaikh, "Explaining the Global Economy Crisis," *Historical Materialism* 1 (1999): 108 - 144.

体呈下降趋势，与图6-4中资本有机构成的提高趋势相对应。如图6-7所示，1955~2018年美国私人经济非生产性劳动工资-生产性劳动工资比率呈上升趋势，利润份额整体呈下降趋势，考虑到剩余价值率整体呈上升趋势，可知利润份额的下降完全由非生产性劳动工资-生产性劳动工资比率的提高引起。这进一步说明了，与战后工资份额提高伴随的是资本对雇佣工人剥削的增强，而非利润挤压论所指向的工人阶级经济社会地位的改善。

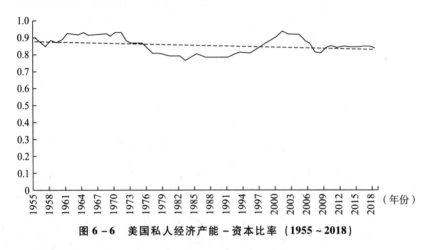

图6-6　美国私人经济产能-资本比率（1955~2018）

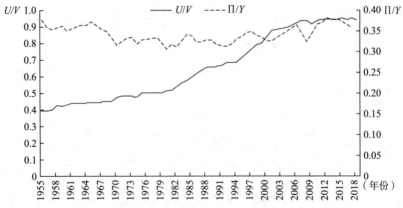

图6-7　美国私人经济非生产性劳动工资-生产性劳动工资比率（U/V）
与利润份额（Π/Y）（1955~2018）

公式6-12为公式6-10的增长核算方程，正常利润率的变化率分解为利润份额和产能-资本比率的变化率之和，因此通过分析利润份额和产能－资本比率变化率与利润率变化率的关系，就能在经验上确定各分解变量对利润率的影响大小。结果如表 6-1 所示。黄金年代危机和国际金融危机时期，产能－资本比率和利润份额的共同下降引起了利润率的下降。新自由主义时期和后危机时代，剩余价值率的提高，进而利润份额的提高成为资本主义恢复利润率的重要手段。从长期来看，1955～2018 年美国私人经济正常利润率年均下降 0.18%，产能－资本比率的降低能够解释其中的 55.56%，利润份额的降低能够解释其中的 44.44%，且利润份额的降低是由非生产性劳动工资－生产性劳动工资比率的提高引起，剩余价值率的提高作为起反作用的原因发挥作用。也就是说，资本有机构成提高是 1955～2018 年美国私人经济利润率下降的主要原因，非生产性劳动工资－生产性劳动工资比率提高的作用也不容小觑。

$$\dot{\rho}_c = \dot{\sigma}_\pi + \dot{\xi} \tag{6-12}$$

表 6-1　利润率及其分解变量的年均增长率（1955～2018）

	1955～1965	1965～1982	1982～2006	2006～2009	2009～2018	1955～2018
利润率	0.08	-1.65	1.22	-3.29	0.56	-0.18
产能－资本比率	0.20	-0.82	0.59	-1.11	-0.01	-0.10
利润份额	-0.12	-0.95	0.71	-2.24	0.57	-0.08
剩余价值率	↑	↓	↑	↓	↑	↑
非生产性劳动工资－生产性劳动工资比率	↑	↑	↑	↓	↑	↑

第七章

利润率趋向下降规律与马克思主义
长波理论：战后美国经济史分析

　　第二次世界大战后的美国经济先后经历了 1941～1965 年长期繁荣的黄金年代、1966～1982 年的危机时期、1983～2006 年缓慢复苏的新自由主义时期、2007～2009 年金融危机和复苏乏力的后危机时代（2010～）五个时期。将这五个时期置于整个战后经济历史的视角中，对这五个时期的出现与更迭给出逻辑一致的解释，是马克思主义政治经济学无法回避的课题，也是马克思主义长波理论试图回答的问题。

　　利润率趋向下降规律长期以来被视为与资本主义具体经济表现无关的、以抽象的形式存在的趋势，"利润率趋向下降规律只是一种抽象，而不是一种经验趋势"①。然而，仅仅以理论形式存在的、无法在现实中表现的规律根本不是科学的规律，科学的规律要求在现实中得到贯彻和体现。因此，曼德尔指出："马克思在《资本论》第三卷第十三、十四和十五章中对于利润率趋势的论述，一直被当作趋势和反趋势的经典例证在极为广泛地引用，这种趋势和反趋势据说对最后结果是无所谓的。……马克思本人无论如何是明确而又坚决地拒绝在理论分析与经验资料之间的这种有全面性质的鸿沟的。……从历史唯物主义的立场来看，趋势并不能唯物地和从经验方面来说

---

　　① 〔英〕法因、哈里斯：《重读〈资本论〉》，魏埙等译，山东人民出版社，1993，第 64 页。

明其自身，趋势根本就不是一种趋势。它是虚假意识的产物或科学错误的产物。"[1]

"如果事物的表现形式和事物的本质会直接合而为一，一切科学就都成为多余的了。"[2] 科学的任务不仅仅是发现被表象掩盖了的本质，而且需要从本质出发来说明模糊了的甚至关系被颠倒了的表象。前面的章节澄清了理论界对利润率趋向下降规律的种种质疑，论证了利润率趋向下降规律在理论上和经验上的科学性和正确性。本章试图以利润率趋向下降规律为基础尝试性地建构一个马克思主义长波理论，从马克思主义长波理论出发对美国战后经济史给出逻辑一致的解释，利润率趋向下降规律在这种经验解释中一以贯之。

本章分为五个小节。第一节是对战后主要长波理论的批判性述评。第二节在综合曼德尔的长波理论和积累的社会结构学派的长波理论的基础上，建构出以利润率趋向下降规律为基础，包括抽象、中间和具体三个层次的马克思主义长波理论。第三节和第四节基于该长波理论分别解释黄金年代的形成与终结、新自由主义的形成与2008年金融危机的爆发。第五节说明该长波理论相对于曼德尔的长波理论和积累的社会结构学派的长波理论的理论特点与优势。

第一节　战后主要长波理论的批判性述评

亚历山大·黑尔普汗是第一位发现资本主义经济有规律长期波动的马克思主义学者，他通过对农业危机的研究，预测自1873年开始的长期不景气会很快被长期高涨所代替。[3] 1912年范·盖尔德伦发表《春潮：对产业发展和价格运动的反思》一文，他以易于观察的价格上涨为研究起点，得出主要资本主义国家在1850～1876年和

---

[1]　〔比利时〕厄尔奈斯特·曼德尔：《晚期资本主义》，马清文译，黑龙江人民出版社，1983，第13页。

[2]　《资本论》第3卷，人民出版社，2004，第925页。

[3]　〔比利时〕厄尔奈斯特·曼德尔：《晚期资本主义》，马清文译，黑龙江人民出版社，1983，第134页。

1898～1911 年经历了两次经济扩张的结论，正式确认了长波的存在，他将扩张性长波称为春潮，并将其归因于世界市场的扩大或新的生产分支的发展。① 1925 年康德拉季耶夫在《经济生活中的长期波动》中研究发现在 140 年里 36 种经济指标——包括实物产量、价格、贸易额、利息率和工资等——存在 40～60 年的波动周期，其中收缩期和扩张期各约为 20 年，长波又一次从经验上得到了证明。② 在康德拉季耶夫开始注意长波问题的时候，熊彼特已经完成了关于资本主义发展的一般理论，从这种理论出发，提出了技术创新长波论。③ 之后长波理论的研究随着黄金年代的到来陷入低潮。直到 1974～1975 年危机的爆发，长波理论才得到复兴，涌现出三种有代表性的长波理论：发展了的技术创新长波论、曼德尔提出的马克思主义长波理论、积累的社会结构学派的长波理论。④

一　技术创新长波论的内容与缺陷

技术创新长波论的提出。⑤ 熊彼特在《经济发展理论》中提出了资本主义发展的一般理论，该理论认为率先创新的企业会因为降低成本或提高效率而获得较多利润，其他企业迫于竞争压力也会采

---

① 孟捷、高峰：《发达资本主义经济的长波——从战后黄金年代到 2008 年金融－经济危机》，格致出版社，2019，第 1、6 页；〔比利时〕厄尔奈斯特·曼德尔：《晚期资本主义》，马清文译，黑龙江人民出版社，1983，第 134～135 页。

② 〔苏〕尼·康德拉季耶夫：《经济生活中的长期波动》，载外国经济学说研究会《现代国外经济学论文选》（第十辑），商务印书馆，1986，第 1～20 页；赵涛：《经济长波论》，中国人民大学出版社，1988，第 11 页；许建康：《经济长波论及其各学派分歧的最大焦点》，《经济纵横》2009 年第 11 期。

③ 〔比利时〕厄尔奈斯特·曼德尔：《晚期资本主义》，马清文译，黑龙江人民出版社，1983，第 146 页。

④ 此外，还有调节学派的长波理论。本章的主要目的是建构马克思主义长波理论，这一过程对调节学派的长波理论借鉴较少，因此不在这里讨论。调节学派的长波理论的主要观点与不足，以及与积累的社会结构学派的长波理论间的异同，参见〔美〕大卫·科茨《法国调节学派与美国积累的社会结构学派之比较》，田方萌译，《西北大学学报》（哲学社会科学版）2018 年第 5 期；孟捷《战后黄金年代的终结和 1973—1975 年结构性危机的根源——对西方马克思主义经济学各种解释的比较研究》，《世界经济文汇》2019 年第 5 期。

⑤ 马艳、王琳：《三大经济长波理论的比较研究》，《当代经济研究》2015 年第 3 期。

用新的技术或管理方法，随着新技术或管理方法的推广，高额利润就随着相对优势的瓦解而消失。① 创新的特点是"群聚"，创新的作用能够累加，因此创新的周期会引起利润率的周期性波动，进而引发整个经济的波动。② 他在《经济周期》和《资本主义、社会主义和民主主义》中明确指出，产业革命中的主要技术发明是长周期的决定性因素，资本主义已经经历了 1780～1842 年产业革命时期、1842～1897 年蒸汽和钢铁时代以及 1897～1946 年化学、电气和汽车工业时代三个长周期。③

技术创新长波论的发展。门斯作为 20 世纪 70 年代技术创新长波论复兴的代表性人物，在继熊彼特之后，进一步发展了技术创新长波论。门斯的贡献主要包括三个方面。第一，他认为技术创新有三种类型：虚假创新、改进型创新和基本创新，不同类型的技术创新在不同的时期有着不同的作用。新兴产业随着基本创新而兴起，为了满足市场的多样化需求，改进型创新出现，经济快速增长；随着市场的饱和与竞争的加剧，虚假创新开始出现，经济增长放慢，陷入"技术僵局"。④ 第二，他把萧条视为基本创新的原动力。难以忍受经济低迷的企业和政府，更加有动力进行创新活动，这就推动经济由萧条步入复苏。⑤ 第三，他在经验上论证了熊彼特的创新蜂聚假说。他在考察 1740～1960 年的经济资料后发现，大约在 1770 年、1825 年、1885 年和 1935 年的经济萧条期出现了基本创新集群。⑥

---

① 〔美〕约瑟夫·熊彼特：《经济发展理论》，张培刚译，商务印书馆，1990，第 iv 页。

② 〔美〕约瑟夫·熊彼特：《经济发展理论》，张培刚译，商务印书馆，1990，第 vii 页。

③ 〔美〕约瑟夫·熊彼特：《经济发展理论》，张培刚译，商务印书馆，1990，第 vii、viii 页；〔美〕约瑟夫·熊彼特：《资本主义、社会主义和民主主义》，绛枫译，商务印书馆，1979，第 86、87 页。

④ Gerhard Mensch, *Stalemate in Technology* (Cambridge：Ballinger Publishing, 1979), pp. 17 - 21.

⑤ Gerhard Mensch, *Stalemate in Technology* (Cambridge：Ballinger Publishing, 1979), pp. 35 - 36.

⑥ 〔德〕门斯·库廷霍·卡斯：《资本价值的变化与创新偏好》，载外国经济学说研究会《现代国外经济学论文选》（第十辑），商务印书馆，1986，第 51 页。

技术创新长波论的缺陷。技术创新长波论整体的理论逻辑为：基本创新—新兴主导产业—扩张性长波—主导产业式微—萧条性长波—基本创新。该理论逻辑可以分为三个论点：第一，萧条会引起基本创新；第二，基本创新会引起扩张性长波；第三，长波周期由技术创新的生命周期决定。曼德尔对此进行了批判，认为"一群基本创新发生于……萧条性长波时期"①，但是大规模创新的发生在扩张性长波开启后，因为利润率复苏是企业进行创新活动的前提。曼德尔对技术创新长波论的批判是中肯的，技术创新长波论确实有技术决定论之嫌。佩蕾丝在《技术创新与金融资本——泡沫与黄金时代的动力学》中试图引入制度因素来解决这个问题，然而这仅仅将基本创新—扩张性长波环节完全由技术决定，变成了半技术决定和半制度决定，扩张性长波—主导产业式微—萧条性长波环节本质上仍然是由技术决定的，佩蕾丝对技术创新长波论的发展仍然没有超越曼德尔的批判。②

二　曼德尔对马克思主义长波理论的开创性贡献与不足

曼德尔从马克思主义的观点和方法出发剖析资本主义经济长波，提出了马克思主义长波理论。③ 曼德尔对马克思主义长波理论的贡献主要有三点。

（1）曼德尔明确指出，资本主义经济的长期波动是资本积累过程的动态表现，应当用资本积累的内在逻辑对其解释，"资本本身的

---

① 〔比利时〕欧内斯特·曼德尔：《资本主义发展的长波——马克思主义的解释》，南开大学国际经济研究所译，商务印书馆，1998，第34页。

② 佩蕾丝的观点，参见〔英〕卡萝塔·佩蕾丝《技术革命与金融资本——泡沫与黄金时代的动力学》，田方萌等译，中国人民大学出版社，2007；相关解读，参见邓久根、刘鸿明《长波理论的比较与创新》，《经济纵横》2010年第12期；孟捷《积累、制度与创新的内生性——以美国社会积累结构学派为例的批判性讨论》，《社会科学战线》2016年第11期。

③ 马艳、王琳：《三大经济长波理论的比较研究》，《当代经济研究》2015年第3期；许建康：《经济长波论及其各学派分歧的最大焦点》，《经济纵横》2009年第11期。

积累过程和自我扩大过程的内在逻辑，解释了这些运动（经济的长期波动——引者注）"①。

（2）曼德尔认为由于"平均利润率的循环运动毫无疑问是资本主义生产循环运动最清楚地表现形式，它最终总结了生产过程和再生产过程各个阶段的矛盾发展"②，因此，马克思主义长波理论归根结底是"一种平均利润率长期波动的理论"③，应当将利润率作为核心变量。

（3）曼德尔以利润率趋向下降规律为基础解释了扩张性长波向停滞性长波的转变。曼德尔认为资本主义积累过程存在一对基本矛盾，即"利润率的迅速增长和不断拓宽的巨大市场均为引发经济扩张的必要因素，而一般说来，保证实现第一个条件存在的资本主义方式与保证第二个条件存在的资本主义方式相冲突"④。扩张性长波开始后，"通过利润率的迅速增加，技术革命为自己提供劳动力（即它使得生产设备的第Ⅰ部类的增长率高于平均水平并且生产性投资的增长率在整个阶段高于平均水平）。而从另一种相反的意义上讲，一旦第Ⅰ部类高于平均水平的发展率超过某一特定的界限，资本有机构成的增加和技术革命在第Ⅱ部类的生产能力上的效果都将无情地使经济走向利润率下降和利润不得实现这二者一起并发的危机"⑤。

同时，曼德尔的长波理论也存在不足。这种不足体现在对停滞性长波向扩张性长波转变的解释上。他认为，资本主义积累的逻辑只能解释扩张性的长波向停滞性长波的转变，但是不能说明停滞性

① 〔比利时〕厄尔奈斯特·曼德尔：《晚期资本主义》，马清文译，黑龙江人民出版社，1983，第154页。

② 〔比利时〕厄尔奈斯特·曼德尔：《晚期资本主义》，马清文译，黑龙江人民出版社，1983，第519页。

③ 〔比利时〕欧内斯特·曼德尔：《资本主义发展的长波——马克思主义的解释》，南开大学国际经济研究所译，商务印书馆，1998，第16页。

④ 〔比利时〕欧内斯特·曼德尔：《资本主义发展的长波——马克思主义的解释》，南开大学国际经济研究所译，商务印书馆，1998，第111页。

⑤ 〔比利时〕欧内斯特·曼德尔：《资本主义发展的长波——马克思主义的解释》，南开大学国际经济研究所译，商务印书馆，1998，第29页。

长波向扩张性长波的转变，对后者的解释需要借助外生的、偶然的非经济因素。"这个上升不能从资本主义生产方式的运动规律本身推断出……只有在某一既定环境中资本主义发展的所有具体形式（'诸多种类资本'的所有具体形式及其矛盾）都发挥作用时，才能明白这个上升的问题。这些指的是一系列非经济因素如战争掠夺，资本主义运行领域的扩展及收缩，资本家间的竞争，阶级斗争，革命与反革命等等。"① 具体而言，曼德尔将 1848 年后的扩张性长波的起因归结为 1848 年的革命和世界市场的扩大；将 1893 年后的扩张性长波的起因归结为帝国主义在殖民地与半殖民地的扩张；将 1940 年后的扩张性长波的起因归结为工人阶级在战争期间面临的重大挫折。② 由此，曼德尔对长波的两个拐点形成了非对称解释，这种非对称解释遭到了许多诟病。

曼德尔对中间层次分析方法的开创与迷途。曼德尔对马克思主义长波所做的贡献以及存在的不足，都根植于他所使用的方法。曼德尔指出，马克思利润率趋向下降规律从抽象层面揭露了资本主义发展的长期趋势——资本有机构成提高、剩余价值率提高和利润率下降，但要使用这种抽象层面的结论来解释资本主义经济的实际运行必须赋予上面所列变量"部分独立的功能"③。这种部分独立性意味着，以上变量一方面受制于资本主义生产方式的长期发展趋势，另一方面也受到具体经济运行环境的扰动。由此，资本的长期发展趋势与变量的短期波动得到了中介，一般的抽象的资本与个别的具体的资本间得到了结合，"资本主义生产方式那真正的、历史的发展过程"④ 得到了由抽象到具体的说明。这种通过赋予变量部分独立

---

① 〔比利时〕欧内斯特·曼德尔：《资本主义发展的长波——马克思主义的解释》，南开大学国际经济研究所译，商务印书馆，1998，第 17 页。

② 〔比利时〕厄尔奈斯特·曼德尔：《晚期资本主义》，马清文译，黑龙江人民出版社，1983，第 154、155、522 页。

③ 〔比利时〕厄尔奈斯特·曼德尔：《晚期资本主义》，马清文译，黑龙江人民出版社，1983，第 35 页。

④ 〔比利时〕厄尔奈斯特·曼德尔：《晚期资本主义》，马清文译，黑龙江人民出版社，1983，第 35 页。

功能以应用马克思抽象层面的规律说明具体层面经济现象的方法是完全正确的，实质上是中间层次分析方法的雏形，曼德尔对马克思主义长波理论所做的贡献要归功于这一方法。问题在于，曼德尔在对萧条性长波向扩张性长波转变的解释中，没有贯彻这一方法，没有通过部分独立的变量来中介，而是将抽象的规律与具体的现实相结合，这样就不得不借助外生的、偶然的非经济因素了。

三　积累的社会结构学派对中间层次分析方法的探索与缺憾

积累的社会结构（SSA）理论 1978 年由大卫·戈登正式提出，后经大卫·科茨、麦克唐纳等接续完善。① SSA 理论最主要的贡献就是发展了中间层次分析方法。② 马克思在《资本论》中在资本一般这一抽象层次上揭示了资本主义经济的运行和发展规律，这些规律需要通过中间环节的中介，才能在再现中实现逻辑与历史的统一。③ 曼德尔通过赋予基本马克思主义变量部分独立的功能迈出了第一步，然而没有找到赋予变量部分独立功能的可靠支撑。SSA 理论的贡献在于将赋予变量部分独立功能的支撑锁定在资本主义制度结构上。SSA 理论认为，不存在纯粹的、单一的资本主义，在每一个历史时期资本主义生产方式都有着独特的矛盾，这些独特的矛盾要求特定的制度结构（这些制度结构又被称为积累的社会结构，即 SSA）进行调节，以确保资本主义积累正常进行，在这一过程中变量获得了部分独立功

---

① 戈登在 1978 年首次提出了"积累的社会结构"这一概念。参见 David Gordon，"Up and Down the Long Roller Coaster," in Union for Radical Political Economics, ed.，*U. S. Capitalism in Crisis*（New York：Union for Radical Political Economics，1978），pp. 22 - 35；〔美〕大卫·戈登《长周期的上升与下降》，张开译，《教学与研究》2016 年第 1 期；上文的姐妹篇，参见〔美〕大卫·戈登《积累的阶段和长经济周期》，张开等译，《当代经济研究》2019 年第 8 期。

② 马国旺：《评积累的社会结构理论对马克思主义经济学主要贡献》，《政治经济学评论》2016 年第 1 期。中间层次分析方法的思想源泉可以追溯到宇野弘藏，参见〔日〕伊藤诚《价值与危机——关于日本的马克思经济学流派》，宋群译，中国社会科学出版社，1990。

③ 《马克思恩格斯全集》第 26 卷（第 2 册），人民出版社，1973，第 181 页。

能。通过对制度结构—变量环节的分析，中间层次分析方法就确立了。

SSA 理论包括三个部分。① 首先，SSA 的作用在于对资本积累正常进行的维持。资本积累过程存在于冲突的环境之中，包括资本和雇佣工人间的阶级斗争以及资本家间的竞争（同类产业资本间的竞争、产业资本与金融资本的竞争）。SSA 的作用就是通过缓解竞争压力和调节阶级冲突，为资本的快速积累创造条件。其次，扩张性长波结束的原因。扩张性长波结束的原因有四种类型：第一，积累过程爆发危机使得 SSA 解体。第二，SSA 本身所包含的矛盾的发展、激化使得 SSA 解体。第三，积累过程瓦解了 SSA。第四，同一个 SSA 从支持积累变为妨碍积累。以上四种原因均根植于 SSA—积累过程的总矛盾，矛盾的激化抑制了资本积累，扩张性长波转变为萧条性长波。最后，萧条性长波结束的原因。萧条性长波的结束要求构建一个能够满足资本积累新阶段新要求的 SSA。低迷的经济会对每一个阶级施加压力，使他们为了振兴经济而进行利益妥协，直至一个切实可行的 SSA 出现。

SSA 理论问题的暴露与补救。新自由主义时期的出现暴露出 SSA 理论存在的问题。按照 SSA 理论，新的 SSA 会促进资本积累，然而 1979~2007 年美国 GDP 平均年增长率仅为 2.90%，竟然低于 1973~1979 年危机期间的 2.96%。暴露出的问题并没有引起积累的社会结构学派的深刻反思，他们所做的仅是简单地进行理论修补。首先，重新定义新 SSA 的作用，明确 SSA 的作用是促进盈利，而非资本积累，因此利润是否投资在实体部门无关紧要。其次，明确 SSA 的两种类型：自由的 SSA 和管制的 SSA。② 与自由的 SSA 相比，管制的 SSA 赋予工人阶级更大的政治经济权力，剩余价值率较低；资本间往往通过相互尊重的行为实行竞争管制，这也相对有利于工

---

① 〔美〕大卫·科茨：《长波和积累的社会结构：一个评论与再解释》，张开等译，《政治经济学评论》2018 年第 2 期。

② Martion Wolfson and David Kotz, "A Reconceptualization of Social Structure of Accumulation Theory," *World Review of Political Economy* 2 (2010): 209–225.

人阶级一方。最后，与不同类型的 SSA 相对应，资本主义经济危机分为不同类型。[①] 管制的 SSA 会导致利润挤压型危机，自由的 SSA 会导致需求不足型危机。

SSA 理论的缺憾。中间层次分析方法的作用在于中介抽象与具体、一般与特殊，因此必然要受到资本一般层面规律的制约。曼德尔告诫道："这样一种独立（处于中间层次的部分独立功能变量——引者注）并不是任意的，而是存在于这种特殊生产方式及其一般长期发展趋势内在逻辑的结构之中的。"[②] SSA 理论，一方面发展了中间层次分析方法，另一方面却割裂了抽象层面规律对它的制约，这集中表现为抛弃了利润率趋向下降规律。在 SSA 理论中，变量（如剩余价值率、资本有机构成等）完全取决于特定的制度结构，马克思在《资本论》中所揭示的、这些变量在资本主义生产方式中所具有的长期发展趋势则没有得到体现。这必然导致如下后果。首先，传统马克思主义者，如斯威齐、曼德尔均将停滞视为资本主义的常态，SSA 理论则把扩张阶段与萧条阶段的交替视为资本主义的常态。其次，根据 SSA 理论，随着阶级力量的变化，资本主义将在自由的 SSA 和管制的 SSA 间不断转化，似乎只要选择合适的制度结构调解阶级矛盾，资本主义就可以永存，资本主义必然灭亡的趋势被淡化了。最后，SSA 理论还对经济危机的原因做出了错误的解释，消费不足型和利润挤压型危机将在后面进行批判。

第二节　迈向新的综合
——以利润率趋向下降规律为基础的马克思主义长波理论

如何借鉴三种长波理论来构建更完善的马克思主义长波理论，

---

① David Kotz, "Neoliberalism and the Social Structure of Accumulation Theory of Long-Run Capital Accumulation," *Review of Radical Political Economics* 3 (2003): 263 – 270.

② 〔比利时〕厄尔奈斯特·曼德尔：《晚期资本主义》，马清文译，黑龙江人民出版社，1983，第 35 页。

是马克思主义者必须思考的问题。高峰认为前面三种理论中涉及的三种变量——技术变量、以利润率为中心的变量和制度变量，相互补充，试图以积累率为中心，围绕技术、制度、市场三个方面构建马克思主义长波理论。① 张沁悦等试图综合技术创新长波论对技术因素的重视和 SSA 理论对制度因素的重视，将马克思对生产力与生产关系相互作用的分析具体化，以解释资本主义经济的长期波动。② 胡乐明等试图将 SSA 理论的中间层次分析与曼德尔的技术重要性逻辑相综合。③ 孟捷认为 SSS 理论强调制度对于促进资本积累的重要意义，以佩蕾丝为代表的技术创新长波论强调了技术革命在技术－经济范式中传播面对的制度限制，只有将制度变革所涉及的三个维度统一和协调起来才能形成扩张性长波，这似乎意味着要在 SSA 理论与以佩蕾丝为代表的技术创新长波论的基础上进行某种综合，这种综合以制度变革为分析的核心。④ 以上学者无疑在马克思主义长波理论的建构上做出了重要的探索，但遗憾的是，在他们通过综合既往长波理论所建构的马克思主义长波理论中，利润率趋向下降规律要么和其他长波理论是并列的关系，要么遭到了忽视以致连一席之地都没有。本章则试图以利润率趋向下降规律为基础构建一个马克思主义长波理论。

一　马克思主义长波理论的三个层次及其关系

资本主义积累是一个动荡的动态过程，既受到资本主义积累内在模式的制约，又受到资本主义生产方式阶段性特征的影响。因此，

---

① 高峰:《论长波》,《政治经济学评论》2018 年第 1 期;蒋雅文、孙寿涛、张彤玉:《马克思主义的资本主义宏观经济学研究——高峰教授的学术贡献与学术影响》,《南开学报》(哲学社会科学版) 2019 年第 5 期。

② 张沁悦、马艳、王琳:《基于技术与制度的经济长波理论及实证研究》,《马克思主义研究》2015 年第 5 期。

③ 胡乐明、刘刚、高桂爱:《经济长波的历史界分与解析框架:唯物史观视角下的新拓展》,《中国人民大学学报》2019 年第 5 期。

④ 孟捷、高峰:《发达资本主义经济的长波——从战后黄金年代到 2008 年金融－经济危机》,格致出版社,2019,第 41～42 页。

任何对资本主义积累的具体历史的分析，都必须区分资本主义积累的内在模式及其特定的历史表现形式。资本主义积累是由利润率所驱动的，资本主义积累的长期波动集中表现为利润率的长期波动，利润率的长期波动是资本主义积累内在模式和资本主义生产方式阶段性特征共同作用的结果，因此，如图7-1所示，必须区分基本利润率和实际利润率。前者由资本主义积累的内在规律所决定，处于长波理论的抽象层面。后者是基本利润率在资本主义生产方式阶段性特征影响下的最终表现，处于长波理论的具体层次，而资本主义生产方式阶段性特征对基本利润率的影响则构成了长波理论的中间层次。

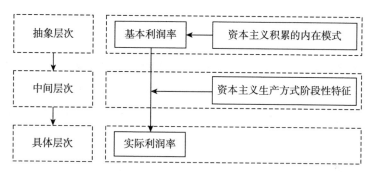

图7-1　马克思主义长波理论的三个层次及其关系

马克思主义长波理论的抽象层次。利润率趋向下降规律是马克思对资本主义经济利润率长期变动规律的科学揭示，是马克思主义长波理论抽象层次的主要内容。获取剩余价值是资本主义生产的目的，它驱使着资本家与雇佣工人在劳动过程和新创造价值的分配过程作斗争，驱使着资本家与其他资本家在商品价值的实现环节相竞争，这种斗争和竞争要求资本家采用更先进的技术设备和更精简的组织管理，提高劳动生产率，降低单位生产成本。这种较低的单位生产成本是以单位产出的固定资本增加为代价的（生产的资本化）。用主流经济学的术语来说就是，资本主义生产表现出一种内在的趋势，即以较高的平均固定成本为代价，降低平均可变成本和平均总成本；用马克思主义的术语来说就是，资本技术构成和资本有机构成趋向于提高，由于生产性活劳动是生产剩余价值的唯一源泉，利润率是剩余价值总额与预付总资本之比，因此，利润率会表现出下降的趋势。这种趋势只要资本主义生产方式存在就一定会发生作用，因此，在对资本主义长波的分析中绝不能忽略。

马克思主义长波理论的中间层次。实际利润率的波动受到由利润率趋向下降规律决定的基本利润率和资本主义生产方式阶段性特征的双重制约。马克思已经注意到不能直接使用基本利润率来说明实际利润率的波动。马克思找到了中介基本利润率与实际利润率波动的因素——起反作用的各种原因，并对其中最普遍的六种原因进行分析，分析结果表明起反作用的各种原因能够暂时改变利润率的运动轨迹，但不能取消其趋向下降的规律。曼德尔通过赋予马克思主义变量部分独立的功能，提出中间层次分析方法的雏形。所谓部分独立，就是要考虑资本主义生产方式阶段性特征对马克思主义变量的影响；所谓部分不独立，就是要明确马克思主义变量始终受到利润率趋向下降规律的制约。SSA 理论进一步发展了中间层次分析方法，将赋予马克思主义变量部分独立功能的支撑锁定在资本主义制度结构上，即对实际利润率的分析要充分考虑资本主义生产方式的阶段性特征。这些特征作为某一阶段资本主义生产方式独特矛盾的产物，影响着资本家与雇佣工人的关系，资本家与资本家间的关系以及国家对劳资关系调解的方式，进而影响着实际利润率。本书认同并借鉴 SSA 理论的中间层次分析方法，并着重分析涉及资本与资本的关系、资本与劳动的关系、劳动与劳动的关系以及国家对劳资关系调解方式四类制度。其中，涉及资本与资本关系的制度包括影响相对过剩资本出清效果的制度、调解同部门资本间竞争程度大小的制度、调解产业资本与金融资本间关系的制度。涉及劳动与劳动关系的制度是指影响产业后备军形成与吸收的制度。

抽象层次对中间层次的制约。科学的抽象要求抽象掉表面现象中次要的非本质的东西，抓住其固有的最本质的东西。马克思在对资本主义经济一般利润率运动规律的分析中，抽象掉了资本家和雇

佣工人围绕工资的斗争、资本家间围绕商品价值实现展开的竞争的
程度等内容，抓住利润的实质与来源，以及资本主义推动技术进步
的特点，得出了利润率趋向下降规律。在从抽象到具体的运动中，
那些被马克思抽象掉的资本主义生产方式阶段性特征，不会取消抽
象层面的利润率趋向下降规律，相反会使利润率趋向下降规律在实
际利润率的长期波动中再现出来。因此，只要积累仍然在资本主义
生产的游戏规则之内，那么资本主义生产方式阶段性特征就只能起
到调节作用，尽管它们赋予了马克思主义变量阶段性变动弹性，但
是从长期看，这些马克思主义变量的变化趋势仍然符合资本积累规
律的内在要求。本书与 SSA 理论重要的区别之处在于：SSA 理论完全
属于中间层次的理论，完全从资本主义生产方式阶段性特征对马克思
主义变量影响的视角出发解释利润率的波动，忽视了抽象层次对中间
层次的制约，看不到利润率趋向下降规律的作用；本书则试图使利润
率趋向下降规律通过资本主义生产方式阶段性特征对马克思主义变量
的影响，使利润率趋向下降规律本身再现在实际利润率的长期波动中。

二　利润率长期波动的机理

扩张性长波的形成需要一套有利于资本获得利润的制度组合，
这个制度组合大体上可以分为涉及资本与资本的关系、资本与劳动
的关系、劳动与劳动的关系以及国家对劳资关系的调解方式四个方
面。其中涉及资本与劳动关系的制度是一套制度组合的核心，其他
制度都要与之相适应，以保障资本能够获得利润。

如果在资本主义扩张性长波形成前，资本与劳动的关系较为融
洽，雇佣工人的工资能够随着劳动生产率的提高而提高，那么商品
价值的实现就不是系统性问题，资本间的竞争保持在一定程度内，
产业资本会有不错的预期利润率。这种较高的预期利润率会鼓励资
本家技术创新或应用已有的新技术以获取更高的利润率。新技术的
应用提高了劳动生产率，使得剩余价值率和利润率提高。该部门利
润率的提高，带动了上下游产业部门需求的增长和相关技术创新与

应用，如此，扩张性长波得以开启并延续。随着新技术在第 I 部类的普及，第 I 部类资本有机构成提高，生产资料生产相对过剩；随着新技术在第 II 部类的普及，第 II 部类资本有机构成提高，消费资料生产相对过剩。社会平均资本有机构成提高压低一般利润率，相对生产过剩进一步给利润率带来下行压力。随着利润率的下降，扩张性长波结束。资本家通过降低工资、增加劳动强度等方式，将利润率下降的损失转移给雇佣工人，雇佣工人与资本家间的关系日趋紧张，资本间的竞争也变得日益激烈。以上正是利润率在黄金年代的形成与终结阶段波动的机理。

如果资本的力量不足以将危机转嫁给工人阶级，那么危机将进一步深化，直至相对过剩资本出清。

如果资本的力量足以将危机转嫁给工人阶级，那么危机将较快得到控制，同时大量相对过剩资本得以保存，大量存在的过剩资本构成了整个时期盈利能力问题的基础。由于资本力量强势，雇佣工人工资无法随生产率的提高而提高，收入分配两极分化严重。收入分配的两极分化与相对过剩资本的大量存在，使得实体经济利润率低迷。为了使资本能够获得利润，一方面开放金融业务，另一方面放松借贷业务。资本家积累的大量利润和保存的过剩资本，进入金融市场，形成自我循环的虚拟资本膨胀；进入借贷市场，为雇佣工人提供资金需求，资本家以此进行剥夺性积累，雇佣工人则以此支撑起日常生活消费。这种扩张性长波的特点是实体经济利润率的低迷和虚拟经济利润率的高涨并存。虚拟经济利润率的维持，要求有源源不断的资金流入，因此借贷业务得到进一步的放松，坏账率随着不合格贷款人的进入而提高。到达某一定点，虚拟经济泡沫破裂，经济危机来临，扩张性长波结束。以上正是利润率在新自由主义至2008 年金融危机爆发阶段波动的机理。

由于四类制度间存在不同的组合，且每一类制度内部也存在着差别，因此利润率长期波动的具体机理会有很多种，以上只是其中的两种。

第三节　黄金年代的形成与终结

一　黄金年代的阶段性特征

自第二次世界大战结束到 20 世纪 70 年代经济危机的爆发，这一段时间是发达资本主义经济史上的黄金年代。资本主义发展不同阶段的增长特征，如表 7 - 1 所示，在 1950～1973 年主要资本主义国家的 GDP、人均 GDP 和出口增长率是 1820～1870 年、1870～1913 年的两倍左右，资本积累迅速，投资高涨，经济前所未有地扩张。这种情况在美国尤其明显，1950～1973 年美国 GDP 年均增长 3.6%，GDP/小时年均增长 2.5%，资本存量年均增长 3.2%，资本存量/小时年均增长 1.7%，资本总投资/GDP 增长 13.2%，利润率更是达到 20 世纪有记录以来的最高水平，1940～1945 年美国私人经济利润率比 1929 年时的水平平均高出 50%，比 1900～1929 年的平均水平高出 60%～70%。[①] 美国黄金年代经济的高速增长，一方面与 20 世纪 30 年代大萧条摧毁大量相对过剩的资本有关，另一方面也与其阶段性特征有关。

表 7 - 1　资本主义发展不同阶段的增长特征（1820～1979）

阶段	GDP	人均 GDP（年均复合增长）	非住宅固定资本存量	出口
1820～1870	2.2	1.0	——	4.0
1870～1913	2.5	1.4	2.9	3.9
1913～1950	1.9	1.2	1.7	1.0
1950～1973	4.9	3.8	5.5	8.6
1973～1979	2.5	2.0	4.4	4.8

资料来源：孟捷：《战后黄金年代是怎样形成的——对两种马克思主义解释的批判性分析》，《马克思主义研究》2012 年第 5 期。

---

① 〔美〕罗伯特·布伦纳：《全球动荡的经济学》，郑吉伟译，中国人民大学出版社，2012，第 43、52 页。

（一）劳动与劳动的关系：产业后备军的再形成

第二次世界大战结束后，由于战争的影响，美国产业后备军曾一度濒于消失。资本一方面将其触角伸向农村，使得原本自给自足的生产者无产阶级化，将其纳入产业后备军中；另一方面通过采用先进的技术设备和优化工业流程，减少了生产过程所需的劳动力数量，释放出大量的相对过剩人口。在两者的共同作用下，产业后备军再次形成。具体而言，无产阶级化的发展与战后全面工业化的实现有关。在这一时期，资本主义全部经济部门在历史上实现了工业化，不仅消费品和机器可以用机器来生产，食品和原材料也可以用机器来生产。产业资本"下乡"，以压倒性的成本优势获得了原来由农村和家庭行使的生产和加工职能，把原材料和食品加工的半成品都裹挟到市场中，使之成为商品。资本面向农村和家庭的这种扩张与征服，伴随着农民脱离土地、向雇佣劳动者的转变，无产阶级化得到深化，可供剥削的劳动力增加。① 在1945～1961年，美国的无产阶级（只限于靠工资和薪金维持生活的群众——也就是不得不出卖劳动力的群众），增加了1400万，增长率为35%。② 此外，在战前就出现的、以福特主义劳动过程为核心的大批量生产制度在大多数经济部门被复制运用，成为战后这一时期技术-经济范式的特征。福特主义劳动过程是管理组织上的泰勒制和技术上半自动化装配线的组合。在这种劳动过程中，一方面由于劳动生产率的提高，大量劳动力被机器所替代，另一方面劳动过程得到简化，妇女和青少年也可以参与劳动过程。在1950～1970年，成年妇女被雇佣的数目提高了71%，十几岁可雇佣的青少年的数目提高了65%，但是，在这二十年期间，成年男子的雇佣只提高了16%。③

---

① 〔美〕哈里·布雷弗曼：《劳动与垄断资本》，方生等译，商务印书馆，1979，第239～250页。
② 〔比利时〕厄尔奈斯特·曼德尔：《晚期资本主义》，马清文译，黑龙江人民出版社，1983，第209页。
③ 〔比利时〕厄尔奈斯特·曼德尔：《晚期资本主义》，马清文译，黑龙江人民出版社，1983，第200页。

（二）　资本与劳动的关系：集体谈判式的工资决定

工资问题是劳资关系中的核心问题，这一时期工资的决定主要采取集体谈判的形式。1948 年，通用汽车（GM）和全美汽车工人联合会（UAW）签订了工资协议，该协议规定工资应当按照年增长系数（AIF）和生活调整成本（COLA）两项指标进行自动调节，前者能够反映生产率增长中的劳动力份额，后者保护实际工资免受通货膨胀的侵蚀。这种工资自动调节机制在 20 世纪 50 年代末成了劳动合同中工资条款的最普遍形式。① 集体谈判式的工资决定，使得雇佣工人的工资能够随生产率的提高而提高，雇佣工人收入和消费的稳定增长反过来塑造了企业良好的投资预期，尽管劳资之间的冲突并未消失，但两者间的关系总体上较为稳定。

（三）　资本与资本的关系：无声的竞争

在黄金年代，生产集中程度相较于战前有了较大的提高，垄断企业按照在包括原材料和劳动力成本在内的生产成本上，加上预期利润率设定产品或服务的价格。这种按成本加成的定价制度使得产量调整而非降低价格成为垄断企业间竞争的主要手段，一定程度上遏制了资本间的竞争。

（四）　国家对劳资关系的调解方式：资本管制

凯恩斯主义是美国在黄金年代的主导经济思想，政府在经济活动中发挥着广泛的作用。例如，20 世纪 30 年代的罗斯福新政提出了社会保障体系；1946 年美国通过充分就业法案，政府将充分就业作为宏观经济管理的目标；1965 年美国将医疗保险写进法律。②

由于西欧和日本的工业生产能力在第二次世界大战中大多被摧

---

① 〔美〕特伦斯·麦克唐纳、迈克尔·里奇、大卫·科茨：《当代资本主义及其危机——21 世纪积累的社会结构理论》，童珊译，中国社会科学出版社，2014，第 171～172 页。

② 〔美〕特伦斯·麦克唐纳、迈克尔·里奇、大卫·科茨：《当代资本主义及其危机——21 世纪积累的社会结构理论》，童珊译，中国社会科学出版社，2014，第 44 页。

毁，利用此契机，美国经济大步发展。在美国的设计和推广下，在1945 年之后，一整套涉及国际贸易和国际支付的制度得以建立和发挥作用。比如，布雷顿森林体系规定美元与黄金挂钩，这使得美国能够低价从海外进购原料，且便于企业的对外直接投资。再比如，在关税及贸易总协定的框架下，多国进行了关税削减。这些制度有力地支撑了发达国家间的相互投资和世界贸易的高速扩张。①

二　扩张性长波的形成及其原因

剩余价值率保持高位运行。首先，产业后备军的再形成为剩余价值率的高位运行奠定了基础，相对过剩人口成为资本家压低在职雇佣工人工资的有力抓手和敢于抵制工人罢工的底气来源。在这一时期，与集体谈判式工资决定相伴随的是劳工的分割。劳动力市场被泾渭分明地划分为初级市场与次级市场，前者主要在核心的、具有垄断性的部门，后者多处于边缘化的、高度竞争的部门，前者相对于后者有着更好的工作环境、更多的工资收入和更通畅的晋升渠道。因此，相对过剩人口成为资本家压低次级劳动力市场雇佣工人工资的有力抓手。相对过剩人口也是资本家抵制初级劳动力市场工人罢工的底气来源。例如，1959 年工会在为期163 天的钢铁业大罢工中毫无收获；公司在汽车工人联合会、反对联合航空公司的国际机械师联合会的罢工中像往常一样生产和运营，所受影响极为有限；1960 年的通用电气罢工是意义非凡的事件，尽管在罢工期间有 50 多家公司或大或小受到影响，但它仅仅进行了三周，且工人得到的只是在罢工开始公司就给出的、工人起初不愿接受的条件。② 1941～1961 年，制造业中的劳动生产率增长了50%，非制造业中的劳动生产率增长了 42%，对比之下，实际工资

① 〔美〕特伦斯·麦克唐纳、迈克尔·里奇、大卫·科茨：《当代资本主义及其危机——21 世纪积累的社会结构理论》，童珊译，中国社会科学出版社，2014，第44 页。

② 〔美〕罗伯特·布伦纳：《全球动荡的经济学》，郑吉伟译，中国人民大学出版社，2012，第 60～61 页。

只增加了29%。① 如图 7 - 2 所示，自 1958 年以后，美国非农业私人部门的实际工资 - 生产率比值一直下降。其次，美国制造业公司在盈利契机极好的海外进行投资，特别是欧洲，它们使用自身相对先进的技术，雇佣当地廉价的劳动力，与实力远未恢复的对手在迅速扩张的市场上竞争，同样提高了剩余价值率。1957～1965 年，美国公司作为国外占多数股份的公司对于新工厂和设备的制造业投资的年均增长率高达 15.7%。与此同时，以美国为基础的制造业公司进行国外投资相对于国内投资新工厂和设备上的比例从 1957 年的 11.8% 提高至 1965 年的 22.8%。②

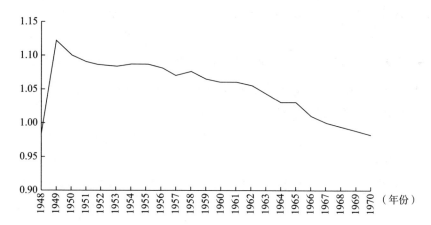

图 7 - 2　美国非农业私人部门实际工资/生产率比率（1948～1970）

资料来源：孟捷：《战后黄金年代是怎样形成的——对两种马克思主义解释的批判性分析》，《马克思主义研究》2012 年第 5 期。

　　市场快速扩张。战后繁荣的实现不仅需要剩余价值率的增长，市场的快速扩张也不可或缺。首先，初级劳动力市场的集体谈判式的工资决定能够使工人的工资随着劳动生产率的提高而提高，这为市场的扩张奠定了基础。其次，农民被资本裹挟着离开土地涌入城市，这种无产阶级化和城市化构成了消费需求的又一重要来源。此

①　〔比利时〕厄尔奈斯特·曼德尔：《晚期资本主义》，马清文译，黑龙江人民出版社，1983，第 209 页。

②　〔美〕罗伯特·布伦纳：《全球动荡的经济学》，郑吉伟译，中国人民大学出版社，2012，第 58 页。

外，在黄金年代企业广泛采用第四次技术革命所提供的技术储备，那么第Ⅱ部类就为第Ⅰ部类创造了需求，而且第Ⅰ部类内部也产生了各个行业间的彼此需求。需要指出的是，这一时期市场的扩张不仅体现在交易量上，更体现在需求模式的结构性变迁上——对工业制品需求的快速增加，对传统农产品需求的渐次下降。

三　扩张性长波的终结及其原因

1973～1975 年爆发的经济危机标志着美国黄金年代的终结。然而在经济危机爆发之前的 1965 年，美国利润率已经开始下降了，在 1965～1973 年制造业和私人实体经济部门的利润率分别下降了 40.9% 和 29.3%。①

资本有机构成提高引起的利润率下降是扩张性长波终结的原因。19 世纪末 20 世纪初以内燃机和电力为主要标志的科技革命在战后黄金年代进一步深化和拓展，卡车、汽车、拖拉机、飞机、机械化战争装备、战车、石油化工、耐用消费品、合成材料、加工设备等成为美国的主导经济部门，与此相适应，空中航线、飞机场、高速公路等基础设施被大规模地建设。新技术的采用和新产品的推出，起初使得劳动生产率的提高快于工资的提高，剩余价值率进而利润率持续攀升。随着新技术在第Ⅰ部类的普及，第Ⅰ部类资本有机构成提高，生产资料生产相对过剩；随着新技术在第Ⅱ部类的普及，第Ⅱ部类资本有机构成提高，消费资料生产相对过剩。社会平均资本有机构成提高压低一般利润率，相对生产过剩进一步给利润率带来下行压力。1929～1984 年，美国农业、制造业的资本构成和价值构成，如表 7－2 所示，1979 年美国农业资本技术构成是 1949 年的 5.7 倍，价值构成是 1949 年的 2.8 倍；1979 年美国制造业资本技术构成是 1949 年的 2.1 倍，价值构成是 1949 年的 1.6 倍。阿瓦·谢克将利润率分解为产能－资本比率和利润份额，然后通过测算利润份额变

---

① 〔美〕罗伯特·布伦纳：《全球动荡的经济学》，郑吉伟译，中国人民大学出版社，2012，第 105 页。

化率和产能 - 资本比率变化率对利润率变化率的影响来判断这一时期利润率下降的原因。如表 7 - 3 中所示，利润率在显示的每个时期每年的变化率在 - 1.23% 到 - 3.35% 之间。这同样适用于产能 - 资本比率，该比率以 - 1.77% 至 - 2.74% 的年比率稳步下降。另外，利润份额的下降幅度要小得多，甚至在 1974 ~ 1982 年有所上升。利润率下降的很大一部分来自产能 - 资本比率的下降，整体上看，1947 ~ 1982 年产能 - 资本比率的下降能够解释利润率下降的 93%。分时期看，在 1947 ~ 1961 年、1961 ~ 1974 年（包含 1965 ~ 1973 年）和 1974 ~ 1982 年，这一数值分别是 81%、82% 和 100%。可见，是资本有机构成的提高引起了利润率的下降。

表 7 - 2　美国农业、制造业的资本技术构成和价值构成（1929 ~ 1984）

| 年份 | 农业 | | | | 制造业 | | | |
| | 技术构成 | | 价值构成 | | 技术构成 | | 价值构成 | |
	数量 1982 年 美元	指数 1929 年 = 100	比率	指数 1929 年 = 100	数量 1982 年 美元	指数 1929 年 = 100	比率	指数 1929 年 = 100
1929	5667	100	5.05	100	15000	100	1	100
1934	4525	79.8	5.89	115.9	16647	111	1.24	124
1939	4646	82	5.06	99.6	13949	93	1.13	113
1944	5089	89.8	2.99	58.9	9140	60.9	0.5	50
1949	9831	173.5	6	118.1	15381	102.5	1.02	102
1954	15290	269.8	9.92	195.3	16499	110	0.97	97
1959	17411	307.2	10.63	209.3	18813	125.4	1.06	106
1964	23133	408.2	11.71	230.5	20677	137.8	1.03	103
1969	34861	615.2	15.15	298.2	24472	163.1	1.18	118
1974	44057	777.4	14.59	287.2	28939	192.9	1.48	148
1979	56364	994.6	16.83	331.3	32386	215.9	1.65	165
1984	50121	884.4	22.10	435.0	38433	256.2	1.82	182

资料来源：高峰：《资本积累理论与现代资本主义——理论的和实证的分析》，社会科学文献出版社，2014，第 108 页。

表 7 - 3　美国利润率、利润份额和产能 - 资本比率
年均增长率（1947～1982）

单位:%

	1947～1982	1947～1961	1961～1974	1974～1982
利润率	- 2.40	- 2.18	- 3.35	- 1.23
利润份额	- 0.34	- 0.51	- 0.78	+ 0.68
产能 - 资本比率	- 2.23	- 1.77	- 2.74	- 2.20

资料来源: Anwar Shaikh, "Explaining the Global Economy Crisis," *Historical Materialism* 1 (1999)。

　　SSA 学派认为战后黄金年代为管制型 SSA，与之相对应的危机类型为利润挤压型危机。这种观点确实有一定的基础。首先，在 1965～1973 年利润率开始下降时，私人实体经济的名义工资平均每年增长 6.8%，比 1950～1965 年的水平高出 40% 以上。[①] 这一时期罢工运动大幅增加，在 1966～1973 年，由于罢工引起的总工时损失的比例增长到 0.23%，1958～1966 年是 0.18%。每年参与罢工的劳动力比例平均增长到 3.6%，几乎比 1958～1966 年平均 2.6% 的水平高出 1/3。然而，从实际工资的角度看，工人在这一时期并没有受益。在 1958～1965 年，美国经济具有了战后时期发展的最大动力，但是，平均每年的实际工资增长在显著下降——制造业方面下降了 40%，私人实体经济总体上下降了 12%。在这一时期，利润率迅速上升，工资增长降低，失业率下降，这些构成 20 世纪 60 年代中期以后名义工资增长加速的长期背景。那以后，实际工资增长的趋势并没有向上发展。从 1965 年末开始，在不断上升的越南战争开支的刺激下，通货膨胀突然加速。在 1965～1973 年，消费品价格指数平均每年上升 4.8%，而在 1958～1965 年年均增长 1.4%。价格增长的加速超过名义工资在这一时期的增长。在 1965～1973 年，在私人实体经济的利润率总体上下降了 29.3% 的同时，实际工资增长平均每

---

① 〔美〕罗伯特·布伦纳:《全球动荡的经济学》，郑吉伟译，中国人民大学出版社，2012，第 106 页。

年下降 2.3%。① 此外，制造业劳动生产率增长在利润率下降时期实际上平均每年都在提高，在 1965～1973 年平均每年增长 3.3%，而在 1950～1965 年为 2.9%。私人实体经济的劳动生产率增长在利润率下降时期总体上并没有显著下降。在 1965～1973 年，它平均每年增长 2.7%，而在 1950～1965 年为 2.8%。② 尽管工人罢工次数有所增加，但工会在劳动力中所占有的地位在下降。在 1965～1973 年，工会在国家劳动关系委员会选举中获胜的比例降至 56.4%，而这一比例在 20 世纪 60 年代早期为 60.4%。同时，在私人部门中劳动者参加工会的比例由 1966 年的 32%，下降至 1973 年的 27%。③ 工人的反抗对雇主的影响也降低了。数据表明，在 1964～1971 年未参加工会的工人的工资增长，等于甚至是略高于那些参加工会的工人。尽管工会的斗争在 1971 年前后再一次开始明显重要起来，但是，他们也只能是将他们的实际工资增长维持在 20 世纪 60 年代末期的水平，而这一时期的水平与 50 年代和 60 年代初期相比已经大幅下降。④ 因此，应当将私人经济中工会反抗的增强理解为工人为了确保生活不恶化所做的斗争，他们所面对的是有组织的、时刻试图转嫁风险和损失的资本主义雇主的剥削。如果没有包括罢工在内的工人反抗，毫无疑问，与已经发生的情况相比，实际工资增长降低的幅度会更大，利润率的下行压力会得到释放。正确的观点是，工人反抗的高涨阻止了资本家试图将利润率下行损失的转嫁，它本身绝不是利润率下降的原因。SSA 学派将工人反抗高涨的经济表象作为利

---

① 〔美〕罗伯特·布伦纳：《全球动荡的经济学》，郑吉伟译，中国人民大学出版社，2012，第 107 页。

② 〔美〕罗伯特·布伦纳：《全球动荡的经济学》，郑吉伟译，中国人民大学出版社，2012，第 108 页。对于这一时期劳动生产率的变动，理论界存在争议。参见孟捷《战后黄金年代的终结和 1973—1975 年结构性危机的根源——对西方马克思主义经济学各种解释的比较研究》，《世界经济文汇》2019 年第 5 期。

③ 〔美〕罗伯特·布伦纳：《全球动荡的经济学》，郑吉伟译，中国人民大学出版社，2012，第 118 页。

④ 〔美〕罗伯特·布伦纳：《全球动荡的经济学》，郑吉伟译，中国人民大学出版社，2012，第 118 页。

润率下降的原因，这实际上颠倒了利润率下降与工人反抗间的关系。

第四节　新自由主义的形成与2008年
金融危机的爆发

一　新自由主义的阶段性特征

（一）资本与资本的关系：大量未被出清的相对过剩资本的存在

大量未被出清的相对过剩资本的存在与美国当局应对 1973 ~ 1975 年经济危机的方式密切相关。为了终结 20 世纪 70 年代的经济萧条，里根政府以通过增加劳动力市场弹性来提高劳动力市场效率之名，通过推进工资决定市场化、降低最低工资标准、提高失业率、去工会化运动和降低社会保障等损害雇佣工人利益的措施组合，对冲利润率的下降。70 年代下半期，企业内部的劳资协议逐步替代了集体谈判式的工资决定，在新的劳资协议中原来确保工资与生产率同步增长以及对冲通货膨胀等条款被废除了。劳资协议中包含生活调整成本条款的工人比例从 70 年代下半期的 60%，下降至 1992 年的 20%。私人非农产业部门的最低工资标准与平均工资之比，由 50 年代的 50%，下降至 70 年代的 45%，1985 年则进一步下降至 39%。与劳动工资降低伴随的是失业率的提高，1982 年和 1983 年失业率分别达到了 9.7% 和 9.6%，这是 20 世纪 30 年代大萧条后首次出现的高失业率。各个行业的失业率都在攀升，其中工会势力最强的行业——制造业、采矿业和建筑业——更为严重。此外，工人的失业保险参与率也在下降，1975 年 76% 的失业者领到了失业保险金，1982 年受益于失业保险的失业者只有 45%，到了 1988 年这一数值降到了 32%。① 以上通过将经济危机的损失转嫁到雇佣工人身上的方式使得美国的利润

---

① 〔美〕特伦斯·麦克唐纳、迈克尔·里奇、大卫·科茨：《当代资本主义及其危机——21 世纪积累的社会结构理论》，童珊译，中国社会科学出版社，2014，第 174 ~ 177 页。

率和 GDP 很快企稳，甚至回升，同时也错失了在经济危机中出清相对过剩资本的机会。在经历了 1973～1975 的经济衰退后，资本积累就开始迅速恢复。宽泛地说，1973～1979 年是这场危机的主体时期，但在这一时期美国保持了增长势头，GDP 年均增长率为 3.0%，国内私人投资为 3.4%。这与 30 年代的大萧条形成了鲜明的对比。1929～1933 年，美国 GDP 指数下降了 30.5%，整个银行系统在 1933 年崩溃，且此后恢复缓慢。商业固定投资额在 1933 年仅恢复到 1929 年的 28.7%，在 1939 年也只恢复到 1929 年的 57.7%。因此，与大萧条彻底出清相对过剩资本为黄金年代的扩张性长波打下基础不同，美国当局应对 1973～1975 年经济危机的方式使得相对过剩资本被大量地保存下来，构成了利润率增长的制约，新自由主义阶段的众多制度属于马克思所论述的"起反作用的各种原因"，以抵消贯穿新自由主义阶段的利润率低迷的压力。可以说，大量未被出清的相对过剩资本的存在，是实体经济利润率低迷的原因，构成了理解新自由主义的逻辑起点。

此外，垄断资本间的关系由不受限制的残酷竞争取代了黄金年代的相对和平共存。

（二）资本与劳动的关系：资本强势，劳工弱势

为了使资本能够更便捷地向劳动力转嫁成本，政府与垄断资本共同打压工会，劳动力市场发生质变。在普通雇员层面，企业更加青睐临时工和兼职工，而非长期正式的员工。在管理人员层面，企业更倾向于从外部聘请首席执行官等管理层，而非从内部提拔，职业经理人群体崛起。

（三）国家对劳资关系的调解方式：新自由主义

新自由主义替代资本管制成为国家对劳资关系调解的新方式。新自由主义作为一整套政策措施，主要包括放松对国内外金融市场的管制，允许资本自由流动，减少国家对宏观经济的直接干预，把确保低通货膨胀率而非低失业率作为首要政策目标，减少企业税，降低针对富人的税率，减少社会福利支出。

二　扩张性长波的形成及其原因

剩余价值率的快速提升与收入分配不平等的迅速扩大。企业和政府联手对抗工会，严重破坏了工人的议价能力。减少对企业和富人的征税加剧了雇佣工人和资本家间的税后不平等性。职业经理人的市场化大大增加了他们的工资，迅速拉大了普通工人与管理人员的收入差距，普通工人与高级管理人员的工资之比由 1982 年的 2.4% 降至 2005 年的 0.2%。此外，政府推行公共服务私有化使得更多的工作岗位由私人承包企业决定；削减社会福利支出，加重了工人的失业恐惧。以上这些都有利于雇主压低工资，提高利润。2000 ~ 2007 年普通员工每小时的实际收入提高远远低于生产率和产出的增长，这说明收入分配向有利于资本家的方向进行。利润相对于工资的快速增长，使得家庭收入分配不平等迅速扩大。1979 ~ 2004 年美国最贫穷的前 20% 的家庭的收入与全国家庭总收入之比自 5.5% 下跌至 4.0%，与此同时，最富有的前 5% 的家庭的收入比自 15.3% 提高至 20.9%。20 世纪 50 年代至 60 年代最富有的前 0.01% 的家庭的收入与总收入之比为 1% ~ 1.5%，2005 年这一比值增长到 5%。[①]

金融部门投机盛行。金融部门投机盛行是政府放松金融管制、无节制的竞争和职业经理人市场化共同作用的结果。其中政府放松金融管制是制度基础，1980 年以前金融体系被高度管制，自由裁量的空间非常有限，而现在它们可以不受限制地进行金融活动以获得高额利润。无节制的竞争是外部压力，为了不被市场淘汰，金融部门更加偏向于回报大、风险大的金融创新。职业经理人市场化是内在原因，这些职业经理人的收入与股市表现挂钩且任职时间相对较短，因此倾向于做出"利当前损长远"的决策，通过短期的漂亮业绩获得高额报酬和加盟下一家公司的资质。以上这些因素使得金融部门热衷于通过创造和销售像信用违约交换和次级抵押证券等新的

---

① 〔美〕大卫·科茨：《目前金融和经济危机：新自由主义的资本主义的体制危机》，丁晓钦译，《当代经济研究》2009 年第 8 期。

金融工具来获得高额回报，疏远了包括销售常规保险、发放贷款和接受存款等在内的传统金融业务。金融部门的投机极大地提高了金融机构的利润，1979 年，金融机构的利润占企业利润总额的 21.1%，2002 年这一比值几乎增加了一倍，达到了 41.2%。①

资产泡沫接续出现。资产泡沫的出现是收入分配不平等扩大和金融部门投机盛行的必然结果。利润相对于工资扩张，富裕家庭的收入越来越多，超出日常消费和生产投资需要量的货币就会被用来购买证券和房地产等资产，这构成了资产泡沫的基础条件。资产泡沫产生后，不受管制、追求短期利润、热衷于投机的金融部门便进一步为资产市场提供资金，通过刺激资产泡沫膨胀获利。新自由主义时期接续出现了三次资产泡沫，即 20 世纪 80 年代的美国西南商业房地产泡沫，1994 ~ 1999 年的股市泡沫，以及发端于 2002 年前后、在 2008 年引发国际金融危机的房地产泡沫。房屋价格指数与反映业主拥有房屋经济价值的业主等价租金之比是能够度量房地产投机程度的指标，如图 7 - 3 所示，这一指标在 1982 ~ 1995 年上下小幅波动，没有明显的趋势。此后这一指标快速增加，由 1995 年的 108.9，增至 2006 年的 157.1。2007 年美国住房总价值达到 20 万亿美元，据相关估算，其中泡沫膨胀引发的虚拟财富占了约 40%。

日益恶化的收入分配失衡，不受制约的金融投机，以及随之而来的资产泡沫打下了新自由主义时期经济长期扩张的基础，利润率也迅速恢复增长。

三　扩张性长波的终结及其原因

家庭债务扩张与债务—消费循环。新自由主义时期，生产率增长长期快于工资增长虽然在收入分配上利于资本家，但也使得需求不足问题凸显。工人的消费水平随着工资收入的降低而减少，政府

---

① 〔美〕大卫·科茨：《目前金融和经济危机：新自由主义的资本主义的体制危机》，丁晓钦译，《当代经济研究》2009 年第 8 期。

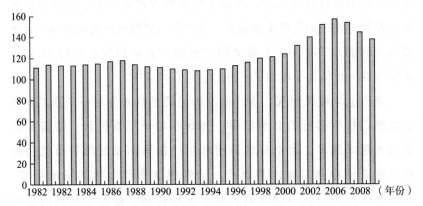

图 7 - 3　房屋价格指数（HPI）对比业主等价租金（OER）

资料来源：〔美〕大卫·科茨：《论 2008 年投资和经济危机》，丁晓钦译，《海派经济学》2011 年第 3 辑。

支出也随着对企业和富人的减税以及社会福利的削减而减少，仅靠资本家个人消费和生产投资的增加已经无法产生带动经济长期稳定增长的市场需求。新自由主义的延续要求解决需求不足问题，这个难题是通过日益增加的借款暂时缓解的。自 2002 年以来膨胀的房地产市场泡沫使得住房成为日益增值的借贷抵押品，满足了居民的借款需要。家庭债务与个人可支配收入之比自 1982 年的 59.0% 一路飙升，1990 年增长至 77.5%，2000 年增长至 91.1%，在危机爆发前夕的 2007 年达到了惊人的 128.8%。家庭债务的扩张支撑了消费的增长，形成了债务—消费循环。2000～2007 年美国年均 GDP 增长率为 2.32%，年均个人可支配收入增长率为 2.66%，而年均消费增长率却超出两者，达到了 2.94%。①

　　如果房价能够一直飙升，家庭业主就能在住宅按揭贷款市场通过借贷从房屋净值里提取资金，居民消费就能够继续扩大，经济就能够继续增长。然而，一旦房地产泡沫破裂，原来支撑经济增长的条件就会难以为继。首先，许多家庭会因房地产泡沫破裂而破产。其次，家庭无法偿付贷款导致大量的债务违约，加之作为

① 〔美〕大卫·科茨：《目前金融和经济危机：新自由主义的资本主义的体制危机》，丁晓钦译，《当代经济研究》2009 年第 8 期。

抵押品的房价低迷，金融部门陷入危机。最后，由于金融部门通过抵押贷款的证券化转移风险，在金融部门爆发的危机在整个经济体，甚至在国际得以传播蔓延。2008 年金融危机正是这样发生的。

第五节　马克思主义长波理论的特点与优势

本章试图建构的马克思主义长波理论以利润率趋向下降规律为基础，同时吸收 SSA 理论的中间层次分析方法。这种马克思主义长波理论具有如下的特点和优势。

第一，它本质上是一种资本积累理论，将利润率的长期波动作为核心解释变量，用利润率的高涨说明扩张性长波，用利润率的低迷说明萧条性长波。

第二，它具有三个理论层次：抽象层次、中间层次和具体层次。利润率趋向下降规律是马克思对资本主义经济利润率长期变动规律的科学揭示，是马克思主义长波理论抽象层次的主要内容。中间层次理论起着中介抽象层次利润率趋向下降规律与具体层次实际利润率的波动的作用，通过考察资本主义生产方式阶段性特征对马克思主义变量的影响，一方面使得利润率趋向下降规律和资本主义生产方式阶段性特征对实际利润率波动的影响区别开来，另一方面使得利润率趋向下降规律在实际利润率的长期波动中再现出来。这就避免了曼德尔直接将抽象层次理论与具体层次经济波动相结合的不足，以及积累的社会结构理论割裂抽象层次理论与中间层次理论关系的缺憾。

第三，曼德尔将扩张性长波的形成归因于偶然的、具体的因素，将扩张性长波的结束归因于利润率趋向下降规律。SSA 理论将黄金年代的终结归因于利润挤压型危机，将新自由主义的终结归因于需求不足型危机。它则能够对战后美国经济史给出逻辑一致的解释。

第四，利润率趋向下降规律在 SSA 理论中遭到了完全忽视，在曼德尔的长波理论中则只在一个长波内发生作用。[①] 在这里，利润率趋向下降规律不仅在长波内发生作用，也在长波间发生作用，利润率在长波内且在长波间趋向下降。

第五，它能够将马克思主义长波理论与"两个必然"理论连接起来。在 SSA 理论中，似乎资本主义将在自由的 SSA 和管制的 SSA 间不断转化，只要选择合适的制度结构调解阶级矛盾，资本主义就可以永存。曼德尔的长波理论，虽然将停滞视为资本主义的常态，但由于将利润率趋向下降规律的作用局限在一个长波内，似乎只能说明在一个长波内扩张性长波必然会被停滞所代替，无法说明长波间的关系。本书建构的马克思主义长波理论要求利润率趋向下降规律不仅在长波内发生作用，而且在长波间发生作用，因此能够说明利润率——资本主义生产的目的和动力——会受到生产本身发展的威胁，资本主义生产关系越来越成为生产力发展的障碍。梅托关于资本主义核心国家 1869～2009 年平均利润率实际波动情况的研究，从另一个角度印证了这一特点的正确性。[②] 如图 7-4 所示，随着时间的推移，资本主义核心国家的平均利润率表现出如下特点。第一，极大值越来越小，由 1869 年的 44.8%，1919 年的 29.6%，1944 年的 26.5%，降至 1999 年 13.9%。第二，利润率复苏的幅度越来越小，复苏所需的时间越来越长。1932～1943 年利润率由 16% 上升到 27.3%，耗时 11 年；1982～2007 年利润率由 10.8% 上升到 14.6%，耗时 25 年。第三，根据平均利润率在相关年份之前的轨迹，对其线性趋势进行预测，利润率达到 0 所需的时间越来越短。对 1919 年而言，利润率达到 0 在 2024 年，需要 105 年；对 1932 年而言，利润率

---

① 参见 Anwar Shaikh, "The Falling Rate of Profit as the Cause of Long Waves: Theory and Empirical Evidence," in A. Kleinknecht, E. Mandel and I. Wallerstein, eds., *New Findings in Long Wave Research* (New York: St. Martin's, 1992), pp. 174 - 194。

② 资本主义核心国家包括美国、英国、日本、德国和荷兰。参见 Esteban Ezequiel Maito, "The Historical Transience of Capital: The Downward Trend in the Rate of Profit since XIX Century," https://mpra.ub.uni-muenchen.de/55894/。

达到 0 在 2007 年，需要 75 年；对 2010 年而言，利润率达到 0 在 2064 年，仅仅需要 54 年。

图 7－4 资本主义核心国家的平均利润率（1869～2009）

资料来源：https://mpra. ub. uni-muenchen. de/55894/。

第八章

主要研究结论

　　本书研究的目的是阐明马克思利润率趋向下降规律的原创性贡献和利润率趋向下降规律在马克思经济理论体系中的重要地位，检视并澄清在理论上对利润率趋向下降规律的种种质疑与误解，并在此基础上考察利润率在战后美国经济中的表现。具体而言，在文本上比较了古典经济学的利润率下降理论和马克思的利润率趋向下降规律，在理论上回应了对利润率趋向下降规律三个层面的质疑：第一，利润率趋向下降规律在理论逻辑上成立吗？第二，现实中利润率趋向下降的原因是什么？第三，利润率趋向下降规律是马克思危机理论的基础吗？在经验上考察了利润率在战后美国经济中两个层面的表现：第一，通过度量利润率及相关基本马克思主义变量，看利润率的变化趋势及动因是否符合马克思的理论；第二，以利润率趋向下降规律为基础构建马克思主义长波理论，对战后美国繁荣与衰退更替的经济史给出逻辑一致的解释。基于以上行文逻辑，本书主要研究结论如下。

　　第一，古典经济学的利润率下降理论存在重大缺陷。早在马克思以前，古典经济学家就注意到了利润率下降的问题。然而限于阶级立场和由此决定的理论状态，古典经济学没有对利润率下降的原因做出正确的解释。斯密和李嘉图均把工资提高视为利润率下降的直接原因。分歧之处在于，斯密把工资提高的原因归结为由资本竞争引起的劳动力供小于求。李嘉图则认为工资提高的原因是由土地肥力递减引起的生活必需品价格的上涨。古典经济学之所以无法正确揭示利润率长期下降的原因，在理论状态上是因为不理解剩余价值的生产过程，不清楚不变资本和可变资本的本质区别，混淆了剩余价值与利润、剩余价值率和利润率，这样就不自觉地把剩余价值率下降的原因视为利润率下降的原因，忽视了资本有机构成在利润率下降中的作用。古典经济学没有正确解释利润率长期下降的原因，不理解利润率长期下降规律在经济危机理论中的基础性作用，不懂得利润率长期下降规律反映出的资本主义生产方式的历史性与暂时性。在马克思的利润率趋向下降规律中，这些问题才得到彻底的解决。

第二，利润率趋向下降规律内涵丰富、意义重大。马克思通过三个方面的准备工作弥补了古典经济学的理论缺失：把资本区分为不变资本和可变资本，研究剩余价值向利润的转化，研究剩余价值率向利润率的转化。在区分剩余价值率和利润率的基础上，马克思摆正了资本有机构成、剩余价值率、"起反作用的各种原因"三个因素的位置，指出资本有机构成提高导致了利润率下降，剩余价值率提高和"起反作用的各种原因"滞缓了利润率的下降，使之表现为一种长期趋势。利润率趋向下降规律表现为利润率下降和利润量增加并存，商品价格下降和商品所包含的利润量增加并存。利润率趋向下降规律作为资本主义生产总过程的总结论，其内部矛盾的展开就是资本主义生产方式总体矛盾的展开，就是资本主义经济危机理论的展开。利润率趋向下降规律的内部矛盾的展开，包括三个部分：生产剩余价值的条件和实现剩余价值的条件的矛盾、生产目的与达到目的的手段之间的矛盾、人口过剩时的资本过剩。

第三，利润率趋向下降规律在理论逻辑上是成立的。以琼·罗宾逊为代表的技术进步但资本技术构成不确定性论，错误之处在于把技术进步视为外生的过程，把生产资料和劳动力视为两种可以完全替代的生产要素。实际上，技术进步的发生既取决于外在的知识存量，又内源于资本积累中资本间优胜劣汰的竞争和对相对剩余价值的追逐，其中内部因素主导了在技术层面成熟的技术进步发生的时间和采取的方式。从资本积累的视域看，无论是在生产新价值的劳动过程，还是在分割新价值的利益分配过程，资本家和雇佣工人都存在阶级对立，这就要求资本家采取节约劳动的技术进步以加强对劳动过程的控制和对雇佣工人的规训，以创造更大的产业后备军和加重对雇佣工人的剥削。以帕里斯为代表的资本技术构成提高但资本有机构成不确定性论者、以海因里希为代表的资本有机构成提高但利润率不确定性论者和"起反作用的各种原因"能够使"规律本身"无效论者，错误之处在于把影响利润率的各个因素等量齐观。实际上，影响利润率的各个因素在规律中发挥着大小不同的作用，处于不同地位。首先，资本有机构成由资本技术构成决定，单位生产资料价值、单位消费资料价值和实际工资三者作为资本技术构成提高的结果，对资本有机构成的影响处于次要地位。其次，剩余价值率的提高对利润率的影响只能在由资本有机构成提高引起的、不断下降的最大限度利润率的界限内发挥作用，且随着剩余价值率的提高，这种抵消利润率下降的作用会越来越小。最后，"起反作用的各种原因"是资本家对抗利润率下降的策略，是"规律本身"到实际利润率波动现象的中介，无法取消"规律本身"作用的发挥。此外，"置盐定理"并非对资本主义积累过程科学的理论抽象，而是数理模型的自圆其说。因此，理解利润率趋向下降规律必须基于资本积累的视域，充分考虑资本家与雇佣工人的阶级对立；必须准确把握影响利润率的各个因素在规律中的作用与地位；必须准确把握马克思论证规律的前提假设和分析方法。

第四，利润率趋向下降规律正确揭示了现实中利润率长期下降的实质、根源与机制。利润挤压论、过度竞争论和需求不足论的错误总根源在于放弃了劳动价值论。劳动价值论的缺失，使它们只得在分配层面寻找利润率下降的原因。利润挤压论和过度竞争论强调资本家在分配中占比过少，雇佣工人占比过多，只不过前者将其归因于劳工力量的增强或劳动力短缺，后者将其归因于资本间过度竞争引起的实际工资提高。需求不足论强调资本家在分配中占比过多，雇佣工人占比过少，引起的消费不足进而产能利用率下降。这样它们就没有从生产层面和资本积累的视角找到利润率长期下降的真正原因。利润率长期下降的实质是剩余价值生产相对于总资本的趋向减少，根源在于资本主义生产方式竭力将生产性活劳动减少到最低限度的趋势。这种趋势表现在两个方面：其一，生产性领域内物化劳动对活劳动的替代，即资本有机构成提高；其二，活劳动由生产性领域向非生产性领域的转移，即非生产性劳动相对于生产性劳动的快速扩张。

第五，利润率趋向下降规律是马克思经济危机理论的基础。迈克·海因里希、大卫·哈维和西蒙·克拉克均误解了利润率趋向下降规律与马克思经济危机理论间的关系。首先，恩格斯的编辑没有扭曲包括危机与利润率趋向下降规律关系在内的马克思的观点。利润率趋向下降规律的推导条件非常现实，且经济危机直接原因的多样性不能否定利润率趋向下降规律在危机理论中的基础作用。《资本论》第三卷中的利润率趋向下降规律是《资本论》第一卷中的资本主义积累的一般规律发展了的形式，属于危机理论的现实性的内容。其次，从马克思论述危机理论的方法上看，利润率趋向下降规律是相对生产过剩危机的直接依据；从马克思广义的资本概念上看，利润率趋向下降规律与相对生产过剩具有直接统一性。最后，利润率趋向下降规律作为危机理论基础的意义在于它有力地说明了资本主义生产方式的历史性与暂时性，奠定了资本主义经济危机不可避免性的基础，构成了马克思论证资本主义必然被科学社会主义替代的关键一环。

第六，利润率趋向下降规律在经验层面得到了有效论证。选择使用价格利润率、按当前价格计算的固定资本存量、区分生产劳动与非生产劳动以及将非生产性支出归属于剩余价值的方法，对1955～2018年美国私人经济基本马克思主义变量进行度量，结果表明，这些基本马克思主义变量的变化符合利润率趋向下降规律；资本有机构成的提高和非生产性劳动工资 – 生产性劳动工资比率的提高是 1955～2018 年美国私人经济利润率长期下降的原因。

第七，以利润率趋向下降规律为基础构建了马克思主义长波理论。曼德尔的长波理论存在公认的不足——对扩张性长波和萧条性长波的非对称解释，本书通过借鉴社会积累结构理论的中间层次分析方法对此进行完善。社会积累结构理论无法对第二次世界大战后的美国经济史给出逻辑一致的解释，因为它局限于中间层次分析，忽视了抽象层次理论对中间层次理论的制约。本书构建的马克思主义长波理论有三个理论层次。利润率趋向下降规律是马克思对资本主义经济利润率长期变动规律的科学揭示，是马克思主义长波理论抽象层次的主要内容。中间层次理论起着中介抽象层次利润率趋向下降规律与具体层次实际利润率的波动的作用，通过考察资本主义生产方式阶段性特征对马克思主义变量的影响，一方面使得利润率趋向下降规律和资本主义生产方式阶段性特征对实际利润率波动的影响区别开来，另一方面使得利润率趋向下降规律在实际利润率的长期波动中再现出来。这样，马克思主义长波理论既能够对第二次世界大战后美国黄金年代的形成与终结、新自由主义的形成与 2008 年金融危机的爆发给出逻辑一致的解释，也可以将资本主义经济的长期波动与资本主义生产方式必然灭亡的历史命运结合起来。

参考文献

中文

《资本论》第 1～3 卷，人民出版社，2004。

《马克思恩格斯全集》第 26 卷（第 1 册），人民出版社，1973。

《马克思恩格斯全集》第 26 卷（第 2 册），人民出版社，1973。

《马克思恩格斯全集》第 26 卷（第 3 册），人民出版社，1974。

《马克思恩格斯全集》第 32 卷，人民出版社，1974。

《马克思恩格斯全集》第 46 卷（上册），人民出版社，1979。

《马克思恩格斯全集》第 46 卷（下册），人民出版社，1980。

《马克思恩格斯全集》第 47 卷，人民出版社，1979。

《马克思恩格斯全集》第 48 卷，人民出版社，1985。

《马克思恩格斯选集》第 1 卷，人民出版社，2012。

《马克思恩格斯选集》第 2 卷，人民出版社，2012。

陈岱孙：《从古典经济学派到马克思——若干主要学说发展论略》，
商务印书馆，2014。

陈恕祥：《论一般利润率下降规律》，武汉大学出版社，1995。

陈征：《〈资本论〉解说》第 3 卷，福建人民出版社，2017。

陈征等：《对〈资本论〉若干理论问题争论的看法》（上），福建人
民出版社，1990。

程恩富、冯金华、马艳主编《现代政治经济学》（完整版·第三版），上海财经大学出版社，2021。

程恩富、胡乐明主编《当代国外马克思主义经济学基本理论研究》，中国社会科学出版社，2019。

邓久根、刘鸿明：《长波理论的比较与创新》，《经济纵横》2010 年第 12 期。

方敏、蒋澈：《格罗斯曼的崩溃与危机理论》，《政治经济学评论》2015 年第 5 期。

高峰：《论长波》，《政治经济学评论》2018 年第 1 期。

高峰：《资本积累理论与现代资本主义——理论的和实证的分析》，社会科学文献出版社，2014。

顾海良主编《经典与当代——马克思主义政治经济学与现时代》（下册），经济科学出版社，2019。

胡钧、沈尤佳：《马克思经济危机理论——与凯恩斯危机理论的区别》，《当代经济研究》2008 年第 11 期。

胡钧、施九青：《〈共产党宣言〉〈资本论〉与新时代中国特色社会主义一脉相承——纪念马克思诞辰 200 周年》，《经济纵横》2018 年第 8 期。

胡钧、张宇：《〈资本论〉导读》，中国人民大学出版社，2018。

胡乐明、刘刚、高桂爱：《经济长波的历史界分与解析框架：唯物史观视角下的新拓展》，《中国人民大学学报》2019 年第 5 期。

姬旭辉：《当代资本主义经济的非生产劳动：本质、趋势与逻辑》，《当代经济研究》2018 年第 8 期。

姬旭辉、邱海平：《中国经济剩余价值率的估算：1995—2009——兼论国民收入的初次分配》，《当代经济研究》2015 年第 6 期。

蒋雅文、孙寿涛、张彤玉：《马克思主义的资本主义宏观经济学研究——高峰教授的学术贡献与学术影响》，《南开学报》（哲学社会科学版）2019 年第 5 期。

李帮喜、王生升、裴宏：《置盐定理与利润率趋向下降规律：数理结

构、争论与反思》，《清华大学学报》（哲学社会科学版）2016
年第 4 期。

李亚伟、孟捷：《如何在经验研究中界定利润率——基于现代马克思
主义文献的分析》，《中国人民大学学报》2015 年第 6 期。

李直：《中国利润率的历史及其波动原因分析》，中国人民大学硕士
学位论文，2014。

刘磊：《利润率下降危机理论的一个经验研究——〈大失败：资本主
义生产大衰退的根本原因〉述评》，《中国人民大学学报》2014
年第 2 期。

鲁保林：《利润率下降趋势逆转的重新解释：分工、劳动挤压与经济
失衡》，中国社会科学出版社，2019。

鲁保林：《一般利润率下降规律：理论、实证与应用》，中国社会科
学出版社，2016。

骆耕漠：《马克思的生产劳动理论——当代两种国民经济核算体系
（MPS 和 SNA）和我国统计制度改革问题》，经济科学出版
社，1990。

马国旺：《评积累的社会结构理论对马克思主义经济学主要贡献》，
《政治经济学评论》2016 年第 1 期。

马建行、郭继严：《〈资本论〉创作史》，山东人民出版社，1983。

马梦挺：《基于国民经济核算体系的剩余价值率计算：理论与中国经
验》，《世界经济》2019 年第 7 期。

马艳、王琳：《三大经济长波理论的比较研究》，《当代经济研究》
2015 年第 3 期。

孟捷、冯金华：《复杂劳动还原与产品的价值决定：理论和数理的分
析》，《经济研究》2017 年第 2 期。

孟捷、高峰：《发达资本主义经济的长波——从战后黄金年代到 2008
年金融 - 经济危机》，格致出版社，2019。

孟捷：《积累、制度与创新的内生性——以美国社会积累结构学派为
例的批判性讨论》，《社会科学战线》2016 年第 11 期。

孟捷：《劳动价值论与资本主义再生产中的不确定性》，《中国社会科学》2004 年第 3 期。

孟捷：《战后黄金年代的终结和 1973—1975 年结构性危机的根源——对西方马克思主义经济学各种解释的比较研究》，《世界经济文汇》2019 第 5 期。

孟捷：《战后黄金年代是怎样形成的——对两种马克思主义解释的批判性分析》，《马克思主义研究》2012 年第 5 期。

裴宏、李帮喜：《置盐定理反驳了利润率趋向下降规律吗?》，《政治经济学评论》2016 年第 2 期。

齐昊：《剩余价值率的变动与中国经济新常态：基于区分生产劳动与非生产劳动的方法》，《政治经济学报》2017 年第 3 期

钱箭星、肖巍：《克莱曼对经济危机的马克思主义分析——利润率下降趋势规律的再证明》，《当代经济研究》2015 年第 5 期。

邱海平：《〈21 世纪资本论〉述评——兼论皮凯蒂对马克思理论的一个误读》，《山东社会科学》2015 年第 6 期。

邱海平、姬旭辉：《论非生产劳动与经济增长——以中国 1995 年—2009 年为例》，《马克思主义研究》2016 年第 3 期。

邱海平、赵敏：《资本积累逻辑下的美元与新帝国主义》，《马克思主义研究》2017 年第 6 期。

汤在新主编《〈资本论〉续篇探索——关于马克思计划写的六册经济学著作》，中国金融出版社，1995。

卫兴华：《马克思与〈资本论〉》，中国人民大学出版社，2019。

卫兴华、孙咏梅：《用马克思主义的理论逻辑分析国际金融危机》，《社会科学辑刊》2011 年第 1 期。

魏旭、高冠中：《西方主流经济学全要素生产率理论的实践检视与方法论反思——一个马克思主义政治经济学的分析框架》，《毛泽东邓小平理论研究》2017 年第 7 期。

谢富胜、匡晓璐：《金融部门的利润来源探究》，《马克思主义研究》2019 年第 6 期。

谢富胜、李安:《美国实体经济的利润率动态:1975—2008》,《中国人民大学学报》2011 年第 2 期。

谢富胜、李安、朱安东:《马克思主义危机理论和 1975—2008 年美国经济的利润率》,《中国社会科学》2010 年第 5 期。

谢富胜、李直:《中国经济中的一般利润率:1994—2011》,《财经理论研究》2016 年第 3 期。

谢富胜:《论生产劳动和非生产劳动》,《经济评论》2003 年第 2 期。

谢富胜、汪家腾:《马克思放弃利润率趋于下降理论了吗——MEGA² Ⅱ 出版后引发的新争论》,《当代经济研究》2014 年第 8 期。

谢富胜、郑琛:《如何从经验上估算利润率?》,《当代经济研究》2016 年第 4 期。

许建康:《经济长波论及其各学派分歧的最大焦点》,《经济纵横》2009 年第 11 期。

薛宇峰:《利润率变化方向是"不确定"的吗?——基于经济思想史的批判与反批判》,《马克思主义研究》2015 年第 7 期。

于光远:《马克思论生产劳动和非生产劳动》,《中国经济问题》1981 年第 3 期。

余斌:《平均利润率趋向下降规律及其争议》,《经济纵横》2012 年第 9 期。

余斌:《〈资本论〉引读》,人民出版社,2019。

张沁悦、马艳、王琳:《基于技术与制度的经济长波理论及实证研究》,《马克思主义研究》2015 年第 5 期。

张忠任:《百年难题的破解:价值向生产价格转形问题的历史与研究》,人民出版社,2004。

张钟朴:《马克思晚年留下的〈资本论〉第 3 册手稿和恩格斯编辑〈资本论〉第 3 卷的工作——〈资本论〉创作史研究之八》,《马克思主义与现实》2018 年第 3 期。

张钟朴:《〈资本论〉第二部手稿(〈1861—1863 年经济学手稿〉)——〈资本论〉创作史研究之三》,《马克思主义与现实》2014 年第

1 期。

赵峰、姬旭辉、冯志轩：《国民收入核算的政治经济学方法及其在中国的应用》，《马克思主义研究》2012 年第 8 期。

赵涛：《经济长波论》，中国人民大学出版社，1988。

周思成：《利润率与美国金融危机——国外马克思主义经济学者对危机的阐释与争论》，《政治经济学评论》2011 年第 3 期。

周延云、刘磊：《评安德鲁·克莱曼的〈大失败：资本主义生产大衰退的根本原因〉》，《国外理论动态》2013 年第 11 期。

周钊宇、胡钧：《过度竞争是利润率长期下降的根源吗？——基于马克思主义视角的检视》，《教学与研究》2021 年第 3 期。

周钊宇、宋宪萍：《论〈资本论〉中马克思危机理论的完整性与系统性——"没有马克思的马克思主义"危机理论批判》，《经济纵横》2020 年第 11 期。

周钊宇、宋宪萍：《马克思利润率趋向下降规律是错误的吗？——质疑检视与理论澄清》，《马克思主义研究》2020 年第 10 期。

〔美〕安德鲁·克莱曼：《大失败：资本主义生产大衰退的根本原因》，周延云译，中央编译出版社，2013。

〔美〕保罗·巴兰、保罗·斯威齐：《垄断资本》，南开大学政治经济系译，商务印书馆，1977。

〔美〕保罗·斯威齐：《资本主义发展论》，陈观烈、秦亚男译，商务印书馆，2009。

〔美〕大卫·戈登：《长周期的上升与下降》，张开译，《教学与研究》2016 年第 1 期。

〔美〕大卫·戈登：《积累的阶段和长经济周期》，张开等译，《当代经济研究》2019 年第 8 期。

〔美〕大卫·科茨：《长波和积累的社会结构：一个评论与再解释》，张开等译，《政治经济学评论》2018 年第 2 期。

〔美〕大卫·科茨：《法国调节学派与美国积累的社会结构学派之比

较》，田方萌译，《西北大学学报》（哲学社会科学版）2018 年第 5 期。

〔美〕大卫·科茨：《马克思危机论与当前经济危机：大萧条或严重积累型结构危机?》，童珊译，《海派经济学》2010 年第 2 期。

〔美〕哈里·布雷弗曼：《劳动与垄断资本》，方生等译，商务印书馆，1979。

〔美〕罗伯特·布伦纳：《全球动荡的经济学》，郑吉伟译，中国人民大学出版社，2012。

〔美〕特伦斯·麦克唐纳、迈克尔·里奇、大卫·科茨：《当代资本主义及其危机——21 世纪积累的社会结构理论》，童珊译，中国社会科学出版社，2014。

〔美〕因坦·苏万迪、R. J. 约恩纳、J. B. 福斯特：《全球商品链与新帝国主义》，李英东译，《国外理论动态》2019 年第 10 期。

〔美〕约瑟夫·熊彼特：《经济分析史》第 2 卷，杨敬年译，商务印书馆，1992。

〔美〕J. B. 福斯特、R. W. 麦克切斯尼、R. J. 约恩纳：《全球劳动后备军与新帝国主义》，张慧鹏译，《国外理论动态》2012 年第 6 期。

〔英〕大卫·哈维：《跟大卫·哈维读〈资本论〉》（第二卷），谢富胜、李连波译，上海译文出版社，2016。

〔英〕大卫·哈维：《跟大卫·哈维读〈资本论〉》（第一卷），刘英译，上海译文出版社，2014。

〔英〕大卫·哈维：《资本的限度》，张寅译，中信出版社，2017。

〔英〕卡萝塔·佩蕾丝：《技术革命与金融资本——泡沫与黄金时代的动力学》，田方萌等译，中国人民大学出版社，2007。

〔英〕克拉克：《经济危机理论：马克思的视角》，杨健生译，北京师范大学出版社，2011。

〔英〕克里斯·弗里曼、弗朗西斯科·卢桑：《光阴似箭——从工业革命到信息革命》，沈宏亮译，中国人民大学出版社，2007。

〔英〕克里斯·哈曼：《利润率和当前世界经济危机》，丁为民、崔丽娟译，《国外理论动态》2008 年第 10 期。

〔英〕琼·罗宾逊：《马克思、马歇尔和凯恩斯》，北京大学经济系资料室译，商务印书馆，1964。

〔英〕亚当·斯密：《国民财富的性质和原因的研究》上卷，郭大力、王亚南译，商务印书馆，1972。

〔德〕卢森堡：《资本积累论》，彭尘舜、吴纪先译，生活·读书·新知三联书店，1959。

〔德〕鲁道夫·希法亭：《金融资本》，李琼译，华夏出版社，2010。

〔德〕米夏埃尔·亨利希：《存在马克思的危机理论吗？——进一步理解马克思〈政治经济学批判〉手稿中的"危机"概念》，夏静译，《马克思主义与现实》2009 年第 4 期。

〔德〕K. 穆勒：《"反恩格斯主义"、利润率下降规律和马克思的 1867—1868 年经济学手稿》，付哲译，《马克思主义与现实》2016 年第 5 期。

〔联邦德国〕罗曼·罗斯多尔斯基：《马克思〈资本论〉的形成》，魏埙等译，山东人民出版社，1992。

〔比利时〕厄尔奈斯特·曼德尔：《晚期资本主义》，马清文译，黑龙江人民出版社，1983。

〔比利时〕欧内斯特·曼德尔：《资本主义发展的长波——马克思主义的解释》，南开大学国际经济研究所译，商务印书馆，1998。

〔日〕伊藤诚：《价值与危机——关于日本的马克思经济学流派》，宋群译，中国社会科学出版社，1990。

〔苏〕尼·康德拉季耶夫：《经济生活中的长期波动》，载外国经济学说研究会《现代国外经济学论文选》（第十辑），商务印书馆，1986。

英文

Aglietta, Michel, *A Theory of Capitalist Regulation: The US Experience*,

London: Verso, 1979.

Albo, Greg, Sam Gindin and Leo Panitch, *In and Out of Crisis: The Global Financial Meltdown and Left Alternatives*, Oakland: PM Press, 2010.

Bach, G. L. , *Economics: An Introduction to Analysis and Policy*, New York: Prentice Hall, 1966.

Basu, Deepankar, "The Reserve Army of Labor in the Postwar U. S. Economy," *Science & Society*, Vol. 77, No. 2, 2013.

Bowles, Samuel, David M. Gordon and Thomas E. Weisskopf, "Power and Profits: The Social Structure of Accumulation and the Profitability of the Postwar U. S. Economy," *Review of Radical Political Economics*, Vol. 18, No. 1&2, 1986.

Brenner, Robert, "Competition and Profitability: A Reply to Ajit Zacharias," *Review of Radical Political Economics*, Vol. 34, No. 1, 2002.

Carchedi, Guglielmo, "Zombie Capitalism and the Origin of Crises," *International Socialism*, No. 125, 2010.

Carchedi, Guglielmo and Michael Roberts, "A Critique of Heinrich's, 'Crisis Theory, the Law of the Tendency of the Profit Rate to Fall, and Marx's Studies in the 1870s'," *Monthly Review* [EB/OL], https://monthlyreview. org/commentary/critique-heinrichs-crisis-theory-law-tendency-profit-rate-fall-marxs-studies – 1870s/.

Choonara, Joseph, "Marxist Accounts of the Current Crisis," *International Socialism Journal*, No. 2, 2009.

Cogoy, Mario, "The Fall in the Rate of Profit and the Theory of Accumulation," *Bulletin of the Conference of Socialist Economists*, Winter 1973.

Gillman, Joseph, *The Falling Rate of Profit*, London: Dennis Dobson, 1957.

Gordon, David, "Up and Down the Long Roller Coaster," in Union for

Radical Political Economics, ed. , *U. S. Capitalism in Crisis*, New York: Union for Radical Political Economics, 1978.

Grossmann, Henryk, *The Law of Accumulation and Breakdown of the Capitalist System: Being Also a Theory of Crises*, London: Pluto Press, 1992.

Harman, Chris, "Not All Marxism is Dogmatism: A Reply to Michel Husson," *International Socialism*, No. 125, 2010.

Harman, Chris, *Zombie Capitalism: Global Crisis and the Relevance of Marx*, London: Bookmarks, 2009.

Harvey, David, "Crisis Theory and the Falling Rate of Profit," in Turan Subasat, ed. , *The Great Financial Meltdown Systemic, Conjunctural or Policy Created?* Cheltenham: Edward Elgar Publishing Limited, 2016.

Heinrich, Michael, "Crisis Theory, the Law of the Tendency of the Profit Rate to Fall, and Marx's Studies in the 1870s," *Monthly Review*, Vol. 64, No. 11, 2013.

Heinrich, Michael, "Heinrich Answers Critics," [EB/OL], https://monthlyreview. org/commentary/heinrich-answers-critics/.

Husson, Michel, "The Debate on the Rate of Profit," *International Viewpoint*, July 13, 2010.

Itoh, Makoto, "On Marx's Theory of Accumulation: A Reply to Weeks," *Science & Society*, Vol. 45, No. 1, 1981.

Kliman, Andrew, "Master of Words: A Reply to Michel Husson on the Character of the Latest Economic Crisis," *Working Paper*, 2010.

Kliman, Andrew, *Reclaiming Marx's Capital: A Refutation of the Myth of Inconsistency*, Lanham, MD: Lexington Books, 2007.

Kliman, Andrew et al. , "The Unmaking of Marx's Capital: Heinrich's Attempt to Eliminate Marx's Crisis Theory," *SSRN Working Papers Series*, 2013.

Kotz, David, "Neoliberalism and the Social Structure of Accumulation Theory of Long-Run Capital Accumulation," *Review of Radical Political Economics*, Vol. 35, No. 3, 2003.

Mage, Shane, "Response to Heinrich-In Defense of Marx's Law," [EB/OL], https://monthlyreview.org/commentary/response-heinrich-defense-marxs-law/.

Mage, Shane, *The Law of the Falling Tendency of the Rate of Profit: Its Place in the Marxian Theoretical System and Relevance to U. S Economy* (Ph. D. diss., New York: Columbia University, 1963).

Maito, Esteban Ezequiel, "The Historical Transience of Capital: The Downward Trend in the Rate of Profit since XIX Century," [EB/OL], https://mpra.ub.uni-muenchen.de/55894/.

Maniatisu, Thanasis, "Marxist Theories of Crisis and the Current Economic Crisis," *Forum for Social Economics*, Vol. 41, No. 1, 2012.

Mattick, Paul, *Marx and Keynes: The Limits of the Mixed Economy*, Boston: Porter Sargent Publisher, 1969.

Mensch, Gerhard, *Stalemate in Technology*, Cambridge: Ballinger, 1979.

Moseley, Fred, "Marx, Engels, and the Text of Book 3 of Capital," *International Journal of Political Economy*, Vol. 32, No. 1, 2004.

Moseley, Fred, *The Falling Rate of Profit in the Postwar United States Economy*, New York: St. Martin's Press, 1991.

Moseley, Fred, "The Rate of Profit and the Future of Capitalism," *Review of Radical Political Economics*, Vol. 29, No. 4, 1997.

Moseley, Fred, "The Rate of Surplus Value in the Postwar US Economy: A Critique of Weisskopf's Estimates," *Cambridge Journal of Economics*, Vol. 9, No. 1, 1985.

Moseley, Fred, "Unproductive Labor and the Rate of Profit: A Response to Laibman's Review," *Science and Society*, Vol. 58, No. 1, 1994.

Munley, Frank, "Wages, Salaries, and the Profit Share: A Reassessment of the Evidence," *Cambridge Journal of Economics*, Vol. 5, No. 2, 1981.

Paitaridis, Dimitris and Lefteris Tsoulfidis, "The Growth of Unproductive Activities, the Rate of Profit and the Phase-Change of the US Economy," *Review of Radical Political Economics*, No. 2, 2012.

Parijs, Philippe Van, "The Falling-Rate-of Profit Theory of Crisis: A Rational Reconstruction by Way of Obituary," *Review of Radical Political Economics*, Vol. 12, No. 1, 1980.

Reuten, Geert and Michael Williams, *Value Form and the State: the Tendencies of Accumulation and the Determination of Economic Policy in Capitalist Society*, London: Routledge, 1989.

Roberts, Michael, "Monocausality and Crisis Theory: A Reply to David Harvey," in Turan Subasat, ed., *The Great Financial Meltdown Systemic, Conjunctural or Policy Created?* Cheltenham: Edward Elgar Publishing Limited, 2016.

Roberts, Michael, *The Great Recession*, *Profit Cycles and Crises: A Marxist View*, London: Lulu Press, 2009.

Seigel, Jerrold, *Marx's Fate: the Shape of a Life*, Princeton: Princeton University Press, 1993.

Shaikh, Anwar, "An Introduction to the History of Crisis Theories," in Union for Radical Political Economics, ed., *US Capitalism in Crisis*, New York: Union for Radical Political Economics, 1978.

Shaikh, Anwar, *Capitalism: Competition, Conflict, Crises*, New York: Oxford University Press, 2016.

Shaikh, Anwar, "Explaining the Global Economy Crisis," *Historical Materialism*, Vol. 5, No. 1, 1999.

Shaikh, Anwar, "Political Economy and Capitalism: Notes on Dobb's Theory of Crisis," *Cambridge Journal of Economics*, Vol. 2, No. 2, 1978.

Shaikh, Anwar, "The Falling Rate of Profit and the Economic Crisis in the U. S. ," in Robert Cherry, ed. , *The Imperiled Economy: Macroeconomics from a Left Perspective*, New York: Union for Radical Political Economics, 1987.

Shaikh, Anwar, "The Falling Rate of Profit as the Cause of Long Waves: Theory and Empirical Evidence," in A. Kleinkenecht, E. Mandel, and I. Wallerstein, eds. , *New Findings in Long Wave Research*, New York: St. Martin's, 1992.

Shaikh, Anwar and E. Ahmet Tonak, *Measuring the Wealth of Nations: The Political Economy of National Accounts*, Cambridge, UK: Cambridge University Press, 1994.

Smith, Murray E. G. , *Global Capitalism in Crisis: Karl Marx and the Decay of the Profit System*, Halifax Winnipeg: Fernwood Publishing, 2010.

Smith, Murray E. G. and Jonah Butovsky, "Profitability and the Roots of the Global Crisis: Marx's 'Law of the Tendency of the Rate of Profit to Fall' and the US Economy, 1950 – 2007," *Historical Materialism*, Vol. 20, No. 4, 2012.

Sweezy, Paul M. , Harry Magdoff, John Bellamy Foster and Robert W. McChesney, "The New Face of Capitalism: Slow Growth, Excess Capital, and a Mountain of Debt," *Monthly Review*, Vol. 53, No. 11, 2002.

Weisskopf, Thomas E. , "Marxian Crisis Theory and the Rate of Profit in the Postwar U. S. Economy," *Cambridge Journal of Economics*, Vol. 3, No. 4, 1979.

Wolff, Edward N. , *Growth, Accumulation, and Unproductive Activity*, Cambridge: Cambridge University Press, 1987.

Wolff, Edward N. , "The Productivity Slowdown and the Fall in the U. S. Rate of Profit, 1947 – 76," *Review of Radical Political Eco-*

nomics, Vol. 18, 1986.

Wolff, Edward N. , "The Rate of Surplus Value, the Organic Composition, and the General Rate of Profit in the U. S. Economy, 1947 - 1967," *The American Economic Review*, No. 3, 1979.

Wolfson, Martion and David Kotz, "A Reconceptualization of Social Structure of Accumulation Theory," *World Review of Political Economy*, Vol. 1, No. 2, 2010.

Yaffe, David, "The Marxian Theory of Crisis, Capital and the State," *Bulletin of the Conference of Socialist Economics*, Winter 1972.

Zacharias, Ajit, "Competition and Profitability: A Critique of Robert Brenner," *Review of Radical Political Economics*, Vol. 34, No. 1, 2002.

中共中央党校（国家行政学院）
马克思主义理论研究丛书书目

第一批（11册）

探求中国道路密码	张占斌/著
对外开放与中国经济发展	陈江生/著
国家治理现代化的唯物史观基础	牛先锋/著
中国道路的哲学自觉	辛　鸣/著
历史唯物主义的"名"与"实"	王虎学/著
马克思主义中国化的理论逻辑	李海青/著
发展：在人与自然之间	邱耕田/著
马克思主义基本原理若干问题研究	王中汝/著
马克思人学的存在论阐释	陈曙光/著
新时代中国特色新型城镇化道路	黄　锟/著
比较视野下的中国道路	张　严/著

第二批（12册）

马克思主义经典著作与当代中国	赵　培/著
马克思主义政治经济学与当代中国经济发展	蒋　茜/著
马克思早期思想文本分析	李彬彬/著
出场语境中的马克思话语	李双套/著
当代资本主义新变化	张雪琴/编译
当代马克思主义若干问题研究	崔丽华/著
中国道路与中国话语	唐爱军/著
历史唯物主义的返本开新	王　巍/著
新时代中国乡村振兴问题研究	王海燕/著
被遮蔽的马克思精神哲学	王海滨/著
论现代性与现代化	刘莹珠/著
青年马克思与施泰因	王淑娟/著

第三批（6册）

异化劳动与劳动过程	毕照卿/著
政党治理的逻辑	柳宝军/著
身份政治的历史演进研究	张丽丝/著
西方马克思主义文化批判理论研究	张楠楠/著
马克思利润率趋向下降规律研究	周钊宇/著
马克思恩格斯对黑格尔历史观的批判与超越	朱正平/著

图书在版编目（CIP）数据

马克思利润率趋向下降规律研究／周钊宇著. -- 北京：社会科学文献出版社，2024.1（2025.2 重印）

（中共中央党校（国家行政学院）马克思主义理论研究丛书）

ISBN 978 - 7 - 5228 - 2410 - 9

Ⅰ.①马⋯　Ⅱ.①周⋯　Ⅲ.①利润率下降趋势的规律－研究　Ⅳ.①F014.392

中国国家版本馆 CIP 数据核字（2023）第 165422 号

中共中央党校（国家行政学院）马克思主义理论研究丛书
马克思利润率趋向下降规律研究

著　　者／周钊宇

出 版 人／冀祥德
责任编辑／袁卫华
责任印制／王京美

出　　版／社会科学文献出版社（010）59367215
　　　　　　地址：北京市北三环中路甲 29 号院华龙大厦　邮编：100029
　　　　　　网址：www. ssap. com. cn
发　　行／社会科学文献出版社（010）59367028
印　　装／唐山玺诚印务有限公司

规　　格／开　本：787mm × 1092mm　1/16
　　　　　　印　张：15　字　数：207 千字
版　　次／2024 年 1 月第 1 版　2025 年 2 月第 2 次印刷
书　　号／ISBN 978 - 7 - 5228 - 2410 - 9
定　　价／98.00 元

读者服务电话：4008918866